高等院校旅游专业系列教材

餐饮经营管理

第二版

吴克祥　编著

南开大学出版社
天　津

图书在版编目(CIP)数据

餐饮经营管理 / 吴克祥编著. —2版. —天津:南开大学出版社,2004.3(2018.1.重印)
(高等院校旅游专业系列教材)
ISBN 978-7-310-01455-2

Ⅰ.餐… Ⅱ.吴… Ⅲ.饮食业－经济管理－高等学校－教材 Ⅳ.F719.3

中国版本图书馆CIP数据核字(2003)第097627号

版权所有　侵权必究

南开大学出版社出版发行
出版人:刘运峰
地址:天津市南开区卫津路94号　邮政编码:300071
营销部电话:(022)23508339　23500755
营销部传真:(022)23508542　邮购部电话:(022)23502200
*
河北昌黎太阳红彩色印刷有限责任公司印刷
全国各地新华书店经销
*
2004年3月第2版　2018年1月第12次印刷
880×1230毫米　32开本　12.125印张　2插页　345千字
定价:27.00元

如遇图书印装质量问题,请与本社营销部联系调换,电话:(022)23507125

目 录

第一章 餐饮经营概述 …………………………………………（1）
  第一节 餐饮市场特征 ………………………………………（2）
  第二节 餐饮经营管理的目标 ………………………………（11）
  第三节 餐饮经营管理的内容 ………………………………（19）
  第四节 餐饮经营管理趋势 …………………………………（25）

第二章 餐饮经营策划 …………………………………………（33）
  第一节 确定餐饮目标市场 …………………………………（34）
  第二节 餐饮经营范围 ………………………………………（44）
  第三节 餐饮企业的选址 ……………………………………（49）
  第四节 餐饮企业名称与标志 ………………………………（54）
  第五节 餐饮经营计划 ………………………………………（62）

第三章 餐饮经营类型 …………………………………………（74）
  第一节 传统餐饮经营类型 …………………………………（75）
  第二节 自助餐饮经营类型 …………………………………（80）
  第三节 餐饮创新经营类型 …………………………………（85）
  第四节 餐饮类型与组织机构 ………………………………（90）

第四章 餐厅设计与厨房规划 …………………………………（97）
  第一节 餐饮企业的空间划分 ………………………………（98）
  第二节 餐厅设计布局 ………………………………………（102）
  第三节 厨房规划布局 ………………………………………（113）

第五章 菜单的设计 ……………………………………………（125）
  第一节 菜单的种类 …………………………………………（126）
  第二节 菜系与菜单的设计 …………………………………（133）
  第三节 膳食营养与菜单设计 ………………………………（140）
  第四节 菜单内容及其安排 …………………………………（143）
  第五节 菜单的定价 …………………………………………（147）

第六章 食品原料的采购与保管 (154)
   第一节 食品原料的采购管理 (155)
   第二节 食品原料的验收管理 (168)
   第三节 食品原料的储藏管理 (173)
   第四节 食品原料的发放管理 (182)
   第五节 食品原料的盘存 (185)

第七章 厨房生产管理 (192)
   第一节 厨房行政管理 (193)
   第二节 厨房生产的标准化控制 (198)
   第三节 厨房生产的质量控制 (203)
   第四节 厨房生产折损的控制 (211)
   第五节 厨房生产的效率管理 (217)

第八章 餐饮酒水管理 (223)
   第一节 餐厅酒水管理的作用 (224)
   第二节 佐餐酒知识与服务操作 (228)
   第三节 洋酒知识 (236)

第九章 宴会组织与管理 (248)
   第一节 宴会预订 (249)
   第二节 宴会菜单设计 (258)
   第三节 宴会台面设计 (263)
   第四节 宴会管理 (267)

第十章 餐饮服务管理 (274)
   第一节 餐饮服务的内容 (275)
   第二节 餐饮服务管理 (290)

第十一章 餐饮促销 (306)
   第一节 餐饮促销的特征 (307)
   第二节 餐饮价格优惠促销 (314)
   第三节 餐饮产品促销 (323)
   第四节 餐饮人员推销 (333)
   第五节 餐饮经营的公关活动 (337)

第十二章 餐饮成本控制·································(342)
第一节 餐饮成本概述·······························(343)
第二节 餐饮成本核算与成本控制···················(349)
第三节 饮料成本控制·······························(361)
第四节 人工成本控制·······························(365)
主要参考文献··(375)

出版说明

随着我国改革开放和社会主义市场经济的发展,旅游业以不断增长的势头迅速发展,已经被正式列入国民经济序列。与此同时,高等院校的旅游教育与研究也在长足发展,并且为旅游业的各个部门输送了大量的专业人才。目前设置旅游专业的高等院校已达300多所。

旅游形势的发展要求旅游教育从理论上跟踪、总结旅游业的成就得失,并及时反映到教学研究中来,目前极需要有一批适应形势发展、反映旅游学最新理论与动态的教材,服务于旅游学科建设,这是我们组织编写高等院校旅游专业系列教材的宗旨。

我社的旅游教材起步早,品种多,并且以理论基础扎实、实用性强的特点,得到国内广大高校师生的认同。应许多高校旅游专业师生的要求,我社重新策划出版这套系列教材。我们以教育部指定的旅游管理专业的主干课程作为依据确定选题,以各高校旅游专业中有影响、有研究的教师、学者作为作者主体,以反映旅游学科的新观点、新材料、新成果作为教材编写内容的指导原则。新编旅游专业系列教材有如下特点:理论性较强,起点较高,既注重同国际旅游学术研究接轨,又反映我国旅游教育与研究的实际;注重实务性,可以直接服务于旅游业的不同部门;使用最新资料和例证,反映旅游业的最新动态。

这次出版的新版教材,与我们原有的30余种教材,基本上涵盖了高等院校旅游专业设置的课程,而且我们将根据旅游业、旅游教育形势的需要,不断地修订原有教材,增加新选题,使之日臻完善,更好地为广大高等院校旅游专业的师生服务。

新版旅游专业系列教材与作者分别为:

书名	编著者
旅游学概论（第5版）	李天元编著（南开大学）
旅游市场学（修订版）	林南枝主编（南开大学）
旅游经济学（修订版）	林南枝　陶汉军主编（南开大学）
旅游心理学	刘　纯编著（上海大学）
旅游心理学（修订版）	甘朝有编著（南开大学）
旅游企业人力资源管理	赵西萍编著（西安交通大学）
饭店经营管理原理	丁　力编著（浙江大学）
餐饮经营管理（第2版）	吴克祥编著（暨南大学）
饭店前厅与客房管理	余炳炎　朱承强编著（上海旅专）
旅游资源与开发	甘枝茂　马耀峰主编（陕西师大）
旅行社经营与管理（修订版）	杜　江编著（北京第二外国语学院）
旅游法教程（修订版）	王　健编著（南开大学）
旅游饭店财务管理（修订版）	徐　虹编著（南开大学）
旅游美学（修订版）	乔修业主编（南开大学）
旅游管理信息系统	邸德海主编（西安交通大学）
新编中国旅游地理	刘振礼　王　兵编著（北京旅游学院）
旅游商品学	刘敦荣主编（桂林旅游高等专科学校）
国际旅游发展导论	罗明义著（云南省旅游局）
旅游景区管理学	赵黎明 黄安民 张立明著（天津大学等）
生态旅游	田　里 李常林主编（云南大学）
现代饭店管理	郑向敏等编著（华侨大学）

　　这套教材除了适用于高等院校的旅游专业外，还可做为高职教育、自学考试的专业教材，以及旅游业高级人员的培训教材。

　　欢迎使用这套教材的师生与专业人员提出宝贵意见，帮助我们改正其中的疏漏与不当之处。

南开大学出版社
2003年7月

第二版序

本书于 2000 年出版以来,我从未敢预料到它可以获得这样的成绩,得到了兄弟院校餐饮管理教师和学生的喜爱和推崇,实业界的朋友也都认为本书的理论和观点为他们的成功经营提供了很好的启迪,大家在使用本书的过程中又向我提出了很多好的修改建议,加上自己在这一领域的研究又有了更深的见解和认识,一些新的想法也希望可以补充进来,所以就萌生了修改的愿望,适时我的老朋友、也是第一版的编审,南开大学出版社孙淑兰女士向我发出重新修订的邀请,既高兴又有一点忐忑,担心能力所限愧对一直支持我的读者和朋友。更幸运的是,自己恰巧得到去英国学习和进修的机会,在广泛涉猎国外餐饮管理的书籍、尤其是该领域的最新的先进成果之后,心里对于本书的修订已经有了蓝图,在收集到的大量资料中,特别是 Bernard Davis 和 Andrew Lockwood 编写的《Food and Beverage Management》一书的体例对本书的修订影响甚大。回国后,一边继续从事餐饮管理的教学,一边对自己的思想进行完善,在大量勤奋工作的基础上对本书进行了修改和补充。

本书除了保持第一版系统性、超前性、理论与实践结合性和强调基础知识的掌握四大特点之外,修改后更具有以下特色:一是增加营养、卫生、酒水管理等章节,使本书的结构更加完善,逻辑结构更加严谨;二是书的内容尽可能与国际惯例和我国餐饮业的最新法规、制度等相结合,使知识体系更符合现实需要,适应餐饮业发展的需求;三是增加了很多实用的餐饮知识,不仅能丰富学生的专业知识,而且有利于掌握必要的餐饮礼节,提高人生修养和情趣;四是本书根据每章内容的特点,提出了教学指导建议,实现教学互动安排,可以收到更好的教学效果。写完本书,我很欣慰地看到,第二版书的内容更丰富,结构安排更合理,书的体系独特且具有创新性,将能更好地满足读者的需要。更重要的是,能和志同道合者共同分享自己在求知过程中一点小小的发现,比得上三五知己月下畅饮,更是人生幸事。

　　本书在修改过程中还得到我的同事刘存乐、朱明芳两位教师的支持,深圳市一些知名的饮食服务企业朋友的帮助,在此一并致谢。同时本人还有个希望,本书作为星星之火,能够促成餐饮教育的燎原之势,从而使教育更好地为我国餐饮业的发展提供必要帮助。

吴克祥

于深圳华侨城

暨南大学深圳旅游学院

2003年8月

第一节　餐饮市场特征

一、餐饮业的特征

近年来,随着生活水平的日益提高,人们对饮食的需求也在不断变化,这使得各种从事饮食制作并提供就地消费场所的餐饮企业迅速地发展起来。人们习惯上将传统餐饮企业称之为餐馆、饭店、酒楼、快餐店、咖啡厅、酒吧等。一些餐饮企业因规模大、经营领域广、机械化程度高而采取公司制的形式,如集团公司、餐饮娱乐有限公司等。

下面是国民经济行业分类中,餐饮业包括的内容:

代码		经营范围
67		餐饮业
671	6710	正餐服务
672	6720	快餐服务
673	6730	饮料及冷饮服务
679	6790	其他餐饮服务

本书所研究的是以盈利为目的的商业性餐饮企业。

餐饮业	商业性	饭店餐饮部
		快餐、小吃店
		外卖店
		家庭式餐馆
		正式餐馆
		休闲餐饮店
	非商业性	学校食堂
		医院食堂
		公司食堂
		其他非盈利性饮食

第一章 餐饮经营概述

学习目的

通过本章的学习,对餐饮业有一个全面认识,在了解餐饮产品、市场及经营的特征、目标的基础上,掌握现代餐饮企业的经营理念、管理内容及餐饮业经营管理的趋势;学会运用经济学、管理学的基本原理分析餐饮经营管理的现象和问题。

主要内容

- 餐饮市场特征

  餐饮业的特征　餐饮产品的特征

  餐饮消费市场的特征　餐饮企业经营存在的问题

- 餐饮经营管理的目标

  制定餐饮经营目标　餐饮经营的质量效益目标

  餐饮经营的品牌目标

- 餐饮经营管理的内容

  实现餐饮企业资源的有效配置

  加强经营中的风险管理

  餐饮经营手段现代化的管理

- 餐饮经营管理趋势

  餐饮管理的趋势　餐饮经营的趋势

教学指导

通过安排学生进行市场调查或通过网络查找最近的餐饮业经营动态资料来掌握本章的内容。

序　　言

　　近年来,随着现代市场经济的发展,我国餐饮业界在实践中经过不断的探索和努力,明显提高了我国餐饮企业的经营管理水平。餐饮类型越分越细,餐饮手段越来越现代化,已使我国餐饮业逐步发展成为一个具有一定规模、档次的现代产业。学术界对餐饮管理内容和经营范围的深入研究和重新思考,促进了餐饮经营管理理论体系的更加完善。在这一背景下,南开大学出版社的孙淑兰副编审以她敏锐的眼光和智慧,提出了编写一本更能适应指导餐饮业经营管理发展需要的、既有理论性又有实践操作性的、更为系统的餐饮经营管理的本科教材。本人接到编写任务后,深感责任重大。为完成本书的编写工作,本人深入各地对经营较好的餐饮企业进行调查、研究,力图收集到第一手资料。并与暨南大学中旅学院、南开大学、天津商学院的同仁们多次进行讨论,力争使本书的体例、内容更加充实完善。本书的编写首先突出其超前性,目的是使读者在观念上、思想上对餐饮业有一个全新的认识。本书引用的大量案例、论述的理论观念,就是力图告诉人们现代餐饮业已不再是传统意义上的小餐馆,而是以连锁经营、特许经营为模式的现代大型企业(集团)。其次,强调基础知识的掌握。书中对餐饮业的基本原理、基本概念、基本方法作了较为详细的阐述,以利于读者能更深入地研究思考。第三,强调理论与操作的有机结合。本书从餐饮企业的实际需要出发,对餐饮经营中的每个环节都细述了具体操作内容。一方面使理论能够指导操作,另一方面达到使读者能够学以致用、融汇贯通的目的,以便培养有创新意识的管理人才。第四,注重系统性。本书共分为11章,从概述、经营策划到市场促销,详细论述了餐饮经营以市场为起点和归宿的各个环节,提供了较为完善的餐饮经营管理的内容。

　　另外,本书在编写过程中得到了暨南大学中旅学院何建伟副院长、段开成主任的大力支持;我妻子在百忙之中抽出时间在资料整理、文字校对方面做了大量的工作；为了强调连续性，书中的一些内容尤其是案例，借鉴和引用了施涵蕴老师编著的《餐饮管理》一书中的资料，在此一并表示感谢。

  由于时间仓促，书中遗漏和不足之处在所难免，望读者提出宝贵的意见和建议，以使本书不断充实完善。

吴 克 祥

2000年4月于深圳华侨城

根据《酒家酒店分等定级规定》GB/T13391—2000,餐饮企业(Restaurant)是指现时烹调加工销售饮食制品并为消费者提供就餐场所和消费服务的企业。包括饮食店、餐馆、酒家、酒楼、饭庄、饭馆、酒吧、多种风味馆、专营店、茶楼等,以及饭店、宾馆、旅店、旅馆等的餐饮服务部门。

餐饮企业(Restaurant)基本上有3个组成要素:一、主要经营产品是餐食或饮料;二、有固定场所;三、良好的就餐环境。餐饮企业因为是坐地经营,它的客源不仅受其目标客源群的限制,而且受客人能否在有效时间内到达的空间距离限制。客源市场的地域性,一方面要求餐饮企业合理确定营业面积,另一方面要求餐饮企业合理建立营业网点。餐饮行业有以下特点:

1. 餐饮业是增长最快的行业

餐饮业是典型的劳动密集型服务性行业,全国现有350万家企业,1800万从业人员,统计数字显示,2002年我国餐饮业营业额首次突破5000亿元,占国内生产总值的5.1%,占第三产业收入的14.5%左右,占社会消费品零售总额的12%左右。

餐饮业从改革开放以来一直作为国内消费需求中发展速度最快、增长幅度最大的行业,每年都保持在两位数的增长幅度。随着行业整体经营水平的提高和经营规模的扩大,餐饮业正在成为中国产业经济体系中备受重视的重要产业之一。

2. 餐饮业是竞争最激烈的行业

近年来随着餐饮业由卖方市场转向买方市场,该行业已成为国内投资的热点,不同水平、不同档次的餐饮企业基本上形成了全方位竞争的市场格局,并且竞争已经从区际扩展到了国际。根据世贸组织协议,中国承诺在2002年12月全面放开酒店和餐饮业市场。国外餐饮集团除已占据一分天下的麦当劳、肯德基外,西方一些较具实力的餐饮企业如德国的兰特伯爵、新加坡的骨肉茶、美国的星期五等也将进入我国市场。这意味着餐饮业这块极富诱惑力的蛋糕,将被重新分割。餐饮企业在菜品、饮料、经营方式以及环境设计、装修装饰等方面容易被模仿。同行间的竞争将促进我国餐饮业整体经营水平的提高,在餐饮业界流传着中国餐饮企业平均寿命只有2.9年,5年的存活率也只有10%的说法,主要是指淘汰那些脏、乱、差、不具备经营餐饮条件的企业,优胜劣汰的市场经济法则将使中国餐饮业的整体水平得到较快提高。餐饮业在未来一段时间仍将是最具有赚钱机会的行业。最主要原因是教育普及使得他乡求学的学子日益增多、团体用膳、社会交际、公司应酬甚至结婚喜庆等等,对餐饮界而言都是商业的契机。加上我国旅游、观光业的发展,人们度假休闲的同时,更需要餐饮业作为调剂生活的必备要素。

3. 餐饮业是衡量人们生活水平的行业

首先,餐饮业是社会经济发展的晴雨表,从餐饮业的演进,可以看出人类进步的历史。餐馆在古代称谓很多,文献可考的有"旗"、"酒家"、"酒肆"、"客栈"等。餐饮业真正普遍流行大概在汉、唐时代,这是历史上的太平盛世,交通发展迅速,各处通商,大街小巷到处都可看到酒店、熟食店。中华美食一直承传传统的"色"、"香"、"味"俱全的烹调精髓,在世界饮食艺术舞台上独领风骚。餐饮业的发展已经成为民族文化的一部份,独特的餐饮美食可以发展成一个区域性的特色与观光旅游点。

其次,一个地区的餐饮业是否兴盛,可以反映人们的消费能力。经济的发展,尤其是人均国民生产总值和人均国民收入水平的变化将直接影响人们对餐饮产品的消费。人均国民收入水平越高,意味着人均个人可消费支出越多,随着人们对吃的要求越来越高,包括菜品、管理、服务、环境、文化含量等多种因素,追求精神消费和健康,消费向个性化和多样化发展,人们更多的是注意食品的营养、健康状况、生活质量。因此,生活的舒适程度和便利程度、经济福利尺度等被视为衡量消费水平的指标。

4. 餐饮业是一个高度相关的行业

餐饮业的发展,与上游生产制造业有关,例如食品加工业、陶瓷业、餐饮设备制造业等。与横向的相关行业有关,如装潢业、广告业、印刷业、劳动人培训服务业、环保处理业等。还与餐饮业下游企业的发展有关,如餐饮顾问公司、餐厅清洁消毒公司等。相关行业的发展促进了餐饮业的发展,如食品原料加工越来越精细,半成品越来越普及,使得餐饮业原料的来源越来越符合餐饮企业的需求；种植业技术的提升，能不受季节影响供应品质与数量稳定的蔬菜；保存设备与技术的提升，使冷冻或外卖食品的品质与口味越来越能让消费者接受；餐饮机械设备的发展加快了烹饪工业化的进程。餐饮业对国民经济发展的依赖性很强，同时，餐饮业的发展反过来也带动了种植业、养殖业、食品加工业和商业等发展。餐饮企业与相关企业互为依存和补充，在经济迅速增长的时期，因其他行业经营活动的增加，餐饮业的发展机会将会增多，餐饮企业的投资规模也将迅速加快。

5. 餐饮业是集生产、销售、服务、消费于一体的行业

餐饮业最显著的特征之一，就是生产、销售、服务、消费在同一时空完成。首先是餐饮业包含有生产企业的特征，将原料在厨房里准备，经过专业人员的精心烹制，而后在餐厅里出售。因此，从原料的采购、验收、处理、储藏、烹调、配膳直到服务客人的整个流程，都需要精心的规划。其次，餐饮业也具有零售业的特征，餐厅将其烹调好的产品以合理的价格出售给消费者。以何种经营方式来销售并使顾客乐于接受，各个餐厅所采用的方式有较大的差别。第三，餐饮业因它的产品独具特色更显服务业特征。

二、餐饮产品的特征

1. 餐饮产品的概念

狭义的餐饮产品是指作为人们日常生活基本组成部分的菜品、饮料及伴随的餐饮供应服务。这对于餐饮企业经营来说还是不够全面的，因为人们对餐饮企业产品的要求包含有形和无形两个方面：(1)有形的产品，如餐厅装潢、座位、菜单、设备、制服、食物种类与品质等，都直接与消费者的喜好有关。(2)无形的产品，如餐厅气氛、风格、人员的服务、清洁、卫生、甚至礼仪、习俗、时尚等文化内容。所以，餐饮产品应该是由菜品、饮料、服务及饮食文化构成的综合性产品。任何一个餐饮企业的经营都需要保持独特的文化特色，如果忽视了文化内涵其经营将难以持久。

(1)菜品和饮料是功能产品。

顾客光顾餐厅,从具有色、香、味、形的菜肴、饮料中获取营养来满足生理上的需要,这是顾客最基本的需要,也是餐饮企业经营的物质基础。

(2)环境和服务是精神产品。

人类恢复精神与体力的方法,都与进食和休息有关。餐厅(Restaurant),依法国百科大辞典的记载,是使人恢复精神与气力的意思。为了使就餐的客人得到充分休息而恢复精神,就餐环境、用餐气氛、烹饪技艺、服务态度等就成为餐饮产品中必不可少的内容。在紧张忙碌的工作之后,一种有品味、有格调的悠闲用餐环境气氛与注重人性化的专业服务也将是消费者所追求的。顾客光顾餐厅总是希望在满足生理需要的同时,还要追求精神上和心理上的满足和愉悦。

(3)餐饮文化是餐饮核心产品。

首先,无论中餐还是西餐在漫长的历史发展过程中,都蕴含着丰富的文化内容,如中餐中的风味菜、宫廷菜、官府菜、寺院菜(素菜)乃至家常菜等往往与一定的历史典故、名人传说等相联系;其次,企业在经营这些菜品时,要体现出与菜系相关的就餐环境、服务礼仪等文化内容;第三,一个餐饮企业所经营的某种饮食是一定民族和地区人们生活习惯、习俗、信仰等的反映。尽管摸不着,但能从该企业所精心设计的环境和创造的气氛中体验和感受到。一个餐饮企业应以独特的餐饮文化区别于同行业其他企业。

2. 餐饮产品的特征

(1)餐饮产品的日常消费性。

饮食作为人们日常生活的一个组成部分,满足人们一日三餐的基本生理需求,营养和健康是人们追求的生活目标之一,所以,从这个意义上说餐饮产品的需求具有无限大的潜力。当然,人们对餐饮产品的现实消费与生活水平有着直接关系,餐饮产品的日常消费的特征要求餐饮企业根据顾客的饮食习惯来提供经营项目和服务内容,根据顾客消费需求的变化来调整餐饮产品结构。

(2)餐饮产品的地域性。

中国有句俗语"一方水土养一方人"。这是指由于地域、气候环境的不同,使得构成不同地区的餐饮产品的主副原料之间存在着差异;由于习俗等不同,使得餐饮产品在口味、烹制方法、饮食习惯上存在着差异。正是由于这些差异性形成了众多的风格菜系和风味饮食,也正是由于餐饮产品的地域性使得具有特色风味的饮食之间可以相互借鉴,也使跨区域经营成为必要。

(3)餐饮产品的文化性。

餐饮产品不仅在风味上具有地域性的差异,而且也反映了不同地区人们的生活习惯、消费行为、宗教信仰等文化的差异。可以说餐饮产品所包含的文化内容具有历史的追溯性和时代的延续性。人们在消费菜品和饮料的同时能享受和了解一个特定地区、一个特定时代人们的风俗、礼仪。

①饮食本身的色、香、味、形、器、名等因素具有丰富的文化内涵。从菜品本身来讲,它的起源、烹制、风味都具有一定的文化背景,尤其是一些传统菜品的历史掌故更是具有深厚的文化内涵。

②就餐环境是饮食文化的组成部分之一。餐厅的设计装潢、功能布局、装修装饰风格都体现出一定的文化主题和内涵,都要与其所经营的菜系相协调、匹配。

③餐厅的服务思想、经营观念则从更高层次上展现了餐饮文化。

餐饮产品的文化性,使餐饮企业经营的饮食具有一定的文化附加价值。餐饮产品的文化特征使餐饮企业经营特色明显。餐饮企业具有并保持其独有的文化特色,是企业融入不同文化地区的基础,是餐饮企业的精髓所在,也赋予了企业较强的生命力。

(4)餐饮产品的多功能性。

餐饮产品除具有满足人们的基本生理需要的功能之外,还具有社交功能。借助于就餐,人们增加了相互交流的时间和机会。在餐饮消费中人们谈天论地,说古道今,使素不相识的人互相交流,使朋友之间的友谊加深,使干戈化玉帛,使分歧变共识。另外,餐饮产品还具有休闲功能。人们在和谐雅致的就餐环境中可以使情绪舒缓、精神愉快、身心放松,从菜名、菜品的典故和寓意中增长知识。同时餐饮产品还具有商业功能,餐厅作为人们谈生意的场所,有千万宗的生意在这里完成。所以餐饮企业要为工作节奏快、生活紧张的人们，创造一个良好的就餐环境，使人们在享用精美食品的同时得到休息，恢复体力和精力。

（5）餐饮产品的可组合性。

餐饮产品的可组合性体现在以下3个层次。第一，餐饮原料的可组合性；第二，餐饮菜品的加工方法、服务方式的可组合性；第三，菜品、饮料、环境、服务等综合的协调性。餐饮产品的可组合性要求餐饮企业不断地加强产品的开发创新，不仅要适时推出新品种，而且还要对老品种在保持其传统风格的基础上，在生产工艺和产品质量上不断提高，使产品精益求精；同时，餐饮产品的可组合性也为创新提供了可能。

三、餐饮消费市场的特征

1. 餐饮消费理性化

家庭私人消费比例，目前在餐馆的消费比重已占八成，家宴、婚宴等家庭消费成为市场消费主流。餐饮市场消费从价格选择为主向价格、品位、氛围、服务、品牌、文化等方向转变，选择性和理性化消费特点明显增强。现代人追求健康、安全、环保，反映在饮食习惯上，就是：

（1）追求使用天然原材料的营养食品，如餐饮业兴起的有机食品等便是最佳实例；

（2）注意饮食和环境卫生；

（3）希望有消费愉悦的感受，而不仅是满意；

（4）拥有国际品味并要求国际品质，各国餐饮美食陆续引进，消费者对新事物接受程度高，如韩国料理、日本料理等；

（5）重视价值更胜于价格，追求高品质、高服务、精致化饮食。

（6）重视信息，不只希望知道菜名，而且要求获得菜品营养等信息。

2. 餐饮消费呈多层次性

由于地区经济发展不平衡，人们收入水平之间存在着差异，使餐饮消费存在多个层次。这种多层次消费又受到职业、年龄、家庭结构等因素的影响而更加复杂。对高收入家庭，"健康"占首位，"滋味"占第二位。对低收入家庭，"价格"或"数量"占首位。我国目前大部分地区正处于从温饱迈入小康阶段，由于受传统饮食文化的影响，目前"滋味"仍占第一位,对饮食营养和质量则放在次要的位置,但人们已经比以往更加重视餐饮质量了。

一般来说,顾客餐饮消费层次可归为3类:

(1)对餐厅的环境氛围和周到细致的服务所形成的精神消费层次。消费形式由单一餐饮消费向餐娱组合消费转变。文化与餐饮的融合已经成为一种新的经营趋势和新的消费时尚。

(2)对餐饮企业的品牌和特色菜品所形成的高质量消费层次。

(3)要求菜品经济实惠的功能性消费层次。

这种需求的多层次性使餐饮企业也呈现出多样性。

3. 顾客消费的零星性

餐饮企业所面向的市场具有复杂多变的特点。一方面人们的口味、喜好有很大的差异,顾客的消费需求在总量和层次上不断发生变化;另一方面顾客在餐饮消费时具有选择的随机性,顾客根据自身的某些因素,选择餐饮企业或餐饮产品。对于餐饮企业来说,顾客进餐厅消费是单个的、零散的。所以餐饮企业要依赖散客或回头客来取得经营的成功,就要求通过合理选址、提高质量、增加顾客价值、提高顾客的满意度等一系列措施来增加回头率。一个经营业绩良好的餐厅至少应保持30%的回头率。

4. 消费行为的可诱导性

对顾客消费行为进行调查分析,了解并获得顾客对餐饮产品和服务的感觉及评价的有关资料,从而明确我们将提供给顾客什么,并知道如何去满足顾客的需要。通过制订适当的营销措施,有效引导消费者的购买行为。

中国人对吃西餐总是不太习惯,但近几年来,深圳、广州等地出现了"餐吧",如名典咖啡语茶、品尚品咖啡地带、本色酒吧等,正在使西餐让更多的人接受。

四、餐饮企业经营存在的问题

1. 餐饮业整体经营水平较低

我国餐饮业与发达国家餐饮业经营水平相比仍然处于较低水平,

主要表现为：第一，大多数餐饮企业仍是"手工作坊式"生产方式，烹饪生产活动仍主要依靠经验和手艺，因人而别，相关技术设备的开发及市场的配置落后，餐饮生产机械化、自动化程度低；第二，大多数餐饮企业经营观念和经营方式落后，创新与开发意识不够强；第三，缺少与国际餐饮业接轨的行业标准，餐饮行业的整体发展水平仍很落后。

2. 卫生状况是制约餐饮业发展的主要因素

餐饮卫生是人们外出用餐最为关心的问题。我国除了高星级饭店的餐饮外，大多数中小餐饮企业的卫生条件较差，如餐厅没有洗手间（池）、厨房没有高温洗碗机、服务人员卫生意识淡薄等。加入WTO后，外国品牌的餐饮企业进入，将引导和促进我国餐饮企业在环境卫生、饮食卫生方面得到快速、全方位的改进，有利于餐饮企业参与国际竞争。

3. 从业人员素质偏低

餐饮业从业人员素质偏低已经成为制约行业发展的重要因素。中国餐饮业从业人员的文化水平大都是初、高中程度，营养卫生知识与规范技术操作基础薄弱，更缺少适应现代机械化、信息化条件下的工作能力。传统餐饮经营中，"一招鲜，吃遍天"的技艺只能适合于作坊式的餐厅，工业经济时代的餐饮业要求从业人员文化素质高、综合运营能力强、研究创新能力雄厚。随着餐饮业的规模、质量、层次上的进一步发展，集团化、连锁化的积极开拓，急需一批高素质的餐饮从业人员，这在很大程度上决定了餐饮企业的成败。

4. 餐饮业经营环境差

一是政出多门、执法随意等问题在餐饮业中仍然突出，如国内餐饮企业除正常的税收外，各项"费用"种类多，许多收费随意性较大，缺乏规范性，地区差别也较大，带来企业间的不平等竞争。二是缺少法规来规范餐饮市场秩序，如老字号、名字号被随意仿冒；大量存在虚假宣传、价格欺诈和恶性竞争等行为，导致企业经营的不确定因素较多，权益受损后的维权活动往往也会旷日持久，难以解决；进入和退出餐饮市场的行为不规范，"短期"行为非常严重。这些问题均制约了餐饮业向高层次发展。入世后，随着中国法制建设的进一步完善，中国餐饮市场也将逐渐成为全球餐饮市场的一个重要组成部分，餐饮业将迎来一个"自由竞争"的良好经营环境。

第二节　餐饮经营管理的目标

近年来,我国各种类型的餐饮企业虽然得到了迅速的发展,但主要是在数量上的增加。从餐饮业发展的总体上看还处在低水平发展阶段,主要原因是经营者只图眼前利益的短期行为,没有明确的经营目标。在跨入 21 世纪的今天,餐饮企业应根据自身的特点和潜力、餐饮消费者的要求对未来发展做出总体性筹划,制定一个长期的经营计划,这样不仅有利于企业有形财富的不断积累,而且可使企业的形象、信誉等无形资产不断升值,从而不断提高企业在市场上的竞争能力。

一、制定餐饮经营目标

1. 制定餐饮经营目标的必要性

一个餐饮企业必须分析自身的能力条件,确定企业的顾客群,然后就要制定经营目标,并瞄准目标市场进行经营。餐饮经营若无长远规划只强调近期利益,必然导致企业为尽快收回投资而牺牲顾客利益,如基本设备、设施投入不足等短期行为,只会影响企业经营活动的正常运行,降低产品和服务质量,使企业逐步陷入经营的恶性循环。没有目标的企业,经营就不会有方向,也就不可能去采取相应的策略和手段来发展企业。企业经营必须制定一定时期内要达到的发展目标,并且让这些目标深入员工心中,以便把全体员工动员起来,为实现目标而积极努力,充分发挥其积极性、主动性和创造性。

(1)经营目标明确了餐饮企业经营管理活动的发展方向和奋斗目标。

(2)经营目标有利于企业充分、有效地分配资源,使各项经营活动都围绕企业经营目标来进行。

2. 制定餐饮企业经营目标的原则

餐饮企业经营目标是必须在一定时间、资源条件下实现的。所以，在目标的制定过程中一般应掌握以下几个基本原则：

(1)总体性原则。

经营目标应是关于企业全局和总体性的问题，目标能否实现将成为企业在一定时期内经营成败的关键性重大问题。

(2)一致性原则。

总体目标、中间目标和具体目标要协调一致和相互衔接，形成规划目标的统一体系，实现总体运行的良性循环。

(3)可行性原则。

制定经营目标，要对餐饮企业现有条件、环境进行可行性分析，要保证目标能够如期完成，既不能不顾客观条件把目标定得过高，也不能把目标定得过低，否则就失去了发展的动力。

(4)激励性原则。

经营目标要具有激励性和动员性，要能成为激发全体员工积极性的强大力量。

(5)定量化原则。

经营目标要定量化，以便于考核和衡量，并具有可比性。

(6)发展性原则。

经营目标应随着企业内外部条件的发展变化进行及时调整，以适应新的形势要求。

3. 餐饮经营目标须顺应国际竞争形势

随着我国加入 WTO，餐饮业的经营环境将会有很大改变。国内同行业之间日益激烈的竞争，要求餐饮企业加强自身建设，加快自身发展，并且要按国际跨国公司的标准来改善经营。同时，国外餐饮企业的加盟，又迫使中国餐饮企业必须改变原来的经营思想和行为，制定适合国际竞争的经营目标。

(1)必须走出餐饮业经营思想上的误区。

由于我国尚处于经济转型期，在管理、制度、标准等方面尚不够完善，在内、外部环境及自身经营素质的影响下，我国餐饮业经营思想还存在着很多误区。加入 WTO 后，餐饮企业趋于集团化、国际化发展，餐饮经营必须引进先进的经营观念、管理思想、管理方法和管理手段,否则餐饮企业只能是作坊式小餐馆,难以发展成现代公司制的企业集团。

(2)建立并发展有国际竞争力的餐饮企业。

中餐在世界饮食中占有一席之地,我国餐饮业必须利用这一优势,与国际接轨,这就要求经营者拓展视野,高瞻远瞩,转变经营思想,适应现代市场需要,建立具有国际竞争力的餐饮企业。

①企业生存和发展的动力是创新。若企业因循守旧,固守一方,将不利于餐饮企业新产品的开发、创造,使企业不能适应优胜劣汰的市场竞争规则,最终会被淘汰出局。因此,餐饮经营必须抛弃陈旧观念,力图推陈出新,不断开发新产品,使菜品在营养、口味、质量方面适合于国际标准,有能力参与世界竞争。

②改善经营环境,增强管理活力。现代餐饮企业所处的环境是不断变动的。这种变动或缓慢或急剧、突发。如加入WTO后,外国饮食企业进入中国或在中国经营中餐,对中国餐饮企业的生存能力将是一个严峻的考验。尤其是在急剧变动的市场环境中,那些档次低、条件差的餐饮企业,由于不能及时更新换代将面临生存危机或破产。

二、餐饮经营的质量效益目标

任何餐饮企业投入一定的人、财、物就必须获得一定的收益。"利润=收入-成本",是任何一个餐饮经营者都必须熟悉的基本公式。效益是企业经营最根本的目标。

1. 以价值为中心的经营管理

市场经济是竞争的经济,通过价格杠杆和竞争机制的功能,把资源配置到效益较好的环节中去,扩大品种,开发新产品,提高质量,降低成本,增加收益。传统餐饮企业管理是以实物形态的物流为中心进行的,只强调了菜品的加工、成本的控制,而忽视了物流以外的其他方面的价值创造。现代企业管理是在市场经济条件下,在人流、物流、资金流和信息流的管理中,以价值形态的资金流为中心进行的。企业为了在竞争中求生存和发展,要充分利用各种资本,来获取经济效益,提高企业竞争力。现代餐饮企业管理是在追求质量与效益相统一,坚持效益第一的前提下,加快发展速度。效益原则使餐饮企业在利润等硬性指标上必须加强管理,使有形和无形资产都得到增值。

2. 加强收入管理,扩大经营范围

餐饮企业扩大收入来源是获取利润的最主要手段。这就要求企业既要重视通过提高现有产品质量和服务的有效性,提高企业座位周转率来扩大营业额;同时又要开拓新的卖点,扩大营业范围来获得收益。

(1)食品外卖。

食品外卖包括两种形式,一是送餐服务,即餐饮企业在接到顾客订单后,将食品和服务按时送到顾客指定地点的一种餐饮服务方式;另一种是外卖服务,即为店外过往客人提供预先烹制好的食品或半成品。传统餐馆和快餐馆都增加了这类业务,主要是根据市场需求如电话订餐或提供公司午餐、车上点菜等而开展的。其最大特点是既能充分利用餐饮企业现有的设备设施,又不占用餐厅经营空间,同时还能错开营业高峰时间。食品外卖服务的关键是要及时、快捷地将预定的食品送到顾客手中,这就要求企业能有满足外卖的运输条件和食品的保温、储存设施。

(2)配送中心(中心厨房)。

那些具有一定规模的,尤其是一些连锁经营的餐饮店为节约采购、贮存成本,建立具有工业化生产规模的中心厨房,为所属企业及相关企业提供成品或半成品菜品。

(3)技术输出。

随着餐饮企业技术含量的增加,企业独有的一些烹调技术、服务技术、管理技术等,将成为企业经营的内容向外输出。

餐饮企业的技术输出,一方面展现了企业的优势,扩大了企业的知名度,另一方面又为企业在实践中不断完善和提高现有技术水平提供了机会。

(4)承办宴席。

餐饮企业为满足企业、家庭的需要,在餐厅外的其他场所提供酒席、宴会服务。这种方式必须结合餐饮企业实际经营情况,在人员、设施设备条件具备的条件下,才具有实际意义。

(5)休闲餐饮经营。

一些餐饮企业利用企业的地理位置、场地条件或知名度开展一些与餐饮业相互补充的文化休闲经营活动,如举办儿童画展、电影明星照片展、时装表演或举办客户的联谊活动等。另外,可将餐饮企业与休闲项目经营结合起来,如在餐厅内设高尔夫球推杆练习场、健身房或钓鱼等活动,吸引客人光顾。休闲餐饮经营主要是面向高档消费顾客群,并要具备一定的场地条件。

(6)兼营其他产品。

附带经营具有一定特色的烹调加工设备和餐饮器皿以及礼品、玩具等产品是现代餐厅较为流行的经营内容。餐饮企业经营的附属品,首先是建立在企业的菜品和服务基础上,只有企业经营有特色,才有可能开发出受到用户或顾客欢迎的具有特色的设备、设施、器皿;其次,兼营产品的质量、风格应与企业整体实力相适应,充分体现企业的整体形象;第三,个别附属品应集实用性、观赏性于一体,使之具有收藏价值,从而使企业形象得以传播。

3. 强化成本控制和费用管理

餐饮企业要实现经营目标,就必须加强企业经营活动中各环节的成本控制,减少浪费。低成本是企业获得竞争优势的关键因素。

(1)原材料成本控制。

餐饮企业生产经营过程中,原材料是餐饮企业产品成本的主要组成项目。因其消耗量大,采购频繁,原材料成本控制就成为餐饮经营中成本控制的核心内容,涉及到采购、验收、贮藏、加工等各个环节。原材料成本控制的状况将会直接影响企业经济效益目标。

(2)劳动力成本控制。

劳动力是餐饮企业创造经济效益的第一资源。然而,人工费用又是餐饮企业经营中所占比重最大的支出之一。劳动力成本过大不仅影响企业经济效益,而且造成工作效率的低下。劳动力成本控制是餐饮企业效益目标中较为重要的内容。

(3)管理费用控制。

企业经营管理环节的费用比较分散,如果不严格加以控制,就会造成极大的浪费。节约管理费用是取得最佳经济效益的途径之一。

三、餐饮经营的品牌目标

越来越多的餐饮企业在经营过程中注意形成自己的特色,它既包含饮食产品与服务组合的特色,也包括就餐环境氛围的特色。在餐馆林立的今天,餐饮企业没有自己的品牌与特色,就必然会在竞争中被淘汰。形成餐饮品牌和特色是为了适应和满足消费者求新求异的消费心理。如果我们在突出菜品、技术、服务特色的基础上,不断加大品牌培育力度,就能使企业逐步在全方位和深层次的市场竞争中处于优势。餐饮经营的品牌目标就是要使餐饮企业获得超过同行业平均水平的盈利能力。品牌不仅可以为企业直接从市场吸引顾客,获得现期经济效益,而且还可以为企业衍生出综合整体效益。餐饮企业只有在社会上树立了信誉和声望,才能拥有超值的品牌,才能使企业获得生存和发展的更有利的条件。

1. 当前我国餐饮品牌营运存在的问题与不足

(1)我国餐饮企业品牌战略的实施时间较短,处在品牌营运的起始阶段,而国外已经开始依靠品牌输出占领市场。

(2)我国餐饮企业品牌战略的定位存在偏差。①我国餐饮企业是靠菜肴推出牌子,国外餐饮企业是靠牌子推出菜肴;②我国餐饮企业是靠菜肴广告推出一种菜肴,国外餐饮企业是靠广告推出企业形象和系列菜肴。

(3)我国餐饮企业品牌营运战略的实施条件相当薄弱,主要表现在:①国内市场的发育度偏低,行业保护与地区封锁行为时有发生;②企业家市场的激励机制、监督机制不够规范,易导致餐饮企业经营者的短期化行为;③国内餐饮企业品牌经营规模扩张能力较低;④外国餐饮品牌已抢占国内市场,国内市场上餐饮企业的国际化竞争不断升级。

2. 全方位实施品牌经营战略

(1)品牌来自于企业的信誉。

餐饮企业长期利益的获得有赖于企业良好信誉的建立,信誉是真正的无价之宝,是企业取之不尽的财富。餐饮企业内部各个部门、各个环节乃至各个岗位,如原料使用、菜品质量、饮食卫生安全、纳税义务、劳动就业等,都承担着树立和维护企业信誉的责任,只有共担风险,全面发展,各项措施都顺利执行,才能保证餐饮企业发展过程中总体行动的全面实现。而餐饮企业的良好信誉能使企业内部各个部门、各个岗位的经营活动处于最佳状态,使他们立足于企业整体发展,充分利用企业信誉所带来的良性影响。餐饮经营虽应重视长远利益,但也不排斥近期的经营效益。因为短期利益是企业生存和发展的起点,是长期利益实现的关键。餐饮企业所追求的近期经济利益是指那些有利于保证企业生存和发展的近期利益。

(2) 品牌来自于餐饮企业的良好形象。

企业形象是社会大众和企业成员对企业的整体综合评价,以及由此评价所形成的对企业的观感和印象。良好的企业形象从根本上说是建立在提供优质的产品和服务的基础上的。国际性连锁快餐企业麦当劳从美国本土发展到全世界,正是借助其良好的企业形象。企业形象反映产品的品质、服务的水准、社会的参与等有形与无形的内涵,而不单纯只是靠媒体上的宣传或公开的捐赠就可维持卓越的企业形象的。餐饮企业形象具体表现为以下方面:

第一,产品形象即提供的餐饮产品的色、香、味、形、质量以及卫生、环境、文化等给人的整体印象。

第二,员工形象即员工的服务态度、职业道德、精神风貌和仪容、仪表等给顾客的整体印象。

第三,公共关系形象即餐饮企业与地方政府、大众媒体、社区、公众、同行业等建立一个长期的符合社会整体利益、便于记忆的印象。

现代餐饮企业的竞争也已经由产品质量竞争、技术竞争、价格竞争、服务竞争扩展到信誉竞争、形象竞争。餐饮企业的信誉和形象成为最重要的无形财富。一个餐饮企业如果在社会公众中树立起信得过的形象,获得了良好的信誉,那么它就能保证获得最好的原料供应、最好的合作伙伴、最有效的销售网络,吸引更多的投资和人才,赢得不断扩大的顾客群。

(3) 品牌来自于餐饮企业的经营活动。

市场经济越完善，竞争越激烈，就越要讲究品牌。餐饮企业品牌主要是通过餐饮企业经营活动过程的职能实现的。餐饮企业要不断适应人民生活质量与消费结构的变化，还要时时关注消费需求的个性化与市场细分化的特征，使企业经营特色进一步突出，品牌营销力度不断加强。

第一，名店、名品树立品牌。餐饮企业良好的品牌必须首先建立在提供优良产品和优质服务的基础上，这是不言自明的。一个现代餐饮企业，要想在竞争中立足，最初集中到创特色产品上。这种产品在一定时期内能够保持和不断提高其本身质量，提升菜品的知名度、美誉度，就会受到广泛认可，就产生了品牌。继而就要在特色产品的基础上创名店。可以说餐饮企业特色无所不在，关键在于深入发掘，如餐饮企业的历史、具有新闻价值的事实等，都是构成餐饮企业特色的好材料。麦当劳、肯德基等餐饮企业，为了突出其特色，从店面外貌到产品包装，都煞费苦心，务使其有别于其他餐饮企业，使公众一望便知。这是建立品牌的诀窍。

市场经济的发展，餐饮企业间竞争的加剧，使公众在进行消费、购买时有了更大的选择余地，公众评价对餐饮企业产生了更大的影响力。评价范围也从单纯针对产品或服务，扩大到餐饮企业活动的各个方面。争取公众信任，成为餐饮企业求得生存发展的极其重要的条件。与此相适应，餐饮企业树立品牌的工作，也从创特色产品演进到创名店企业。

第二，风格的塑造。由于餐饮业是一种以顾客为导向的服务业，因此，整个餐厅软硬件呈现的风格，就显得特别重要。消费者往往因为欣赏某餐厅的装潢、气氛、温馨服务而广为宣传推荐，形成餐厅良好的口碑。就如同企业的信誉一般，成为一种信用的保证，永远把最好的呈现在顾客的面前。

第三，标记设计与宣传

餐饮企业在竞争中为了设计出一种让公众喜爱、易于识别的商标，往往需要反复调查公众的意向和审美情趣。从选定商标图案，到推广运用商标，餐饮企业往往不惜经年累月，投入巨资，运用各种传播手段，使公众建立起商标与产品之间的联想。公众凭借商标从同类产品中识别他们所喜爱、所信赖的产品,于是形成了商标信誉。商标信誉中凝聚着创新品种、提高质量、推广宣传方面投入的智力和资金,构成了商标的信誉价值。为了创出名牌餐饮企业,一些餐饮企业最终都把商标与餐饮企业名称统一起来。

第四,参与公益性的社会活动。

树立餐饮企业良好品牌是一项长期的战略任务。在品牌竞争中,任何餐饮企业,稍有懈怠,便会落伍。餐饮企业在开展品牌竞争的过程中,为了适应公众不断变化着的评价标准,需要通过公共关系工作,不断改进和更新餐饮企业形象,或在原有形象中充实新的内容。公众评价标准总是在不断变化着,餐饮企业这种"洗心革面"的活动同样不会结束。餐饮企业发起、组织、参与有广泛群众基础的社会活动,是餐饮企业表现其宗旨、显示实力与信心、赢得公众好感的一种常用方法。由餐饮企业发起、参与或赞助的文体活动,是最常见的公共关系专门性活动。

餐饮企业由创名牌产品演进到创名牌企业,是一个必然的发展过程。这是与经营环境、经营活动的各因素密切相关的。餐饮企业家应采取积极的态度,充分把握住客观条件,通过长期努力,引导餐饮企业在建立品牌的必由之路上不断前进。

第三节 餐饮经营管理的内容

一、实现餐饮企业资源的有效配置

餐饮经营管理无论是效益目标还是品牌目标都是为了直接或间接地获得经营收入。餐饮企业经营管理的内容不能只局限在菜肴制作和厨房管理环节上,而是应该把可利用的各种资源整合起来,通过有效地利用人力、物力、财力和信息等生产要素,给资源赋予更大的价值,以此实现餐饮企业的经营目标。

1. 人力资源配置

(1) 餐饮企业的规模不同,对人员数量的配置也不同。
(2) 餐饮经营的类型不同,餐厅人员的结构就不同。
(3) 餐饮经营的档次不同,对人员素质的要求也不同。

2. 财力资源配置

(1) 不同规模的餐馆在设备、设施方面投入的差别决定了资金需求总量的不同。
(2) 餐饮企业类型的不同导致了资金使用的结构不同。

3. 物力资源配置

(1) 餐馆的类型不同,在选择场所位置和规模大小上就不同。如快餐店,一般选择较繁华的商业街道、车站等人流量大的地区,场地较小,座位周转率快,租金相对较高。
(2) 餐馆的类型不同决定不同的布局、装潢设计。由于餐馆的类型不同,其功能也不同,决定了不同风格的装潢设计。
(3) 餐馆的类型不同决定了选择不同风格、款式的餐具、家具以及不同风味、不同档次的菜品、饮料。

二、加强经营中的风险管理

餐饮企业经营是在一定的内外部环境之中进行的,餐饮经营经常遭受内外部经营风险的威胁。餐饮企业总是希望能平稳运转、降低成本、增加收入,并减少风险。经营风险,是指餐饮企业在为赢得某一个经营机会,实现企业经营目标的过程中可能遭受的损失。餐饮企业经营的内部风险主要来自食品污染、环境卫生差、员工服务水准及管理水平低等。据卫生部透露,餐饮市场几乎每天都会发生食品中毒事件,影响了人们的健康和餐饮行业的发展。外部环境风险主要是经营环境差,如乱收费、缺乏高标准的行业规范、恶性竞争等。

1. 餐饮企业经营风险的分类

(1) 按风险直观与否分为有形风险和无形风险。

① 有形风险。它是指凭借经营者的直观感觉和经验,可以按现值进行评估、判断其所造成损失程度的风险,有形风险又称为"硬风险"。如资金不足或占压,原料价格上涨,菜品降价损失,菜品不受欢迎,设备陈

旧落后等。这种风险显而易见,造成的损失值可以计算。如果企业内部加强市场调研和经营风险管理,采取相应措施,就可以防止或减少这种有形风险的损失。

②无形风险。它是指经营者难以凭借直观感觉和经验进行判断,也不易按现值评估损失程度的风险,无形风险也称"软风险"。如由于服务质量低劣造成企业形象的受损;由于菜品质量低、卫生条件差而导致消费者的信任危机;由于宣传不实而引起顾客的反感和逆反心理;管理人员缺乏责任感,员工人心涣散,劳动效率低;企业对问题熟视无睹而造成的损失等。

(2)按时空不同分为时间性风险和空间性风险。

①时间性风险。它是指由于时间差异给企业经营带来的风险。造成时间性风险的原因是多方面的,如季节变化对餐饮消费的影响;产品的市场寿命周期;消费者消费时间的变化;经营活动竞争中出现的时间差等。要防止时间性风险,必须树立时间观念,经常观察分析时间运动中事物发展变化的趋势可能给企业经营带来的影响,尽力排除时间性风险对企业实现经营目标的干扰和破坏,准确把握住时机,以保证企业经营正常运行。

②空间性风险。它是指在企业实现经营目标的过程中,由于空间因素的影响而引起的风险。产生空间性风险的原因也是多方面的,如企业所处的地点与周围环境;各地市场的供求关系变化;地区性的历史、传统、风俗、文化的差异;各地人口分布和资源条件等。

2. 经营管理中风险的防范

因市场竞争的激烈,很多餐饮企业以更丰富、多样化、低价格的菜单来吸引消费者,加上折扣战、兑换礼品、优惠商品等,容易造成经营成本的上涨,获利下降,投资回收不易,造成经营风险上升。为此,餐饮企业应该在利用经营机会的同时,正视各种可能存在的风险,想方设法采取措施,防范风险,弥补风险造成的损失,保证餐饮企业不断壮大发展。

(1)经营风险的防范。

①收集和掌握有关风险的信息。风险信息主要包括:

一是企业以往经营中曾发生风险的有关资料,一般包括:企业以往经营过程中遭受损失和失败的原因,各种损失和失败发生的频率及程度等。

二是有关本行业的信息,一般包括:本行业各类企业的构成;竞争对手的实力及其经营策略;本行业平均利润水平与其他技术经济参数。

三是社会外部环境中有关的调研预测资料,主要有:政治、经济、文化、科技、生产、消费等各种因素变化的趋势,以及这些趋势可能给本企业经营带来的风险分析。

通过上述信息的收集和处理,企业可从中预知各种风险发生的概率、程度与频率,从而制定相应的防范措施和对策。

②确认风险对象、范围及原因。根据上述信息进行分析,如菜品质量、员工人心涣散等问题,就要分析并确认其原因及影响范围。其中事先预料风险是防范风险工作中最困难、最重要的一环。

③制定防范风险的各种措施和计划。就是对发生可能性较高的风险制定如何对付的基本办法。如菜品质量问题,就要分析是原料供应环节问题,还是烹饪技术水平问题,或是顾客口味变化问题,这样就可以预先制定出防范措施,以保证企业免遭损失或减少损失。

一般来说,对于刚刚起步或初次进入一个新的市场领域的餐饮企业,应特别重视采取投石问路的方法,可以使餐饮企业脚踏实地地向经营目标推进。同时,要多观察和注意同行业其他企业的所作所为,当发现同行业其他企业在产品、服务或经营措施等方面有新的举措可借鉴时,就要进行彻底的调查与研究。对其优点,要在学习的基础上加以完善;如果有缺点,则首先要观察其有什么改善的方法,然后再根据其实施的结果,再拟定一套超越同行业其他企业的行动方案。这种模仿同行业企业的方法,实质上就是把别人当作试验品,无论其成功与失败,本企业都能根据他们的经验或教训来制定策略。

(2)经营风险的补救。

经营风险的补救是指在防范风险的基础上,在风险发生之前或之后,积极采取有效措施,减轻风险带来的损失。对可能存在的各种风险的范围、危害程度及可能的损失值进行判断,并对各种风险发生的概率进行预测,以便于企业有针对性、有步骤地采取措施,进行风险补救。

餐饮企业补救风险的具体方法是：

第一，参加保险。餐饮企业根据自身的情况参加与企业经营活动有关的保险，如自然灾害保险、员工人身安全保险、顾客健康安全保险等。这样，可以通过保险公司来分担风险给企业经营带来的损失。

第二，开展多元化经营。餐饮企业开展多元化经营可以分散风险。例如，在众多的项目中，某些创新经营项目遭受风险，获利能力降低时，可以从其他经营项目中加以弥补。

第三，用企业形象来弥补风险损失。企业形象作为企业的无形资产，在经营过程中具有使企业规避风险的能力。当企业面临风险之际，恰当地运用企业形象是餐饮企业风险补救的有效方法。因此，餐饮企业应该恰当地利用广告，宣传企业形象，以达到减少甚至避免风险损失的目的。

第四，诉诸法律，挽回因其他企业或个人不正当行为所造成的损失。比如毁约、不信守合同、诈骗、无理拒付等，都会使餐饮企业正常的经营活动受到影响和损失，对此，餐饮企业必须借助法律的力量挽回损失。

三、餐饮经营手段现代化的管理

传统餐饮业是以手工操作为主的劳动密集型产业，科技含量低，效率低，这是制约我国餐饮业向高档次、高水平发展的重要因素。餐饮企业经营手段现代化不仅有利于提高企业劳动效率，而且还将从根本上改变我国餐饮企业小作坊式的生产模式，使餐饮企业向现代化大企业经营模式转变。

1. 科技投入对餐饮企业的作用

餐饮企业管理者、员工和技术人员都要认识到科技进步是提高社会生产力的决定性因素，是提高企业经济效益的源泉。

（1）技术进步可减少手工劳动和重体力劳动，不仅使劳动生产率大大提高，而且也使劳动效果得到改善。西方餐饮业把降低厨师劳动强度作为首要目标，广泛采用机械加工，加工环节中不断用机器来代替手工。如在分割、切片、切丝等一些原料的加工上，机器的精细度是手工达不到的。如厨房采用自动化洗碗机,不仅可以节约大量的人力,提高工作效率,而且使餐具的卫生质量也得到了保证。餐饮企业利用现代设备,将提高机械化、自动化程度,从而节约大量的人力,降低了劳动消耗量。

(2)科技进步可以使各种资源得到充分利用,提高原料利用的附加价值,如国外采用了科学的种植与饲养技术,使生产出的原料无论在口感、色泽、形状上都体现出了很强的标准性。如国际知名的美国饲养牛,分3个阶段进行,整个喂养过程分9个渐进程序,全部由电脑控制。经此方法生产出的牛,肉质嫩滑、肉味浓厚、色红多汁、营养丰富。麦当劳、肯德基这些餐饮企业都在中国建立了自己的饲养基地。所以依靠科技进步,可以加速开发、运用各种高效节能的烹调加工设备,积极使用、推广污染少或无污染的生产工艺,依靠科技进步,可以降低材料、能源的消耗量。

(3)科技进步可提高企业现代化管理水平。采用现代化的设备,能不断提高员工的专业技能,改进管理手段,完善管理方法。

(4)科技进步能合理配置饮食营养结构,有利于改善人们身体素质和健康状况。

(5)加大科技投入能提高企业知名度,促进企业的快速发展。如东来顺、全聚德等国内老字号餐饮企业,采用现代信息技术,加入英特网,使企业知名度迅速推广,促进了企业的发展。

2. 引进、开发新技术、新设备

餐饮企业新技术、新设备的引进,在目前阶段可分为两部分:一部分为厨房生产的基础设施设备。现代化的基础设施设备是现代餐饮企业应具备并且应不断充实和完善的,如冷冻、冷藏设备(库房)、保温设备、洗碗机、垃圾处理设备、基本的安全、卫生设备等;另一部分是现代化厨房的加工设备。现代化厨房加工设备是改进厨房生产经营的基本设施,一方面可从较为先进的地区和国家引进,另一方面可从同行业中较为先进的企业引进。在引进烹饪加工设备时应注意以下几点:

(1)对于加工设备的引进应结合餐饮企业具体经营的品种和经营方式来确定,使引进的技术设备确能促进餐饮产品质量的提高。

（2）引进的设备技术能改进和提高我国餐饮业现有的技术水平，尤其是经过消化、吸收后，将大大提高餐饮企业现代化水平，如使中餐灶头、油炸设施得到改进，可以大大缩短我国餐饮企业与发达国家的技术差距。

（3）餐饮企业在做好设备引进的同时，要依靠自身的技术力量，大力研究开发新技术、新设备，使新设备更适合于我国餐饮企业的具体情况。计算机技术应用于餐饮业，在世界发达的国家和地区已十分成熟，管理同技术的结合在餐饮企业尤显重要。目前我国餐饮业急需适合于中餐烹饪的先进设备，使生产从手工操作达到半机械化操作和自动化操作，以提高劳动生产率。

我国餐饮业出现向生产工业化、机械化发展的态势，一大批颇具现代气息的中型餐饮连锁企业及中型现代餐馆正迅猛成长，如上海的"新亚集团"、"鲜墙房"、武汉的"小蓝鲸"、扬州的"福满楼"等。

第四节　餐饮经营管理趋势

一、餐饮管理的趋势

1. 突出品质管理

加入WTO后，讲求品质管理的方式将逐渐成为餐饮业的经营理念。将顾客满意、员工满意、企业形象等都纳入品质范畴，运用精确的科学方法来分析市场，建立制度，维持品质，强调卫生，讲究服务，增加气氛，提高休闲效果等是餐饮管理的治本之策。

2. 规范化操作管理

按程序化、标准规范管理企业。餐饮企业无论是管理还是服务都要与国际标准接轨，才能顺利发展。按标准规范组织企业经营活动，有利于快速提高餐饮企业管理水平，主要有餐饮产品的质量标准、服务标准、卫生标准、定价标准、餐饮产品生产标准以及餐饮设备设施及场地规划标准等。积极引导餐饮企业采用国际标准,在餐饮行业推广国际标准和国家标准认证,推动传统餐饮业向现代餐饮业转变,加速餐饮企业集团化、产业化、国际化。

3. 信息化管理

在现代社会,信息是一种资源。对客源市场、产品市场及竞争对手信息的搜集、利用和开发,能为餐饮企业增加财富。因此,餐饮企业要建立信息中心或市场开发部,并与地区行业和有关的信息网络建立密切联系,以便及时抓住经营和发展机会。餐饮企业要依据信息资源管理和组织企业的经营活动,使企业经营管理工作更为现代化。

4. 企业文化建设

餐饮企业是一个实体,是一个集合设计与运作在一起的系统,包括了生产系统、服务系统、操作系统等。在这个体系里,文化是一种传承、一种延续。企业的任何政策,任何方法,都必须在这上面生根,才能成长壮大。企业文化需要长年累月的累积及创造,并使之成为一种传统。

5. 团队精神建设

管理者必须认清餐饮企业最重要的资产是人,尤其是每一位与顾客接触、直接服务顾客的员工,他们才是了解顾客及掌握客源的关键人物,因此企业要依靠员工管理企业。餐饮业讲求的是团队精神(team work)。马里奥特食品公司有这样一句格言,"只有善待员工,员工才能更好地服务于顾客",使员工的自尊能受到充分的尊重,能力能得到充分的肯定,这样员工才会对公司产生信心与向心力,才能使员工在工作岗位上安心工作,降低流动率。员工只有在一个和谐环境中工作,才能积极参与到企业各方面、各环节的管理,关心企业的成长,提建议,出主意,自然能以更亲切的态度服务他们的顾客,也就能留住客人。

6. 逐步推广职业经理制

我国已制定了餐饮业职业经理人标准。该标准要求餐饮业经理人必须精通现代餐饮经营管理知识,懂得连锁经营、品牌管理、技术创新知识,掌握餐饮业的技术与政策法规,具有3年良好的管理业绩表现。餐饮业职业经理人分为两个等级:职业经理人和高级职业经理人。餐饮企业将通过市场取得生产要素,逐步聘用专业的经营管理人才组织生产经营活动,实现企业效益最大化。

二、餐饮经营的趋势

餐饮企业的经营必须适应现代市场需求的变化,适应经营环境的变化。餐饮企业的这些适应性成为餐饮企业未来经营的趋势。

1. 特色化趋势

餐饮本身具有的多样性和地方性特征,使得餐饮的特色化格外重要。企业的特色是参与竞争的一张王牌,是招徕顾客的重要手段。人们常因企业的某道菜有特色而成为回头客。从2001年度前100名餐饮企业经营业态看,以经营中高档酒楼、便餐酒家为主的特色餐饮企业有63家,营业额占总营业额的52.8%,成为主要经营业态。餐饮企业的特色化经营包括许多方面,例如名称、建筑风格、装饰形式、环境气氛、服务方式、饮食风味以及品牌等能够赋予企业文化的内容,以特色产品获得竞争优势。餐饮企业使产品表现出足够的差异性,使消费者在众多的产品中易于识别,从而达到更高的购买概率。

2. 餐饮连锁经营

我国采取连锁经营方式的餐饮企业越来越多,且发展速度明显加快。目前拥有几十家、上百家和数百家连锁店的餐饮企业逐渐涌现,规模经营和规模效应的优势日趋显现。连锁经营显示出强大的市场潜力,成为企业发展与壮大的重要途径。2001年的餐饮百强企业中,79家企业采用了连锁经营方式,其中,中餐和中式快餐连锁店超过100家以上的企业有6家,多以特许连锁为主。国际性的连锁与加盟店,运用强势的广告与行销策略大肆抢占餐饮业市场。到2001年底,肯德基在我国已拥有660家连锁店,因为标准化的生产系统和科学化的管理制度,较容易复制一家成功的连锁店。一般而言,加入连锁店经营的失败率要比独立餐厅少得多,根据调查报告,采用连锁经营型态的餐厅其成功率在95%以上。所以,在21世纪里,连锁型态的经营方式,将会是餐饮业所必须走的方向。

3. 集团化趋势

随着我国餐饮企业的发展壮大,餐饮业投资主体也更趋多元化,企业资本结构逐步走向合资、股份等形式的社会多元化组合,并进一步向集团化方向迈进。餐饮企业开拓经营、延伸经营与连锁配送等日益发展,企业一体化经营趋势加快,将推进行业的发展与进步。随着市场竞争的加剧,我国餐饮企业开始向集团化发展,包括成立管理公司,搞各种形式的连锁经营等,这种趋势是符合当前餐饮业发展潮流的。从全国餐饮业前500强企业的情况看,中国餐饮业的结构调整已取得重大进展,一大批大型餐饮企业集团在市场上发挥骨干作用,全聚德、西安饮食集团、广州酒家集团、北京顺峰等都是以集团形式位居百强前列,显示出强劲的发展势头。一家一户的小餐馆不能形成群体优势,服务规范和管理标准缺乏统一性,而发展专业化的集团管理,则优点多,优势大,不仅能增强市场竞争力,而且管理标准统一,联号标志统一,采购物品质量标准化等,有利于增收节支,有利于提高管理水平和服务质量,有利于与国际水平接轨。

4. 多元化趋势

随着餐饮企业数量的增加,档次的提高,餐饮业传统的单一经营方式已不适应市场形势,餐饮企业向多元化经营发展。从上个世纪80年代末开始,多种新型餐饮业态及形式在我国的餐饮市场迅猛发展起来,改变了餐饮市场的格局,对提升中国餐饮业起到了积极的作用。如发端于80年代末的洋快餐业、90年代产生的休闲餐饮、主题餐饮业态等。中餐在中国城市餐饮市场上的地位可能将由"绝对主体"转变为"相对主体"。入世后,中国餐饮市场的多元化趋势将得到进一步加强,国内美食百花齐放,外国美食争奇斗妍,餐厅风格将成为重要卖点。因此,餐饮企业在自身定位时,必须对这种趋势有所认识,积极拓宽经营领域,发展多种经营,增强餐饮企业的整体实力和市场应变能力,提高餐饮企业经济效益和抗风险的能力。

三、餐饮经营管理的新纪元

进入21世纪,随着国民所得的提高,人们生活型态的改变,经营市场的扩大和旅游观光产业的发展,给餐饮业带来巨大的商机,但也面临严峻的挑战。

由于西式连锁餐饮模式的发展带动国内传统餐饮业不断改革,许多传统餐饮企业进行连锁整合,扩大经营绩效。由于信息业的发展,电子商务活动空前活跃,这对餐饮业而言,又是一番革新,而积极的行销手法与顾客间关系的维系也成为餐饮业的一个重要的课题,随之而来的是餐饮经营管理的日显重要。

　　1.顾客关系管理

　　由于进入网络时代,透过信息的应用,"顾客关系管理"(CRM: Customer Relationship Management)更加重要。在消费意识高涨的时代,多关心您的顾客,多接触您的顾客是企业的生存之道,由于直效行销取代一般平面广告,所以客户关系管理更加重要,也是数据库行销的经营重点。"让顾客可以随时找到你",消费信息的提供及抱怨的处理,透过顾客关系管理,将可以向顾客提供有效信息,使顾客受到关怀、感动、让顾客知道你对他的在乎,藉以增加顾客对企业的忠诚度,这将是餐饮业除产品口碑之外,重要的服务口碑与关系维系。

　　2.经营管理体制的强化

　　由于传统餐饮市场讲求产品口碑即可,但面临西式连锁餐饮的冲击,加上国内新兴餐饮业态的发展,顾客服务提升,连锁经营或经营体制的改善势在必行。面临内外竞争者的挑战,经营管理系统的健全更加重要,面对国际竞争者的压力与未来两岸经贸往来的频繁,只有好的经营体制才能在市场上永续发展。引进ISO9000系统(2000年版)、GSP认证、HACCP的导入、"顾客满意"提升到"顾客感动"、教育训练的落实、标准化作业的规划等都是强化经营管理体制的方法,唯有如此才能在餐饮界立于不败之地。

　　3.速度与时间管理

　　满足消费者的需要及缩短超越竞争者的时间,都是企业的经营优势。快速响应的方法可以让企业在极短时间内作出决策,可以对于顾客的需要及偏好做出更快的响应,从而获得更高的消费忠诚度,所以必须透过经营管理系统的完善来有效达到快速响应与时间管理。

　　4.合作伙伴的管理

　　与主要供货商及资源提供者之间的合作关系也是餐饮经营的基

石。改善与供货商的关系后,公司将能改善货品的品质、送货时间、销售及财务绩效等,长期的合作伙伴关系能让商品供应伙伴在机械设备及人员方面有所改善,而不会带来竞争上的劣势。同时,给供应伙伴较长的前置时间和产品品质目标,有利于增强产品及服务品质,也有利于降低成本。所以,对合作伙伴的管理必须特别加强垂直整合的效益。

5. 超越地区化,迈向个别化行销

未来五年,餐饮业者将透过电子信息的应用,服务软件的增强等,使餐饮服务层次提升到个别化服务,这将成为市场竞争的核心策略之一。当消费者分众市场形成时,餐饮业界可以根据消费习性、消费频次、消费背景,做好最适当的个别化服务,并可以将媒体广告做最佳投入运作,消费者亦将获得更高的服务感动,成为公司的忠诚客户,这将是21世纪餐饮服务的新纪元。

思考题

1. 餐饮业市场的特征是什么?
2. 广义的餐饮产品应包括哪些内容?
3. 餐饮消费市场具有哪些特征?
4. 如何理解餐饮业经营中存在的问题?
5. 餐饮管理质量效益目标涉及到哪些内容?
6. 为什么说餐饮经营目标要适应国际竞争形式的需要?
7. 如何将餐饮经营管理的目标运用到实践中?
8. 餐饮经营的趋势是什么?

案例分析与思考:麦当劳

20世纪40年代,麦当劳兄弟在伊利诺斯创办快餐店的时候,完全没有想到这会成为一项全球性的大事业。当初麦当劳作为快餐店经营得相当成功,他们已经开始使用纸制的一次性餐具,向顾客提供9种标准的快餐，汉堡包的制作工艺也相当讲究。到50年代，麦当劳兄弟共开办了10余家这样的餐馆，已经具备了连锁店的雏形。

麦当劳事业的真正开拓者是一位当初向麦氏兄弟推销饮料混合器的商人雷·克罗克。当他发现麦当劳餐馆顾客盈门的原因之后，认为这种经营方式应该能取得更大的成功，于是在1955年以与麦氏兄弟分成为条件开办了由他自己管理的第一家麦当劳餐馆，并取得了在其他地区开设相同餐馆的权利。1961年，克罗克花费270万美元买断了麦当劳的商标使用权。

克罗克在餐馆开业后做的第一件事，就是建立一套严格的管理规范。例如，他要求卖出的每一个汉堡包都应该具有同等的质量，不仅要大小相同，夹放牛肉的分量相同，就连其中的芥末和蕃茄酱的数量也要一样。克罗克认为只有标准化的作业和严格的管理才能保证麦当劳成为一种可重复使用的经营方式。他还别具匠心地设计了餐馆的经营风格，不允许在餐馆内设电唱机、老虎机和自动贩卖机，因为那些闲杂人员流连在机器旁，会阻碍顾客的流通，还会损害餐馆的美好形象。餐馆的形象一旦变坏，它就不可能再作为样板来加以推广。

随后，克罗克便以出让经营许可的方式，开始了建立大规模经营体系的过程。与一般的特许经营方式相比，克罗克的作法也有独到之处。麦当劳公司在开设分店以前，先要选定适于发展的地点，买下地皮或签订长期租约，然后再选择合适的经营许可受让方。从形式上看，公司对于每一家分店来说，只不过是在经营许可出让方的角色上增加了一重房东的身份，但公司利用这种身份可以对各分店进行有效控制。公司还于1963年开办了汉堡包大学，培训公司和各分店的管理人员，让他们学会公司的经营方式，明了公司的经营方针，用科学、规范的方法进行管理。这样一来，所有的分店都具有相同的外观设计，遵从相同的作业流程和服务规范，而且不遗余力地贯彻统一的经营方针，即"质量、服务、整洁、价值"。

克罗克对日益庞大的麦当劳系统不仅实行强有力的中央控制，同时也鼓励各分店积极探索、创新，如著名的麦当劳大叔的形象就是一家分店促销时的产物，巨无霸、麦香鱼等新品种也是先由一些分店推出，而后才在全系统推广。这种既有严格控制又富有创造力的管理体系有力地推动了公司的成长，70年代，麦当劳公司在美国已经有2000余家分店，还成功地开拓了海外市场，逐步发展成为一个全球性的连锁快餐企业。麦当劳股票在1985年就已进入道·琼斯指数系统，这标志着它不仅对餐饮业，而且对整个美国经济都有了一定的影响。1996年全球最有价值的品牌评比中，麦当劳的品牌名列榜首。当初的一个制作普通汉堡包的餐馆，如今已成为美国消费文化的代表。

思考题

1. 结合本案例理解现代餐饮企业的概念。
2. 通过本案例的内容来分析餐饮企业经营目标与企业发展之间的关系。
3. 结合本案例内容来分析餐饮企业经营管理的发展趋势。

第二章　餐饮经营策划

学习目的

通过本章的学习,应掌握餐饮经营策划的内容和步骤。

可行性研究　调查市场、目标客源的确定、餐饮经营范围的选择。

经营规划　对企业未来的经营工作进行整体规划。

管理规划　制订管理构架和管理原则。

市场营销规划　制订长期和短期的市场营销规划。

财务管理计划　制订完整的财务管理计划,包括成本、费用管理,信用管理等。

主要内容

● 确定餐饮目标市场

餐饮市场的分类　选择餐饮目标市场的依据

餐饮市场调查分析　目标客源确定

● 餐饮经营范围

确定经营范围　明确经营优势

● 餐饮企业的选址

餐饮企业营业区域的确定　餐饮企业经营场所的选择

● 餐饮企业名称与标志

餐饮企业名称设计　餐饮企业标牌设计

● 餐饮经营计划

餐饮经营计划内容　餐饮经营计划的编制

教学指导：

本章可结合可行性研究的内容，要求学生对一个现有企业进行诊断或对一个新投资餐饮企业进行可行性分析。

第一节　确定餐饮目标市场

顾客是市场的主体，是企业经营的出发点和归宿，餐饮企业必须依靠充足的客源来维持其一定的销售额并发展自身。所以，一个餐饮企业经营成败最关键的因素就是市场定位。市场定位如果正确，它就会生意兴隆，顾客盈门，从而获得成功。反之，必将导致经营处于萧条状态，终至失败。市场定位的关键是，我们必须根据餐饮企业自身的特点和条件，调查了解餐饮消费市场中有多少人可能成为餐饮企业潜在的顾客，随时把握顾客的要求和变化。只有这样，才能使餐饮企业从一开始进入市场就能把握市场的脉搏。

一、餐饮市场的分类

餐饮市场的分类实际上是从餐饮经营者的角度对具有不同需求和欲望或表现出不同购买行为和习惯的消费者加以辨别和分类的过程。任何一个餐饮企业都不可能满足每个消费者的全部需求，因此，就必须按照一定的消费者群的共同特征来满足他们对餐饮消费的大致相同的需求。而消费者群大致相同的需求往往是以相同的年龄、职业、收入、受教育程度、消费习惯以及其他一些明显特征反映出来的。

1. 餐饮市场细分的标准

由于影响餐饮消费需求的因素不仅是多方面的，而且非常复杂，顾客的生活环境、社会经济地位、人口特点、生活方式、性格、购买行为等对餐饮消费的需求都有不同程度的影响，从而使顾客的餐饮消费需求多种多样,千差万别,这些区别就是市场细分的依据。

(1)以人口学因素为基准的市场细分。

具有代表性的人口学因素有年龄、性别、家庭人口结构等,依这些因素可以对餐饮市场进行划分。

①按年龄标准细分。

年龄是餐饮市场细分中最常用的标准。人们在不同年龄阶段,对餐饮消费的需求往往有很大的差别。餐饮市场一般根据儿童、青年、中年、老年等标准来划分。按年龄标准细分的市场较具有现实性,因为处于人生历程各阶段的消费者一般都会根据自己的收入状况、家庭周期来支配自己的购买行为。例如麦当劳在中国主要瞄准的就是儿童市场,而肯德基则注重吸引中青年一代。

②按性别细分。

酒吧、咖啡屋等特殊类型的餐饮企业,一般可根据性别特征来确定目标市场。如闹市中心摩托吧常是男士们光顾的地方,而欧式风格的咖啡长廊却多是女人的聚集地。男性消费者在消费行为和消费动机等方面与女性消费者会有很大差别。如在进行餐饮消费时,女性比较关注环境和价格,男性的消费决策则比较干脆果断,他们更注重服务和整体感受。因此,消费者的性别也是影响餐饮消费和餐饮经营的重要因素。

③按家庭结构标准细分。

家庭结构直接影响到家庭负担及消费行为。餐饮市场更加注重满足单身族、克丁家庭以及三口之家的消费要求。据调查,年轻的三口之家不仅在外用餐的频率高,而且每次的消费额也高。

(2)以社会经济因素为依据的市场细分。

社会经济因素包括受教育程度、职业、收入水平、余暇时间等。

①按受教育程度细分。

同属某一收入水平的阶层,受教育程度的高低会使个人需求产生某些差别。受教育程度不同的消费者在志趣、生活方式、文化素养、价值观念等方面都会表现出一定的差异,从而影响到他们的餐饮消费行为和消费习惯。如受教育程度高的消费者,对餐饮消费的卫生条件、环境布置的要求比较高。

②按职业细分。

消费者的职业不同也会引起消费差异。这种差异,部分原因在于从事不同职业的人所获收入的不同,但相当一部分差别却是由职业特点引起的。如公司职员因时间关系一般只能以便捷的快餐为午餐,业务人员要经常应酬商务交往,那么餐饮企业可以根据这些特点适时推出各种快餐和商务餐。

③按收入水平细分。

收入水平的高低,不仅决定着消费需求的多寡,而且也决定着消费层次的高低。收入对消费的影响还涉及到消费行为、消费习惯等方面。高收入者在餐饮消费时,主要考虑菜品的质量与服务,对价格考虑较少;而低收入者则会经常考虑菜品是否经济实惠、质价相符,往往权衡再三,才决定购买。

(3)按生活方式细分市场。

生活方式决定了一个人或群体的生活习惯、价值观。选择生活方式标准进行市场细分,不仅明确了目标市场的特点和特定产品的顾客层,还为市场营销指明了方向。生活方式的类型很多,如地位型、享乐型、朴素型、时髦型等。特别是随着社会的进步,人类物质生活水平的提高,人们在温饱等低层次的需求得到满足之后,就会在自我价值、自我实现方面提出更高的要求。因此,企业以心理标准来细分市场,根据不同消费群体的生活方式、个性及所处的社会阶层,有针对性地改善餐厅环境,提高菜品质量,以满足其需要,就显得更为重要。

总之,餐饮市场的分类是一项复杂而又系统的工作,往往需要综合以上各个标准(既要考虑年龄、家庭结构,还要考虑职业、收入及生活方式)才能进行有效的分类。如有许多经营成功的餐饮企业,就根据自己的实际情况定位于"以社区居民、所在地公司员工为主,重视外来流动顾客";或以散客为主,兼营节日家庭宴、婚宴、会议宴等为市场定位。

2. 市场细分的作用

市场细分作为餐饮企业选择目标市场的基本环节,其作用主要有以下几方面:

(1)有利于餐饮企业分析和发掘新的市场机会。通过市场细分,餐饮企业不仅可以了解整体市场的情况,还可以较具体地了解每一细分市场的实际购买量、潜在需求量等,从中分析市场需求的满足程度。那些尚未得到满足的需求,就可能成为企业进入的目标市场。同时,通过市场细分,企业增加了对市场情况的认识深度,有利于预测产品的购买量和潜在需求量,便于动态地掌握消费者对产品的满足程度和同类竞争产品的优缺点,使企业不断对自己的产品改进、创新,以适应市场变化。

(2)有利于餐饮企业有针对性地制定和调整市场经营策略。在市场细分基础上,选择出目标市场,企业可以针对各个细分市场的具体情况,制定各种与其相适应的经营策略,有的放矢地开展营销活动,以满足不同细分市场的需要。

(3)有利于餐饮企业集中自身优势投向最有利的目标市场,以增强企业的市场竞争能力,并获取尽可能大的经济效益。经过市场细分,餐饮企业可根据自身优势和各个不同细分市场的需求特点,调整产品种类和生产经营规模,使企业的有限资金和物质资源,能集中使用到适销对路产品的生产经营上去,发挥它们最大的经济效用。通过市场细分,尽可能满足整体市场所有的差别需求,以产品的多样化来增强企业的竞争能力。力量单薄的小型餐饮企业,在整体市场上缺乏强有力的竞争手段,但也可通过市场细分,选择出一个或几个符合自己能力的细分市场作为目标市场,并集中全部力量去夺取局部市场上的相对优势。

二、选择餐饮目标市场的依据

餐饮企业将市场进行细分,其目的是为了选择合适的目标市场。目标市场是指经过市场细分后,餐饮企业准备以相应的产品去满足其需要的一个或几个细分市场,简单地说,目标市场就是餐饮企业当前和今后一段时期内的主要的客源市场。

1. 餐饮目标市场应具备的条件

企业选择目标市场的过程,是企业经过市场细分,对各细分市场进行评估的过程。一般来说,只有符合下列基本条件的细分市场,才可作为餐饮企业的目标市场。

(1) 该细分市场有一定的需求规模,包括现实需求规模和潜在需求规模。

这是选择目标市场的首要条件。因为餐饮企业开发一个新的市场,需要付出相当的代价,承担很大的经营风险等。若市场现实需求规模过小,虽有潜在需求,企业进入后达不到规模效益,产品成本陡增,就会无利可图;若市场只有现实需求而缺乏潜在需求,企业虽能短期赢利,但不利于企业较长时期的发展。世界著名的餐饮企业"麦当劳"在开设网点上,其策略是"不为天下先",它总是要等到一个地区的商业繁荣之后,达到了一定的需求规模,再去开设网点。

(2) 该细分市场未被竞争者完全控制。

餐饮企业除了分析细分市场的需求态势之外,还必须了解细分市场中的竞争状况,即竞争者是否已完全控制该市场这一现实状况以及潜在竞争情况等。如果该细分市场尚未被竞争对手完全控制,企业进入市场后可通过充分发挥自身优势来占据一席之地。如果竞争者几乎已经完全控制了该细分市场,那么除非本企业竞争实力足够强,进入市场后能与竞争者正面竞争,否则,企业不要盲目入市。

(3) 该细分市场与企业经营能力相适应。

企业选择目标市场,既要考虑该细分市场的客观条件,更要分析企业自身对该细分市场的适应能力。可谓知己知彼才能百战百胜,只有当细分市场与企业的人力、物力、财力及经营管理水平等主观条件相适应时,才能将该细分市场作为企业的目标市场。

2. 影响企业选择餐饮目标市场的因素

餐饮企业选择目标市场时,应结合自身所具备的条件,并结合考虑其他各种因素。

(1) 企业实力。

企业实力主要包括资源能力、生产能力、销售能力和营销能力等。如果企业实力雄厚,可以采取差异性策略扩大战场,增加进攻区域。如果企业实力有限,最好是采用密集性策略,否则就会分散有限的力量。

(2) 产品特点。

对于质量稳定,知名度高,市场信誉好的产品,如采用特许经营的麦当劳的产品,一般适于采用无差异策略。而对于一般的餐馆,为扩大影响,创出特色,一般采用差异性策略。

(3)产品生命周期。

企业应随着产品所处生命周期阶段的变化而变换其市场策略。一般说来,新产品投放市场,竞争较少,适于采用无差异策略,以便探测市场需要和潜在的消费者。当产品进入成熟阶段后,由于同类产品增加,竞争者也日趋增多,就应改为差异性策略,以开辟新的市场。当产品进入衰退期时,为维持原有市场,延长产品生命周期,就应采用密集性策略。

(4)市场状况。

如果市场消费者的需要、偏好及其他特点都比较接近,即市场类似程度高,可采取无差异性策略。反之,市场类似程度低,差别很大,就应采用差异性或密集性策略。

(5)竞争状况。

当竞争者少时,可采用无差异性策略。竞争激烈时,就应选择差异性或密集性策略。如竞争对手实行无差异性策略,本企业一般可采用差异性策略与之抗衡。如果所有竞争对手都采用差异性策略,本企业如采用密集性策略,可选择其中一个或少数几个细分市场,集中力量,出奇制胜,从而在这些少数市场上独居优势,就可获得很大好处。

总之,企业在选择目标市场时,必须综合权衡各种因素,其中市场需求是选择目标市场的出发点,企业实力则是选择目标市场的基础。只有根据企业自身特点和市场需求的具体情况,采取相应的目标市场策略,才能使企业顺利进入市场并提高市场竞争能力。

三、餐饮市场调查分析

餐饮市场调查的内容应包括以下几个方面:

1. 对顾客的调查研究

对顾客调查是餐饮市场调查中最主要的内容,一般包括以下项目:

(1)现有顾客的数量。

(2)现有顾客的地区分布情况。

(3)顾客的消费习惯和偏好。

(4)顾客的消费动机。

(5)顾客餐饮消费的档次及频率。

(6)顾客对餐饮的信赖程度和满意程度。

(7)顾客的收入情况及餐饮支付来源。

(8)顾客餐饮消费需求特征。

顾客消费需求的形成受两种因素影响。其一是客观的生理需求。即人必须要通过饮食来解决生理上的饥渴需求;其二是主观的心理需求。对顾客消费心理调查就是要了解顾客的主观心理因素及其发展变化对消费动机的影响,以便于按消费者的需要来改进餐饮企业的整体产品,以扩大消费,减少经营风险。

(9)顾客的口味特征。

顾客的口味特征是影响顾客对餐饮喜好程度的关键因素。餐饮企业经营受地域限制,一个地区人们对餐饮的口味偏好,如酸、甜、苦、辣、咸等直接关系到餐饮企业经营的成果,这也是餐饮产品改良的主要原因。

(10)潜在顾客的调查分析。

潜在顾客是针对现实顾客而言的,是可能成为现实顾客的个人或组织。对潜在顾客调查分析包含一般潜在顾客和竞争者的顾客两大部分。通过分析在产品质量、价格、企业品牌等方面制定出一系列措施,促使顾客自觉自愿地"转向"本企业,从而为企业持续稳定地成长提供客源保障。

2. 顾客对餐厅的具体要求

消费者对同一类菜品的质量、分量、装饰、价格、服务等方面的具体需求会影响餐饮企业经营。具体包括以下内容:

(1)消费者希望开设什么样的餐厅?包括服务类型、餐厅环境、服务方式、服务项目等。

(2)菜单上应设些什么项目?是快餐还是自助餐。

(3)餐厅的营业时间如何适合于消费者?这关系到餐厅的营业时间和厨房的准备工作。

(4)消费者希望菜肴的分量多少较适宜?

(5)客人愿意支付多少钱?这关系到菜肴及其他的成本投入以及餐饮企业制定价格策略。

(6)客人偏爱什么样的装潢、流行色?

(7)提供哪些饮料最受欢迎?

(8)顾客对餐厅服务和菜品品种、特色菜的要求和偏爱。

(9)顾客对背景音乐的要求。

3. 餐饮市场行情研究

(1)餐饮市场的需求总量和它的饱和点。

(2)现有餐饮市场的地区分布情况。

(3)现有市场的可开发性和销售量的增加。

(4)餐饮市场的可替代产品的情况。

餐饮市场行情资料一般可采用抽样调查或典型调查、客户调查等方法取得。

4. 对竞争对手的研究

相对于其他行业,餐饮企业需要的投资少,生产技术简单,菜品的可替代性强,餐饮产品的可模仿性强,这一切使得餐饮市场的竞争非常激烈。所以,餐饮市场调查绝对不能忽略竞争对手的情况。对竞争对手的研究包括以下内容:

(1)竞争对手在餐饮质量、品种、服务方面的优缺点。

(2)竞争对手的餐饮价格和定价策略。

(3)竞争对手的市场促销手段和费用支出。

(4)未来(潜在)竞争对手的情况。

通过对竞争对手和本企业的比较研究,了解本企业与同类企业在餐饮品种、质量、服务上的长处和短处,本企业在市场上处于何种地位,哪个企业在市场上是最具有竞争力的,在质量、价格上有何优势等。

四、目标客源确定

餐饮市场上某一类型餐饮消费的市场容量是由现有的和潜在的顾客要求、消费数量及需求结构构成的。餐饮企业通过市场调查,确定一个最适合于餐饮经营的目标市场,进而确定本餐饮企业在同类市场中占有多大的市场份额。

1. 餐饮市场的区域确定

任何一个餐饮企业所服务的区域都是有限的。餐饮企业因地域性强的特点,分析并确定不同地区消费者的需求特点、需求量及其发展趋势,有利于餐饮企业选择最适合于自己的目标市场区域和辐射市场区域。服务区域的确定主要由下列因素来决定:

(1)餐饮企业所处的位置或计划中的位置。一般为商业中心、大专院校、交通中心、文化中心、居民区、旅游中心等。

(2)餐饮企业的可进入性。餐厅的营业面积,座位数以及停车场的大小,车辆进出的方便程度,都影响餐饮企业服务面的大小。

(3)餐饮企业在市场上的影响力。一般说来,影响力大、知名度高的餐饮企业服务覆盖面广、区域大。

餐饮企业的市场范围,还可以通过顾客与餐饮企业的距离来判断。一是通过时间来衡量。一般来说一个餐饮企业的市场范围,应确定在目标客人能在10分钟到达的距离。距离不论是徒步还是借助交通工具,都以10分钟计算。从目前国内外餐饮市场的调查来看,餐饮企业的80%的顾客都在这个区域内。二是以实际距离来确定,根据国外资料表明餐饮企业将自己的市场范围定在方圆10公里的半径内。同时,用餐饮企业与顾客之间的距离来确定市场范围还受到以下几个主要因素的影响:

①餐饮企业的经营规模。一般来说规模越大,容纳客人越多,影响面就越广,市场区域也就越大。

②餐饮企业的垄断性。餐饮企业经营的菜品越具特色,垄断性越高,市场区域就越大。如某餐饮企业经营的品种在本市独此一家,那么他会吸引全市范围的客人前来就餐。

当初步确定市场范围后,应在地图上标出区内所有竞争对手的位置,同时标出街道、主要商业活动中心和顾客所在地。通过对区域内竞争对手的优势分析,拟出吸引客源的措施。

综合上述分析,人口、交通、环境及地区发展前景是选择理想营业区域必须考虑的因素。餐饮企业投资者应根据竞争和其他影响拟建餐饮企业需求量的因素,修正初步确定的市场区域范围。

2. 目标顾客群体数量的估算

餐饮企业在选择好要招徕的目标顾客群体以后,要大致估算一下潜在目标顾客的数量。这种估算对于餐厅面积和座位数的决策、餐厅经营规模的决策十分重要。潜在目标顾客数可采用下列公式估算:

$$潜在目标顾客人次数 = 市场区总人口数 \times 目标顾客群体比例 \times (1-非消费者比例) \times 人均每月外出就餐次数 \div 30 \times (1+\frac{流动人口}{就餐比例})$$

例如某餐厅的市场区总人口数为 53800 人,按经济收入分类,餐厅选择收入中等偏高的群体为目标顾客,该群体的人口占市场区总人数的 45%,平均家庭人口为 2.7 人,平均 0.7 人为非消费者,目标顾客平均每月外出就餐 2.5 次,流动人口就餐比例占 35%。那么该餐厅每日潜在目标顾客的人次为:

$$53800 \times 45\% \times (1-\frac{7}{27}) \times 2.5 \div 30 \times (1+35\%) = 2017.5 次$$

在估算该地区每日潜在顾客人次以后,管理人员根据对竞争者调查的餐座数、竞争者吸引目标顾客的人次数,以及竞争者吸引目标顾客的优势和弱点,分析拟建的餐厅有哪些优势和劣势,估计能吸引顾客的潜力和吸引目标顾客的人次数。

3. 市场区域内的客源结构

要确定市场区域内的客源结构,应以调查人口因素为依据,因为人口因素容易测量,是确定客源结构的基础。一般包括以下内容:年龄结构、职业特征、收入水平、家庭规模、教育水平、性别结构、婚姻状况、宗教信仰等。

4. 餐饮消费群体

指构成餐饮企业消费的基本单位。

(1)根据消费数量,可分为团体客、会议客、散客消费群体。

(2)根据顾客消费频率和对企业的信赖、忠实程度可分为常客、一般客、新顾客。

(3)根据顾客用餐的性质可分为:商务(公司)用餐,会议用餐,家庭用餐,工薪、单身用餐,青年聚会用餐,旅游(出差)用餐,行政部门招待用餐。

第二节　餐饮经营范围

一、确定经营范围

一般来说,要使企业保持长期稳定的经营,避免将有限的资源分布得过于分散,集中投资力量而不使经营范围过大,就必须根据目标顾客的需求和特征来确定经营范围,并相应地划出市场区域。在餐饮经营中,由于正规餐饮企业的销售受到来自方便食品、熟制品及半加工食品的影响,所以要求对现有餐饮企业的功能重新定位,即从饮食供应场所变为"饮食休闲中心",这样餐饮企业的经营范围扩大了,品种增多了,不再简单地局限于菜品经营上,而应全面研究和开发属于饮食休闲范围内的各种产品。

1. 单一经营

单一经营是指餐饮企业将自己的生产、服务集中在某一个产品或某一类别产品上。

单一经营的优势是:

首先,由于企业集中于一项专门业务,有利于企业形成自己独特的经营能力和经营特色,容易创出名牌和树立企业形象。以"汉堡大王"自居的麦当劳快餐和自称"烹鸡专家"的肯德基就是单一经营的优秀代表。

其次,由于企业集中于特定的产品,企业能在确定的目标市场下将全部精力集中于产品开发和技术创新上并发挥专业优势。如以专门经营"北京烤鸭"的全聚德,能够与目标顾客保持稳定的关系,有利于企业在市场上树立稳定持久的信誉。

第三，采用单一经营的企业在满足顾客需要、开发新的产品和服务、应付市场竞争、影响市场发展趋势等方面能够率先创新，成为市场的带头人。

第四，企业可以充分利用生产过程中的副产品，开发副产品新的用途和新的市场。这样，不仅可以降低成本、增加收入，还可以减少环境污染，改善企业的社会形象。

第五，企业可以利用非传统的销售渠道推销产品。采用单一经营也有许多具体的不同做法，如必胜客不仅在餐厅出售比萨饼，而且专门开设外送服务。企业可以依靠内部的积累，包括有形和无形资产等方面的基础，实现企业的增长，也可以用兼并其他同行业企业的方式实现企业的发展和增长等等。

虽然单一经营具有如此多的优势，但我们仍应看到其存在的风险。其中最大风险是，一旦市场对企业产品的需求发生了不利的变化，整个企业的经营收益必将下降。这就要求企业具有雄厚资金以应付市场变化，并不断根据市场的变化来改进和提高产品质量，寻求新的市场机会和市场需求。

2. 纵向经营

(1)纵向经营方式。

纵向经营是单一经营内容的发展，它实际上就是扩大单一经营业务的经营范围。纵向经营实际上是根据"科斯定理"在权衡内外部交易费用后，做出的选择。纵向经营可以有后向与前向两种不同的发展方向，餐饮业主要采用后向经营。后向经营是将企业的经营业务向后延伸，进入原材料供应和产品开发的经营范围。如一些餐饮企业采用中心厨房式经营，就可以为本企业节约原材料成本，还可以为其他企业配送原料；又如一些啤酒屋采用自酿啤酒的经营方式；一些饭店自己开发配制冰淇淋等冷饮产品。

采取纵向经营主要从利润、质量角度来考虑，可以获得低成本优势和高质量原料。如麦当劳和肯德基都建有自己的养畜场和加工厂，为保持产品特色建立后向经营基地，不但稳定了原料来源渠道，还保证不断地提供新鲜、高质量的原料。

(2)纵向经营的限制条件。

首先,企业的纵向经营扩张战略可能会受到一系列条件的制约。如采用完整的纵向经营扩张战略意味着大量的资金投入,将可能使企业背上沉重的债务负担。

其次,采用纵向经营扩张战略需要新增一定的技术力量,要承担更多的风险,而且使得企业的经营管理过程更为复杂化。

第三,采用纵向经营的企业需要对本企业各个生产阶段的生产能力进行综合平衡。在纵向产品生产流程中,各个生产阶段的规模经济是不同的,各阶段之间要做到投入产出量的准确衔接往往十分困难,是按预先计划重点在餐厅经营上,还是应将重点放在后向加工上。如果要求各个阶段之间必须准确衔接,必然会产生某些生产阶段不可能运行在最有效率的生产经营规模上。生产规模过大,产品过剩,外销的原材料会产生有助于竞争对手的结果,即优质原料外销的同时也将优势销售给了竞争对手。

(3)纵向经营应注意的问题。

首先,实行纵向经营要与企业的长远战略利益和经营目标相适应。

其次,实行纵向经营要能在一定的程度上加强企业在主要经营业务上的市场地位。

最后,实行纵向经营要能在一定的程度上更充分地利用企业的各种资源。

企业实行纵向经营可以有两种途径。其一是从企业内部发展,逐步扩大生产经营规模;其二是兼并或联营一批企业。

一般的企业总是希望自身能够完成从原材料供应到将产品送到最终消费者手中的生产经营全过程。这样,企业可以自行控制生产经营过程的全部环节,不致于在某个环节上受制于人。当然,实践中能够真正实现这一全过程集约化经营的企业总是少数,只有达到一定规模的餐饮企业才具备这一实力。

3. 多样化经营

当餐饮企业经营达到一定规模,为了避免陷入困境,分散经营风险,或者是为加快市场的发展与扩张,须采用多样化经营。多样化经营可以有两种主要的形式,即相关多样化经营和非相关多样化经营。

(1)相关多样化经营。

进行相关多样化经营的通常做法是,企业在自身经营的核心业务的基础上,进一步开展与其核心业务相关的其他业务,以分散经营风险。一般来讲,所谓核心业务是指企业所从事的时间较长、经验比较丰富、拥有技术专长和竞争优势的业务。当企业进行相关多样化经营,将其技术专长和竞争优势扩展到相关的业务时,就可以发挥其技术专长和竞争优势的最大效益。

企业可以通过多种方式开展相关多样化经营。常见的相关多样化经营方式有:

①进行密切相关产品的经营。如传统餐馆兼营快餐。

②以企业现有技术为基础开展相关多样化经营。

③通过提高现有设备的利用率开展相关多样化经营。

④充分利用现有原材料资源的多样化经营。

⑤利用餐饮企业已有的商标和信誉开展相关多样化经营。如麦当劳公司利用自己的商标,经营儿童玩具。但也要防止象天津狗不理包子那样允许其他厂家生产出售速冻狗不理产品而影响了自身的经营。

(2)非相关多样化经营。

餐饮企业开展非相关多样化经营,一般是在其经济实力相当雄厚,市场地位巩固,品牌具有一定社会吸引力时采用。尽管如此还应对市场进行认真分析,对不太熟悉、没有经验的行业,不要轻易进入。一般情况下,餐饮企业进行非相关多样化经营是为完善企业功能而开展,如餐饮企业经营娱乐项目,餐饮企业经营客房等业务。

二、明确经营优势

一旦经营范围确定下来,就要识别出在这个范围之内起重要作用的力量即最核心、最关键的因素,并用一个简明的语句把它们按因果关系概括出来。如麦当劳快餐店强调质量、卫生、快捷和价值。

1. 在既定经营范围内用 SWTO 分析明确优势

利用现有系统,分析、发现那些潜在的能提供更多利益和获得更多优势的领域,一旦发现了能增进企业获得经济利益的机会,必须在短时间内把它扩展到一定程度以取得规模效益,因为只有在该项目服务价格达到一般可接受的水平之后,才可能迅速扩大经营,这是餐饮企业通往成功的最佳途径。

2. 重视扩大既定经营业务中成功的关键因素

当资金、人力和时间都很有限时,把有限的资源集中在能决定企业获得成功的关键领域是至关重要的。如果一个餐饮企业仅仅象竞争对手那样调配资源是不会产生竞争优势的,而应在餐饮经营领域中,将资源的正确组合调配到关键的领域,使企业处于真正有竞争优势的地位。确定成功的关键因素一般采用两种方法。第一,尽可能具有想象力地剖析市场,确定关键的目标市场。第二,通过分析同类企业成功者和失败者之间的差异,如企业产品的功能、服务领域、销售方式等,从而辨认出新的市场机会。

当管理者全力以赴地寻找企业获得成功的关键因素时,需要对从原料采购到餐厅服务的全过程进行仔细分析,从这些错综复杂的因素中清理出一、二个关键因素或阶段,从而建立起企业的经营优势。如表2-1。

表 2-1 关键因素与市场机会的分析

新经营	快 餐	休 闲 餐 饮
目标市场	工薪阶层	商务人员
服务内容	方便食品	餐饮与娱乐项目相结合
市场基础	人们工作节奏快,收入水平不高	人们生活情调,文化素质提高
关键因素	食品方便、卫生、服务快捷、价格便宜	赋予餐饮企业新功能,增加了用餐的文化性、趣味性、休闲性
市场因素	市场潜力大	需求潜力大

3. 建立相对优势

餐饮企业因自身规模不同、档次不同及其他资源实力的不平衡,很难在所有方面都处在市场领先地位。这时,餐饮企业的管理者不应把宝贵的时间、资金、人力铺得太开，而应对关键性要素集中使用。特别是在管理资源有限的情况下，资本在最关键领域的优先分配，是企业取得成功的基础。因此，企业应根据通过市场分析后确定的一、二个关键因素，把现行的经营方式、服务或产品进行开发、完善，使本企业在这一、二个领域具有相对优势，形成以相对优势为基础的创新经营战略。

4. 有步骤的实施

餐饮企业的目标在某种程度上总要受到可利用资源和现有实力的限制。所以，餐饮企业经营者应相应地确定其战略实施步骤。由于一些企业没有充分理解在新市场中取胜所需要的条件，他们对市场的控制，他们与顾客的联系，都是不完全的。管理者未能认识到，在某一经营市场区域中盈利的关键，是对其中关键的成功因素的控制。为了抓住某一目标市场区域的关键成功因素，并为充分开发它们而积累经营经验，需要投入相当多的时间和资金，同时还要有一个清晰的、逐步的战略实施方案。

第三节　餐饮企业的选址

餐饮企业必须依托于一定的场所才能正常地开展经营活动。经营场所是餐饮企业进行生产经营活动的中心。餐饮企业经营场所及其地理位置的优劣直接决定了餐饮企业经营的效果，影响企业经营的成败。"现代商业酒店之父"斯塔特勒认为，对任何酒店来说，经营成功的三个最重要的因素是地点、地点、还是地点。一般来说，餐饮企业的经营场所包括了开展生产经营和服务活动所需的营业场地(厨房和餐厅)和公共区域(停车场)。

一、餐饮企业营业区域的确定

餐饮企业是以一定的店面作为自己固定的经营场所接纳顾客。经营场所所在地是餐饮企业的登记管理机关、税务登记部门和法律管辖权的基础。所以餐饮经营一定要选择一个理想的区域。餐饮企业选择的区域及在这个区域中的地理位置对其经营活动的开展往往起关键性的影响作用。

1. 选择具有发展潜力的区域

(1) 经济发展较快、较活跃的区域。

餐饮消费是在人们有足够的收入满足日常衣、食、住、行等基本需要之后的可自由支配收入的支付。一个地区人们的收入水平、物价水平都会影响到人们可供消费的收入数量和他们必须支付的价格。一般地说,当人们的收入增加时,人们愿意支付更高价值的产品和服务,尤其在餐饮消费的质量和档次上会有所提高。一个经济繁荣、商业活动频繁的地区,人们外出就餐的机会也多。因此,餐饮企业一般应选择在经济繁荣、经济发展速度较快的地区。

(2) 与政府的发展规划相一致。

餐饮企业的区域选择要考虑到地区的宏观区域规划,投资者需要事先了解和掌握哪些地区规划为商业区,哪些地区规划为文化区,哪些地区规划为旅游区,哪些地区规划为交通中心,哪些地区规划为居民区、工业区等资料。因为区域规划往往会涉及到道路的拓宽延长、建筑的拆迁和重建以及人口迁移。同时,掌握区域规划后,便于我们根据不同区域类型,确定不同经营形式、内容和经营规格等。与政府的发展规划相一致,不仅有利于企业确定地理优势,而且具有发展潜力优势。另外,还要分析当地市政规划与大规模开发计划实施的可能性。

2. 选择具有竞争优势的区域

一个地区餐饮企业的竞争状况可以分成两个不同的部分来考虑。一是直接竞争的评估,即提供同种经营项目、同样规格档次的餐饮企业可能会导致的竞争,这对餐饮企业来说,是消极的影响。选择这种区域时,要求企业应具有一定的实力。二是非直接竞争,包括不同的经营内容和品种,或同样品种、不同规格或档次的餐饮企业,这类竞争有时起互补作用,对餐饮企业是有利的。在选择营业区域时,如果无任何一种形式的竞争,将具有垄断地位,如果有任何一种形式的竞争,都是值得餐饮企业认真研究和考虑的,主要原则是选择本企业具有竞争优势的区域。竞争既是一种威胁，又是一种潜在的有利条件。只要把竞争对手作为一面镜子认真分析其优点或劣势，就便于我们在竞争中掌握主动。

3. 选择适合于本企业经营活动的地点区域

地点特征是指与餐饮经营活动相关的位置特征。如餐饮企业经营所在的区域与政治中心、商业中心、旅游中心、文化中心以及饮食服务区的距离和方向。这就要求餐饮企业经营的项目和服务内容与地点特征相一致。

4. 选择有利于降低企业经营成本的区域

餐饮企业经营的关键因素之一是经营成本。在选择经营区域时就应充分考虑所在地区影响经营成本的因素。

(1) 土地价格或建筑物租金。

地价或租金是在逐渐上涨的，而且餐饮企业在投资时，土地费用或建筑物租金所占的比重也是较大的。城市不同区域、不同街道、不同地段其地价或租金相差是很大的，因此在选址时，应选择地价或租金合理的、有较大潜在优势的位置。假日饭店的创始人威尔逊，一般把新建酒店土地购置费控制在总造价的10%以内。

(2) 能源供应。

能源主要是指水、电、天然气等，它是餐饮经营过程中必须具备的基本条件。如果这一区域能源价格过高将直接影响企业经营的成本。

(3) 原材料的供应及价格水平。

餐饮企业经营每天都必须大量采购鲜活的原材料，如果所在地区原材料供应不足，会影响餐饮企业的服务水平和声誉，如从外地空运会增加成本，如果原材料有供应，那么货源是否充足，价格是否合理，价格是否稳定，都是餐饮企业选择区域时需要考虑的因素。

(4) 劳动力供应状况及工资成本。

餐饮企业属于劳动密集型企业，需要很多掌握高级技术的人员，如厨师或管理人员，具有一定技能、娴熟的服务人员等。这一区域市场上是否有足够的可供应的具有餐饮专业知识的劳动力，以及他们的工资标准等，也是应考虑的经济因素之一。

(5) 税收负担。

餐饮企业所在地区的税收政策、税收比例或额度,是选择投资区域应考虑的因素。

(6)贷款及利率。

投资贷款是否容易获得,利率高低等影响贷款的成本,这是选择营业区域时考虑的又一个重要因素。

(7)社区服务。

社区服务包括保安、消防、垃圾废物处理以及其他所属服务。餐饮企业在选择经营地点时必须考虑社区服务的设施、费用和质量。

5. 选择适合企业市场特征的营业区域

通过对区域内人口、收入、就业人数及类型、工商企业、旅游资源、交通运输等方面统计数据的分析,来研究餐饮营业区域的特点。

(1)区域内的人口特点。

①区域内人口的数量及人口素质影响了对餐饮的需求量。

②区域内人口年龄结构、职业结构影响了餐饮的消费习惯和消费方式。

③观光人口(流动人口)的增加,扩大了对餐饮的需求。

(2)区域内的餐饮需求特征。

不同的市场区域餐饮需求不同,包括对餐饮需求的内容、服务方式不同。我们应根据区域内餐饮需求特征来确定营业区域。下面是几个典型区域的客源情况。

①商业零售店、服务部门,购物者的餐饮需求是方便、卫生的食品。

②宾馆、商务写字楼,住店客人的餐饮需求是具有一定品味的、价格适中的食品。

③交通中心(机场、车站、码头),旅行者对餐饮的需求是快捷食品。

④学校,师生对餐饮的需求是营养卫生食品。

⑤政府部门,招待客人的餐饮需求是一定档次的食品。

二、餐饮企业经营场所的选择

我们在选择餐饮经营场所时要遵循餐饮企业选址的因素和原则,但具体到不同餐饮企业类型,如何选择地址,还需要更进一步了解确定区域和场所的方法。

餐饮企业的选址是一项复杂的工程,在营业区域已确定的基础上,还应确定具体的经营场所。选择经营场所应遵循一定的原则。

1. 目标市场原则

任何餐饮企业,都要根据其目标市场,选择适当的地点,建立相应的规模,选择相应的设施设备和相应的经营内容和服务档次。如果目标市场是工薪收入阶层,地址宜选择居民区或工薪阶层工作区域,经营中低档的菜品,经营方式上可选择快餐,自助餐等。如果目标客人是高收入者或商务人员,地址应选择在商贸活动中心或高收入者集居区,提供的菜品是高档的,环境是豪华的,服务是一流的,当然收费也应是较高的。

(1)游客资源。

这一因素主要影响着过往行人的多少、顾客的类型等。因此,对旅游资源一定要仔细分析,综合其特点,从而选择适当的位置和餐饮经营项目。

(2)交通流量。

交通流量是指车辆、行人的通行状况。交通流量往往意味着客源的多少与消费层次的高低。交通流量主要计算所选地点周末的客流量。

(3)地点面积。

在对地点面积进行评估时,既要考虑面积的利用价值,也要考虑到适应未来消费发展变化的可能。餐饮企业的面积,除整体建筑物外,还应考虑到停车场和其他配套服务设施。

2. 容易接近原则

餐饮企业应选择在交通便利的商业区、经济区、文化区,要尽可能设置规模相当的停车场,避免设置交通护栏、禁止右转等限制,方便顾客来往。餐饮企业应按所在地人们行进、停留的规律选址。餐饮企业原则上应选择在顾客容易接近的地段和位置。因为在很大程度上顾客是以方便性来决定进入哪家餐馆的。

3. 餐饮企业的形象特征

餐饮企业无论从经营内容、方式、菜品质量、服务、装潢、室外景观等方面,还是在所选地址上,都应具有明显的突出的形象特征。这对座落在拥挤的商业中心的餐饮企业尤其重要,餐饮企业的形象特征会增加企业吸引力。

4. 综合配套原则

(1)现代餐饮企业经营,一般都与休闲娱乐、住宿等相关行业配套,配套的方式一般有两种:一是自身配套。即大型餐饮企业建立既有餐饮又有娱乐和消闲设施乃至住宿的综合企业。二是与附近设施配套。即将地址选择在有住宿和娱乐设施或购物中心的附近,形成一种互补的经营方式,如在高级宾馆区建立适合住店客人用餐的餐饮企业即是出于此意。

(2)与周围环境配套。指与卫生环境、建筑物、美化环境以及绿化环境等配套。

(3)基础设施配套。

5. 具有可见度的原则

餐饮企业的可见度是指餐饮企业位置的明显程度。比如说选址的位置无论在街头、街中还是街尾,应让顾客从任何一个角度看,都能获得对餐饮企业的规模和外观的感知。当然这需要从建筑、装饰等几个方面来完善。

6. 投资预期目标原则

餐饮企业在选择地点时,除考虑外部因素外,还应考虑自身的条件,如经营品种、方式等。要以能实现预期投资目标的地点来衡量地理位置的优越程度。如在繁华的商业街上(地理位置好、租金高)开一家中高档餐饮企业,其销售额和利润远不如快餐企业大(顾客主要来自购物者和商场服务员)。作为餐饮企业来说地理位置的优势主要体现在有较好的销售额和利润率,并能达到或超过投资预期回报率。

第四节 餐饮企业名称与标志

一、餐饮企业名称设计

名称是餐饮企业识别系统的核心。它具有一种非常微妙的信息作用,如同人的名字一样伴随整个经营过程,并代表着一个餐饮企业的形象。餐饮企业取名是关系餐饮企业投资与决策的大事。首先,企业必须具有专用的标准名称,也称字号,否则无法注册登记,得不到法律保护。其次,运用语义符号进行信息传播和形象塑造,可以发挥人脑理性和逻辑的接受、认同等内在的优势。

1. 名称设计的一般规律

名称设计是一门学问。一个好的名称最起码的要求是,写出来好看好认,叫起来响亮好听,想起来寓意深刻、回味无穷。要想设计一个理想的名称,首先必须从名称所用字的形、音、义及其综合效应和信息作用了解取名的基本规律。

(1)字形。字形从视角上给客人一种感受,所以要从整体上给人易认易读的设计效果。

(2)字音。餐饮企业取名对字音总的要求是响亮好听,富有韵律美和节奏感,并没有不良谐音。

(3)字义。字义包括本意和寓意两个方面,寄托着起名者对所起名称的愿望和追求,同时又反映出起名者与被起名者的性格特征。

名实相符,才能提高企业形象和产品形象的知名度和美誉度。否则,可能是知名度提高了,但美誉度却一落千丈,甚至臭名昭著。

2. 餐饮企业的名称设计要求

从可口可乐(Coca Cola)、索尼(Sony)、麦当劳(McDonald's)等世界名牌的标准名称来看,表现出四大共同特点,即是简明扼要,琅琅上口,意向准确,诱发联想。这些对餐饮企业名称设计具有很多借鉴和指导意义。

(1)与客源层次和餐厅档次一致。

餐饮企业的投资者和经营者,在确定自己餐厅名称之前,首先应明确该企业的档次、规模、目标客源的层次。

如果确定经营档次是豪华餐厅,面向高层次顾客,并且餐厅的装饰、菜品和服务,都是按第一流的标准设计和实施的,那么餐饮企业就应取一个高贵、豪华的名称。这样有助于给顾客传达一个明确的信息,又有助于餐饮企业形象的塑造。

(2)名称要与建筑风格相呼应。

如经营西餐厅,用西方式的建筑可取外国名,如北京"马克西姆"餐厅。如果是现代建筑,应取个有时代感的名称,而不能去称之为"草堂……";如果是古色古香的传统建筑风格,就不能取胜利、凯歌之类的名称,否则会取得适得其反的效果。

(3)名称要考虑客体倾向。

如果餐厅经营的主要品种是面向西方人,可以取洋名;如果经营的是快餐店取名要新,针对工薪阶层、上班族,使名称涵盖面大,适用面广。

(4)名称应考虑到世界各地的通用性。

这要求在命名时不仅要考虑本国语言中名称的原形、音、义的特征,还要兼顾国际上其他语言翻译出来的含义及发音。

(5)以"雅"取胜。

在餐饮企业的取名中,创造一个浓厚的文化意味,能从感观上吸引很多食客。尤其是一些风味餐馆,优雅的名称定使客人如沐春风,如添美味。

(6)名称简短明快。

按中国人的习惯,餐厅的名字最好是二至三字,这样顾客称呼上口,用词响亮,笔划少,容易记忆。一个读音困难、拼写太长的名称,往往会影响企业的传播效果和经营状况。国外一些著名的企业进入中国,将店名译成中文时尽量做到字数少,笔划少,记读容易,如"麦当劳"、"必胜客"、"赛百味"、"肯德基"、"百盛"等,让人们更高程度地认可和更快的传播。

(7)一旦名称选定,就不宜轻易更改。

要让大多数人熟悉餐饮企业名称是不容易的,这需要时间,需要各方面的努力,所以不要轻易改变,以利于销售,树立企业形象。另外,国外饭店还有一种带有广告性的方法值得借鉴,即在店名后加小标题、小短语之类,使招牌增色。小标题要立意明确,特别是能说明地点、气氛、服务等特色。

(8)名称应有独特性,避免和其他餐饮企业名称雷同。

与众不同的名称,能增强企业的吸引力。中国的汉字丰富,在设计企业名称时要突出一个"特"字,具有特定的指称性。一个似曾相识的名称是难以在公众中树立自己的形象的。

(9)注意保护自己的名称。

企业的名称要及时进行商标注册,一般包括服务商标和产品商标两种,否则就会有自己付出了很大劳动和辛苦设计的店名被他人抢注的可能。

总之,餐饮企业的名称虽是两三个字的事,但却关系重大,它是餐饮企业的符号,餐饮企业的象征,它将在该餐饮企业的所有产品广告中出现频率最高,它将在该餐饮企业的所有标牌上出现,作为该企业的完全代表。

3. 餐饮企业的取名技巧

(1)以人名和地名命名更显亲切。

无论是东方还是西方,大多数餐饮企业都是以人名或地名命名的。如世界著名的麦当劳是以制做汉堡包的两兄弟的姓氏命名的。以人名给餐饮企业命名,会给顾客一种亲切感,这对于中小型餐饮企业尤其显著。这些餐厅的名称给顾客传达的信息很亲切,使人感觉如家人或邻里开的餐厅,可以毫无顾忌地跨进去,没有拘束感。

以地名命名的餐厅,会让人感受到融融乡情,从这样的名称中,往往还会透露出餐厅所经营的风味特色。

(2)以经营特色或主营菜品属性来命名。

如"蛇一满"(蛇餐馆)、红焖羊肉馆,这种直接指明经营内容的取名方法,便于消费者从名称上了解经营的内容,多适用于经营特殊菜品或风味菜的餐馆取名。

(3)以美好愿望和表达意境来命名。

如"又一村"(餐馆)、"鸿运"(餐厅)、"陶陶居"(茶楼)、"上帝"大厨房(餐馆)、"随园酒家"。以这种方式取名的餐饮企业较多,而且也最能体现取名的艺术性。

(4)以历史名人或典故来命名。

如"太白"(酒家)、孔府酒家等。以历史名人和典故命名的餐饮企业,要求在环境装饰、装潢风格、外观设计以及经营内容上与历史相一致,否则会给人不伦不类的感觉。这种命名的方法如果运用得恰当,会在顾客中起到特殊的广告效应。但这种借古代名人的名字作企业名称时,常会引起在名称商标上的侵权纠纷。同时我国传统的餐饮企业在名称后多以居、坊、府等来代表饭店、餐馆,所以要灵活运用,合理匹配。

(5)以文学名句的寓意来命名。

如鹿鸣(酒家)取自曹操《短歌行》中的"呦呦鹿鸣,食野三草,我有嘉宾,鼓瑟吹笙"的著名诗句,用鹿鸣寓意热情周到,待客如宾。"杏花村"酒楼使人联想到"借问酒家何处有,牧童遥指杏花村"的诗句,于是会酒兴大添。"竹林小餐",使人联想到历史上的"竹林七贤"诗酒无敌,自命清高,想到苏东坡"无竹人人必俗"的论断。"文君酒家"、"相知楼",使人联想到"相知诗哥、文君当垆"的那种才子佳人的轶闻趣事,于是一桌饭菜便因注入千年文化,而令客人食欲大开。

(6)描述或暗示餐厅的特征。

在餐饮业迅速发展,餐饮企业比比皆是的市场环境中,如果能在取名时,店名能暗示自己的经营特色和经营项目,就能使顾客从浩如烟海的食林之中,发现你与众不同。如"北京烤鸭"、"川妹子火锅"、"唐人快餐"、"千品府"等都能让顾客一看便知所经营的内容和风味。这种取名方法在实践中也较为常见。

另外,设计企业名称时应避免:一、选词无特色、落俗套;二、借用人们熟悉的景物,似曾相识,毫无个性;三、机械联系,简单组合,意义含混,情趣索然;四、序数排列,专称相似,混淆误导。

二、餐饮企业标牌设计

餐饮企业的标牌是将企业的名称、标志通过一定的形式展示给顾客,起和广告一样的作用,向过往人们传达信息,进行宣传。标志牌不论以什么方式悬挂都要醒目,尽可能地让顾客、社会公众能从不同的角度看到。看到的人越多,所起的推销作用就越大。

1. 路牌的开发

餐饮企业的路牌具有方向的指示性和路线的引导性,在路牌设计开发时必须注意以下几个环节:

（1）路牌必须以餐饮企业识别标志为基础,采用标准图形、色彩及其组合,使路牌全面地、高度地与企业识别系统保持一致,如肯德基用KFC及肯德基的图形配以红字白底作为标识路牌。

（2）路牌的悬挂必须充分考虑周围的环境、空间、高度,使其具有指示引导的作用。路牌最基本的要求是引起马路上来往行人的注意,所以要求字体大而醒目。

（3）路牌的大小及悬挂的位置尤其是室外路牌要得到相应主管部门的批准。如电杆上的路牌要得到电力部门的批准等。

2. 门面标牌设计

门面标牌设计是餐饮企业标牌设计中最主要的一部分,一般包括正门标牌,侧门标牌及专用门标牌,在设计中应注意:

（1）门面标牌应醒目,正门标牌一般平行于马路、街道。字体应有不同的大小型号,能适合于顾客从不同距离、不同角度来辩识,充分展现出企业的识别形象,渲染餐饮企业的氛围。

（2）门面标牌要反应出企业的经营规格、档次。

（3）门面标牌应根据餐饮企业的门面情况和周围的生态环境、建筑环境选用标志或者名称,或者两者同时使用,以增加餐饮企业的识别功能。

（4）门面标牌可同时选用一种或几种不同的式样。

①霓虹灯标牌。

霓虹灯标牌是餐饮企业在晚间最明亮醒目的标志,增加了餐饮企业的可见度。同时,这些标牌能制造热闹和欢快的气氛。霓虹灯招牌通过灯光巧妙地变色和闪烁能产生一种动态的感觉,比起静态的灯光,这种灯光更能活跃气氛,更富有吸引力,多适合于酒吧、咖啡厅等夜间营业的餐饮企业。

②悬吊式标牌。

悬吊式标牌是挂在餐饮企业门口的招牌。悬吊式标牌挂得高,比较突出。一般双面都印有餐饮企业的名称或标志图案,可使来往的行人都能远远地见到标牌或标志图案。

③灯箱。

灯箱标牌能将餐饮企业的标准色彩、标准字体、标志及餐饮产品的彩色图片完整的展现给顾客。灯箱标牌现在多采用镶在墙内或挂在墙上的形式，使字体和图案扩大，夜间能增加醒目感。一般大型的餐饮企业常采用这种标牌。

④墙上镶字。

很多餐饮企业在门面上方墙上或者是装饰镜上镶字。这种标牌简便，但要充分考虑字体颜色与底色的反差效果和字体的大小，晚上多用灯光照射来突出字体。

⑤直立式标牌。

直立式标牌是在餐饮企业门前竖立的带有餐厅名称或标志的招牌。这种标牌比贴在门上和门前的标牌更能吸引顾客。直立式招牌有各种形状，有竖立长方形、横列长方形、长圆形和四面体形。为增加可见度，招牌的正反二面或四面体的四面都应设计餐饮企业的名称。一块精致的标牌加上美丽的图案，对餐饮企业起到了装点的作用，并能使顾客加深对餐饮企业的印象。这类标牌多用在建筑物内如宾馆、写字楼里的餐饮企业。

⑥人物、动物及物品造型标牌。

以动物或人物造型制作的标牌，具有较大的趣味性，也能吸引顾客。在这些标牌上可列出餐厅的名称或一些特色菜。在餐饮企业门口竖立的人物、动物造型的标牌，能活跃店面的气氛，增加顾客对餐饮企业的情趣。人物、动物造型标牌能明显地反映餐厅的经营风格，使人在远处就能据此判别出是什么类型的餐饮企业。这类标牌多用于快餐馆、风味餐厅、咖啡厅和酒吧。

3. 餐饮企业室内标牌设计

餐厅内部的各种标牌诸如墙柱标牌、横梁标牌、食品展示台标牌，特别是顶天立地的灯箱标牌，把企业识别标志贯穿和渗透于室内时空和营销过程之中。如将餐饮企业的名称、标志印刷在菜单上以及散发给员工和顾客的信封、名片等各种文字材料上，印刷在餐厅口布、包装袋、餐具酒具等上面，从而使企业识别形象深入市场、深入人心，获得员工和公众关注、认同的效果。室内标牌要与室内的装修、陈设相统一。这就要以餐饮企业识别标志的识别同一性,从根本上控制餐厅环境和经营过程,从根本上衔接各个职能部门、机构之间的工作关系,从根本上塑造、渲染、传播企业识别形象。就连通道、卫生间、电梯也应着意设计开发,使人放眼就看到企业识别标志,始终置身于企业识别形象及其高度同一的心理氛围之中。

4. 工作制服的设计

工作制服设计是餐饮企业识别系统不可缺少的一部分。首先,工作制服设计要与企业的标准色彩一致,这是塑造、渲染、传播餐饮企业形象的一个重要环节。其次,餐饮企业员工上班换装,无形之中重温自已参与餐饮企业生产经营的具体身份,可以强化服务角色意识、增强员工的责任感。再次,强化和深化了服务人员的服务意识和人际交流。最后,设计开发工作制服也是调控人与环境之间的沟通和协调关系的有效方法和手段。

餐饮企业工作制服的设计主要从岗位工作服(用于餐饮企业经营过程的各个作业操作岗位)及服饰(例如领带、领结、腰带、挂带、鞋、帽、手帕、贮物包、徽章等,主要与岗位工作服、礼服、特种服配套)入手,工作制服及其饰物的设计开发,需要注意以下几个重点环节:

(1)以餐饮企业标志为导向,在工作服及服饰上表现和展示餐饮企业的标志,从而塑造、渲染、传播餐饮企业识别形象和视觉识别形象。

(2)设计开发工作制服及其饰物,既要发挥劳动保护功能,又要发挥经营管理功能,还要发挥环境美化功能和信息传播功能。设计开发工作制服,特别要发挥赏心悦目的审美功能和识别形象的传播功能。

(3)工作制服及其饰物的设计开发要能够引发、激励、规范企业员工的群体心态、礼仪风范、行为方式和餐饮企业经营服务的支柱精神、根本宗旨、整体素质。

(4)充分发挥餐饮企业识别标志、规范同一又灵活机动的功能作用,通过穿着统一的工作制服及其饰物,在企业与员工、企业与公众之间构架一座沟通、交流、协调的桥梁。

第五节　餐饮经营计划

一、餐饮经营计划内容

经营计划是企业经营目标和管理任务的具体体现,它直接决定了企业人、财、物等资源的配置方向和业务经营活动的组织,并影响资金使用和经济效益。

1. 销售计划

销售是市场营销的本质表现和各种交易行为的直接反映。餐饮销售计划是根据市场需求,在确定产品风味和花色品种的基础上,分析企业档次结构、接待对象、接待能力而制定的,其内容主要包括餐厅接待人次、上座率、人均消费、不同餐厅的食品收入、饮料收入、香烟和其他收入及总销售额等。

2. 产品生产计划

厨房生产是餐饮业务经营活动的中心环节之一。生产过程的组织直接影响产品质量、客人需求和食品原材料消耗,是确保销售计划得以顺利完成的基本条件。餐饮产品生产计划是以餐厅销售计划为基础,通过计划指标的分解来制定的。它以短期计划为主,其内容主要包括花色品种安排、食品原材料消耗、厨师任务安排、单位产品成本控制等。

3. 食品原材料计划

食品原材料是保证餐饮产品生产需要,完成销售计划的前提和保证。其计划指标以食品原材料采购为主。计划的内容主要包括采购成本、库房储备、资金周转、期初库存、期末库存等。

4. 餐厅服务计划

餐厅服务过程就是餐饮产品的销售过程。餐厅服务质量是餐饮管理的生命,它直接影响客人需求、产品销售和营业收入的最终完成。餐厅服务计划以提高服务质量、扩大产品销售为中心,根据餐厅类型、就餐环境和接待服务规格来制定。其内容主要包括服务程序安排、服务质量标准、人均接待人次、职工人均创收、人均创汇、人均创利、优质服务达标率、客人满意程度、投诉降低率等。

5. 营业利润计划

营业利润是餐饮企业经济效益的本质表现。营业（销售）收入减去营业成本、营业费用和营业税金就是营业利润。营业利润计划包括税金安排和利润分配。因此，计划指标内容应包括利润额、利润率、成本利润率、资金利润率等。

表 2-2 列出了餐饮企业中重要的经营计划指标。

表 2-2　餐饮管理经营计划指标

编号	名　称	公　式	含　义
1	餐厅定员	$=座位数 \times 餐次 \times 计划期天数$	反映餐厅接待能力
2	座位利用率	$=\dfrac{日就餐人次}{餐厅座位数} \times 100\%$	反映座位周转次数
3	餐厅上座率	$=\dfrac{计划期接待人次}{同期餐厅定员} \times 100\%$	接待能力利用程度
4	食品人均消费	$=\dfrac{食品销售收入}{接待人次}$	客人食品消费水平
5	饮料比率	$=\dfrac{饮料销售额}{食品销售额} \times 100\%$	饮料经营程度
6	饮料计划收入	$=食物收入 \times 饮料比率+服务费$	反映饮料营业水平
7	餐饮计划收入	$=接待人次 \times 食物人均消费+饮料收入+服务费$	反映餐厅营业水平
8	日均营业额	$=\dfrac{计划期销售收入}{营业天}$	反映每日营业量大小
9	座位日均销售额	$=\dfrac{计划期销售收入}{餐厅座位数 \times 营业天}$	餐厅座位日营业水平
10	餐饮毛利率	$=\dfrac{营业收入-原材料成本}{营业收入} \times 100\%$	反映价格水平
11	餐饮成本率	$=\dfrac{原材料成本额}{营业收入} \times 100\%$	反映餐饮成本水平

续表

编号	名称	公式	含义
12	喜爱程度	$=\dfrac{某种菜肴销售份数}{就餐客人人次}\times 100\%$	不同菜点销售程度
13	销售利润率	$=\dfrac{销售利润额}{销售收入}\times 100\%$	反映餐饮销售利润水平
14	餐饮流通费用	$=\sum 各项费用额$	反映餐饮费用大小
15	餐饮利润额	$=营业收入-成本-费用-营业税金$ $=营业收入\times(1-成本率-费用率-营业税率)$	反映营业利润大小
16	餐饮利润率	$=\dfrac{计划期利润额}{营业收入}\times 100\%$	餐饮利润水平
17	人均接待客次	$=\dfrac{客人就餐人次}{餐厅(厨房)职工人数}$	职工劳动强度
18	计划期库存量	$=期初库存+本期进货-本期出库$	反映库存水平
19	平均库存	$=\dfrac{期初库存+期末库存}{2}$	月度在库规模
20	流动资金周转天数	$=\dfrac{计划期营业收入}{同期流动资金平均占用}$	流动资金管理效果
21	流动资金周转次数	$=\dfrac{流动资金平均占用\times 计划天数}{营业收入}$ $=\dfrac{流动资金平均占用}{日均营业收入}$	流动资金管理效果
22	餐饮成本额	$=营业收入\times(1-毛利率)$	反映成本大小
23	边际利润率	$=毛利率-变动费用率$ $=\dfrac{营业收入-变动费用}{营业收入}\times 100\%$ $=\dfrac{销售份额-变动费用}{销售份额}$	反映边际贡献大小
24	餐饮保本收入	$=\dfrac{固定费用}{边际利润率}$	反映餐饮盈利点高低

续表

编号	名称	公式	含义
25	目标营业额	$=\dfrac{\text{固定费用}+\text{目标利润}}{\text{边际利润率}}$	计划利润下的收入水平
26	餐饮利润额	$=$ 计划收入 $\times$ 边际利润率 $-$ 固定费用	反映利润大小
27	成本利润率	$=\dfrac{\text{计划期利润额}}{\text{营业成本}}\times 100\%$	成本利用效果
28	资金利润率	$=\dfrac{\text{计划期利润额}}{\text{平均资金占用}}\times 100\%$	资金利用效果
29	流动资金利润率	$=\dfrac{\text{计划期利润额}}{\text{流动资金平均占用}}\times 100\%$	流动资金利用效果
30	投资利润率	$=\dfrac{\text{年度利润}}{\text{总投资}}\times 100\%$	反映投资效果
31	投资偿还期	$=\dfrac{\text{总投资}+\text{利息}}{\text{年利润}+\text{年折旧}}+\text{建造周期}$	反映投资回收效果
32	库存周转率	$=\dfrac{\text{出库货物总额}}{\text{平均库存}}\times 100\%$	反映库存周转快慢
33	客单平均消费	$=\dfrac{\text{餐厅销售收入}}{\text{客单总数}}\times 100\%$	就餐客人消费状况
34	食品原材料净料率	$=\dfrac{\text{净料重量}}{\text{毛料重量}}\times 100\%$	反映原材料利用程度
35	净料价格	$=\dfrac{\text{毛料价}}{1-\text{损耗率}}$	净料单位成本
36	某种菜生产份数	$=$ 就餐总人次 $\times$ 喜爱程度	产品生产份数安排

资料来源:蔡万坤,《餐饮管理》,高等教育出版社,1998。

二、餐饮经营计划的编制

1. 餐饮经营计划编制的依据

餐饮经营计划的内容和结果最终通过收入、成本、费用和利润等计划指标反映出来。餐饮经营计划的编制应在分析经营环境的基础上完成。

(1)根据市场动向编制经营计划。

在认真做好市场调查的基础上,掌握市场动向、市场特点、发展趋势和市场竞争状况,然后结合本企业的实际情况,分析企业顾客类型、档次结构、需求变化、产品风味、花色品种、价格水平、服务质量等同市场需求的适应程度,找出自己的优势和不足,为确定餐饮经营方向和计划目标提供客观依据。收集包括地区旅游接待人次、停留天数、旅客流量等以及其他餐饮企业近年来的接待人次、餐厅上座率及人均消费等资料,在此基础上预测各餐厅的上座率、接待人次、人均消费和营业收入。

(2)分析食品原材料消耗,制定各餐厅标准成本,观测成本额、成本率,确定成本降低率指标。

(3)根据业务需要和计划收入,分析流通费用构成及其比例关系,预测各项费用消耗,确定费用降低率指标。

(4)分析营业收入、营业成本、营业费用和营业利润的相互关系,预测餐饮利润目标。

(5)根据原始记录和统计分析编制经营计划。

原始记录和统计分析既是企业积累、收集计划资料的基础和预测、确定计划指标的前提,又是执行计划、发挥计划控制职能的重要基础工作。在餐饮计划管理中,从食品原材料采购、储藏、入库验收、领料发料、厨房生产到餐厅销售,都必须建立原始记录制度,做好原始记录工作。其工作内容是:班组设原始记录员,每天记录各项收入、成本、费用、接待人次等的实际发生额;部门设统计员,逐日、逐月、逐季分类统计各项计划指标的完成结果;财务部门分类核算做好分析工作。天天如此,月月如此,年年如此,坚持不懈。将原始记录和统计分析结合起来,既为餐饮经营计划编制提供了原始依据,又为计划管理提供了信息反馈,成为各级管理人员加强计划控制,指导餐饮业务经营活动顺利开展的重要决策参考。

2. 营业收入计划编制方法

餐饮经营计划的编制是以营业收入计划为起点的,编制营业收入计划一般分为3个步骤:

(1)确定餐厅上座率和接待人次。

它要求以餐厅为基础,根据历史资料和接待能力,分析市场发展趋势和准备采取的推销措施,将产品供给和市场需求结合起来,确定餐厅上座率和接待人次。其中,饭店宾馆接待人次要充分考虑住店客人,同时又要考虑店外客人需要。住店客人的接待人次一般是根据客房出租率计划分析住店客人到不同餐厅用餐的比率。店外客人则可根据历史资料和市场发展趋势来确定。

(2)确定餐厅人均消费。

确定人均餐饮消费应将食物和饮料分开进行,确定食品人均消费额和饮料销售比率,部分国营饭店和涉外餐馆的餐饮人均消费将食物和饮料一起计算,不管属于哪一种形式,都要考虑3个因素,一是各餐厅已经达到的水平;二是市场环境可能对餐饮人均消费带来的影响;三是不同餐厅的档次结构和不同餐次的客人消费水平。

(3)编制营业收入计划方案。

营业收入计划一般可通过季节指数分解到各月,也可逐月确定。季节指数的确定,既可以餐厅为基础,又可以全部餐饮销售额为基础。营业收入计划方案都以餐厅为基础,最后汇总,形成食品、饮料和其他收入计划。

3. 营业成本计划编制方法

餐饮营业成本包括食物成本和饮料成本。编制营业成本计划的工作步骤是:

(1)确定不同餐厅的食品毛利率标准。

根据市场供求关系和企业价格政策,结合企业餐饮管理实际,确定餐厅的毛利率标准。毛利率标准一经确定,餐厅食品的成本率和成本额也就确定了。其计算公式为:

$$食物成本率=1-毛利率$$
$$食物成本额=计划收入\times 成本率$$

(2)编制饮料成本计划。

各餐厅的饮料成本以进价成本为基础,它受饮料销售额和上期成本率两个因素的影响,其计算公式为:

饮料成本额＝去年实绩×(1±销售额增减率)×(1－成本降低率)

$$计划成本率 = \frac{饮料成本额}{计划收入} \times 100\%$$

(3)编制职工餐厅成本计划。

我国的宾馆饭店、涉外餐馆的职工餐属于职工福利,在管理体制上分两种情况:一是职工餐厅归餐饮部管理,其原材料成本从餐饮部转拨。二是职工餐厅归企业总务部管辖,其成本计划不在餐饮部编制。一般三星级以上的饭店是单独核算的,职工餐厅不要求盈利,其成本率较高。编制方法是:

成本额＝去年实绩×(1－成本降低率)

$$成本率 = \frac{成本额}{计划收入} \times 100\%$$

(4)确定签单成本消耗。

企业为了开发市场,组织客源,推销产品和开展业务经营活动,需要一部分交际费,它是列入计划的。其中相当一部分用于餐饮消费。当这部分费用发生时,均由有关主管人员签单,列入餐厅成本消耗,在企业或部门交际费用中列出。因此签单成本也是餐厅餐饮成本内容之一,其计划额一般根据企业销售额和交际费及历史统计资料来确定。

(5)编制餐饮成本计划方案。

编制时,职工餐厅成本和签单成本计划必须单列,以保证成本计划的真实性,有利于餐饮成本控制。如果职工餐厅归企业总务部管理,单独核算,则不列入企业餐饮部门经营计划。

4. 营业费用计划编制方法

确定餐饮营业费用计划指标方法根据费用项目不同而变化,其主要方法有六种:

(1)财务分摊预算法。

这种方法以财务会计报表为基础,结合餐饮费用实际消耗或占用来确定计划费用额。它主要适用于房屋折旧、家具用具及厨房设备折旧等费用预算,其具体方法有使用年限折旧法、综合折旧率法、工作量折旧法等多种,具体采用哪种方法,均由企业财务部门统一掌握,并预算出企业各部门的折旧额,作为餐饮管理计划指标。

(2)销售额比例预算法。

这种方法以餐饮计划销售额为基础,分析费用消耗比例,参阅历史统计资料来确定费用计划额。它主要适用于餐饮管理费用、销售费用、维修费用、装饰费用、餐具茶具消耗等费用指标预算。具体方法是确定上述费用占餐饮计划销售额的比例,由此确定计划额。

(3)人事成本预算法。

餐饮管理人事成本分为固定人事成本和可变性人事成本。前者以职工人数为基础,确定人均需要量,其内容包括固定工资、浮动升级、职工膳食、副食补贴、物价补贴、医疗补助、退休统筹等。后者主要指餐饮管理中计划安排的职工奖金、临时工、季节工等人员的成本消耗。固定人事成本的预算方法是:人事成本=人均需要量×职工平均人数。可变性人事成本根据餐饮管理经济效益的高低和业务需要大致确定。

(4)业务量变动法。

这种方法以历史统计资料为基础,分析费用消耗合理程度,结合餐饮业务量的增减变化来确定计划费用额。它主要适用于水费、电费、燃料费、洗涤费等可变性费用指标预算。这些费用一般是随餐饮业务量的变化而变化的。其预算公式为:

可变性费用额=上年实绩×(1±业务增减率)×(1-费用降低率)

(5)不可预见性费用预算法。

不可预见性费用是指企业管理中常常发生的捐助、赞助、摊派等费用消耗。这些费用支出往往是不可预见的,但又是必然会发生的。这部分费用一般在全店统一列支,作出计划安排。其预算方法一般是根据历史统计资料大致确定。

(6)营业性税金预算方法。

营业性税金主要指在营业费用中列支的税金支出。其内容包括印花税、车船使用税、土地使用税、房产税、资金占用税等四种。预算方法是根据企业实际情况和国家规定的税种税率,各税种分别预算。在餐饮管理中,一般在全店统一列支,只有营业税要在部门计划中单列。

5. 营业利润计划编制方法

餐饮营业利润计划的编制,主要是将收入、成本和费用计划汇总,形成计划方案。其方法分为两个步骤:

(1)编制餐饮计划营业明细表。

它以餐厅为基础,将各餐厅营业收入、营业成本和营业毛利汇总,形成计划方案,作为餐饮管理成本控制的主要依据。

(2)编制餐饮管理利润计划表。

在饭店宾馆以部门为基础,在涉外餐馆,既可以部门为基础,也可以全店为基础。其方法是将整个餐饮管理的收入、成本、费用汇总,形成餐饮管理损益计划表。它是餐饮经营计划的本质内容。其中,营业明细表是利润计划表的补充。两者结合使用,成为餐饮业务管理的重要工具。

思考题

1. 餐饮市场可依据哪些标准进行细分?
2. 餐饮目标市场应具备哪些条件?
3. 怎样对目标顾客群体数量进行估算?
4. 单一经营,纵向经营,多元化经营的优劣势各是什么?
5. 餐饮企业营业区域选择应考虑哪些因素?
6. 餐饮企业名称设计的要求及取名技巧是什么?
7. 餐饮企业标牌在不同场所的作用是什么?
8. 餐饮经营计划的主要指标及指导企业经营的作用是什么?
9. 运用本章的原理,理解麦当劳"不为天下先"的策略。

案例分析与思考:肯德基

肯德基是隶属于国际知名的百胜餐饮集团。自1987年在北京前门开了中国第一家餐厅后,经过十余年的发展,肯德基已成为中国最大、发展最快的快餐企业,分别在北京、上海、广州、天津、沈阳、西安等地成立了19个有限公司,开设了近400多家餐厅。据AC尼尔森调研公司在中国30多个城市的问卷调查显示,肯德基被公认为"顾客最常惠顾"的名牌,名列前10名国际知名品牌的榜首。

肯德基的正确选址,不仅是其成功的先决条件,也是实现连锁经营标准化、简单化、专业化的前提条件和基础。它的选址决策一般是两级审批制,通过两个委员会的同意,一个是地方公司,另一个是总部。在选址时首先进行商圈的划分与选择,然后是聚客点的测算与选择。肯德基开店的原则是,努力争取在最聚客的地方和其附近开店。要确定主要的聚客点在哪里,人流动线是怎么样的,在这个区域里,人从地铁出来后是往哪个方向走,人流的主要动线会不会被竞争对手截住等等。这些都派人去掐表,去测量,有一套完整的数据之后才能据此确定地址。所以,其选址成功率几乎是百分之百,是肯德基的核心竞争力之一。

除了选址,肯德基还以其独特的产品定位,进一步扩大市场。肯德基的市场优势是其鸡肉类食品的独特口味,定位在"世界著名烹鸡专家","烹鸡美味,尽在肯德基"。这也是肯德基与麦当劳定位上的最大差别。其60年烹鸡经验烹制而出的炸鸡系列产品,原味鸡、香辣鸡翅、香脆鸡腿汉堡、无骨鸡柳等,外层金黄香脆,肉层嫩滑多汁,以其独特的鲜香口味广为顾客称许。肯德基在各种广告宣传里也不断强化其"烹鸡专家"这一卖点。中国人爱吃鸡,鸡鸭鱼肉中鸡是排第一位的,与其他洋快餐相比,鸡肉类的产品也更符合中国人的口味,更容易被中国人接受。但肯德基并没有满足现状,而是不断以巨大的人力和财力去寻找更适合中国人口味的产品,去调整服务,调整食品,甚至推出新的产品。如新近推出的"芙蓉鲜蔬汤",这款特意照顾到中国消费者口味,甚至连名字也极具中国特色的汤类食品,是肯德基通过调查研究,为满足中国消费者的需求精心研制而成,自推向市场之后广受欢迎。

肯德基的主要目标消费者是家庭成员。他一直想要营造的是一种全家一起用餐的欢乐气氛,强调的是这种附加的价值。推广的重点是较容易接受外来文化、新鲜事物的青少年,一切食品、服务和环境都是有针对性地设计的。这是因为青年人比较喜欢西式快餐轻快的就餐气氛,并希望以此影响其他年龄层家庭成员的光临。另外,肯德基也在儿童顾客上花费大量的精力,店内专门辟有儿童就餐区,作为儿童庆祝生日的区域,布置了迎合儿童喜好的多彩装饰,节假日还备有玩具作为礼品,一方面希望培养小孩子从小吃快餐的习惯,另一方面也希望通过小孩子的带动,能吸引整个家庭成员都到店中接受温馨的服务。儿童长大了,肯德基可能会变成他生活中的一部分。

针对目标市场的特点,肯德基以回头率将其细分为重度、中度、轻度消费者三种类型。重度消费者是指一个星期来一次的,中度消费者是指大约一个月来一次的,半年来一次算轻度消费者。经过调查,肯德基的重度消费者几乎占了30%～40%,对于他们来说,肯德基已经和他的环境、习惯产生联系了,逐渐成了他生活的一部分。对重度消费者,肯德基的营销策略是要保有他们的忠诚度,不要让他们失望。对于轻度消费者,在调查中发现,很多人没有光临肯德基店的最大一个因素是便利性。这只有通过不断地开店来实现了。

在对客服务方面,肯德基有一个很重要的原则导向:顾客的利益和需求。就是尽量不要去伤害顾客的权益。遇到瓶颈,肯德基当然要去改变,但要一切以顾客利益为中心,肯德基在全球推广的"CHAMPS"冠军计划是这一原则的很好体现。其内容为:C(Cleanliness)保持美观整洁的餐厅;H(Hospitality)提供真诚友善的接待;A(Accuracy)确保准确无误的供应;M(Maintenance)维持优良的设备;P(Product Quality)坚持高质稳定的产品;S(Speed)注意快速迅捷的服务。

在供应管理方面,为了控制成本与保证质量,肯德基加大力度推进国外供应的商品本地化。从在我国开设的第一家餐厅到至今分布在59个城市的400多家餐厅,肯德基采用的鸡肉原料100%都来自国内,10年来共消耗了60821吨鸡肉。肯德基的飞速发展同时也带动了各类相关原料供应行业的起步与发展。目前,大约85%的食品、包装原料都由中国国内的供应商提供。本着利益一致、共同进步的原则,肯德基从对供应商传授全新的经营管理理念到先进技术引进,从主动培训测试到积极扶持供应商,与供应商结成了密切的战略合作伙伴关系。同时还对供应商进行星级系统(STAR SYSTEM)评估,从源头起就对产品质量进行严格的管理。星级系统评估的五个方面是:质量(评估供应商提供安全、稳定、高品质产品的能力);技术(评估供应商在技术改进和研究能力方面的水平);财务(评估供应商的财务状况和支持能力);可靠性(评估供应商的诚信度及供应可靠性);沟通(评估供应商与百胜的沟通系统和能力)。从最初对供应商的筛选开始,到一步步的技术支持,一次次的培训,最终目的是要不断提高供应商的原料质量,从而保证肯德基能够始终为中国广大消费者提供安全、卫生、美味的快餐食品。

肯德基通过特有的经营方式,逐步向中国餐饮业的第一品牌,甚至全世界最受欢迎的餐饮业品牌的目标迈进。

思考题

1. 肯德基在确定目标市场、经营范围和采取相应的经营措施方面对我们有什么启示?
2. 从本案例中如何理解餐饮企业在选址上的重要性?

第三章 餐饮经营类型

学习目的

通过本章的学习,应掌握餐饮经营的类型及不同经营类型与餐饮企业组织机构设置的关系。具体内容包括：传统餐饮经营类型的具体分类,自助式餐饮经营的几种形式,餐饮创新经营的主要形式,餐饮经营类型对组织机构设置的影响。

主要内容

- 传统餐饮经营类型
  餐桌服务型餐馆　高级豪华餐馆
  主题餐馆　风味餐馆　酒吧
- 自助餐饮经营类型
  自助餐馆　快餐店　点菜式自助餐馆
  火锅式自助餐　超市餐饮
- 餐饮创新经营类型
  外卖餐饮经营形式　无店铺餐饮形式
  休闲餐饮经营形式　餐吧
- 餐饮类型与组织机构
  餐饮类型决定组织机构设置
  餐饮组织机构设置的原则
  餐饮组织机构的一般模式

教学指导

组织学生利用课余时间对本地餐饮企业做

调查研究,分析新型餐饮类型及其特征。

第一节 传统餐饮经营类型

当餐饮企业确定了客源市场后,就要考虑采取最符合顾客需要的形式和手段来出售菜品和饮料。首先,在温饱问题解决以后,人们在"吃什么"和"怎么吃"的问题上已经发生了变化,"吃饭有学问"已成为共识。其次,由于现代人的消费观念的转变,在餐饮消费上人们不仅对餐饮内容有了更新的追求,而且在进餐方式上也产生了新的需要,具体表现在,要求就餐方式更自由放松,无拘无束,需要更多的参与、更多的趣味。

总之,餐饮业激烈的市场竞争,大众对餐饮的多样化、社会化需求,以及餐饮改革和创新的趋势,使餐饮经营方式不断发展已成为客观要求。

一、餐桌服务型餐馆

餐桌服务型餐馆是指有服务员引领客人入座并提供点菜、送餐上桌服务的餐厅。这类餐馆在餐饮业中占的数量最大,常称为酒家、饭庄。其特点是经营品种丰富,菜品风味突出,经营档次以中低档为主,面向大众经营。

1.餐桌服务型餐馆的基本特征

(1)餐厅布局合理,装饰风格突出,就餐环境舒适并具有特色。

(2)餐厅设有男、女卫生间,卫生间内设洗手盆,配有卫生纸、干手器等设施和用品。

(3)强调按服务程序、规范来完成餐桌服务。

(4)厨房各功能区域设计合理,有专门的洗碗间和消毒设施,与餐厅之间有隔油烟、气味的设施。

(5)有一名高级厨师来制定菜谱,并监督和指导半熟练厨师完成烹调工作。

(6)菜单内容丰富,能经营以一种菜系为主,兼营其他风味特色的菜品,适应大众的口味。

(7)餐桌服务型餐馆的主要目标客源是面向大众,吸引婚、寿宴会团体客、会议客及商务客人。

2.餐桌服务型餐馆的发展

(1)餐桌服务型餐馆较以前更加注重就餐环境,表现在一方面营业区域卫生条件有了很大改善,另一方面,在餐厅布局、装饰上突出某一风格,给顾客提供一种带有文化品味的就餐场所。

(2)这类餐馆增加了各种吸引客人的服务内容,如餐厅内增设歌舞表演,采用透明厨房等,通过吸引回头客来提高上座率和座位周转率,扩大经营规模。该种餐饮企业在现代经营中必须具有某一方面的菜品特色。

(3)餐桌服务型餐馆中的就餐区域较传统的大厅服务有了发展,有了雅座区、雅间、KTV包房等小区域。在满足大多数客人喜欢热闹就餐需求的同时,也满足了团体客人和散客就餐的安静、隐秘等不同需求。

(4)在点菜、上菜服务方式上采用了现代化的手段,如电子点菜系统的使用,使服务更加迅速、快捷。

(5)在保持菜系特色的基础上,通过菜品的创新与组合来降低成本,提高经济效益。

二、高级豪华餐馆

豪华餐馆是指餐具高档,设施设备昂贵,装饰装修高雅,外部景观豪华,由一流的厨师亲自制作精美的菜肴,由训练有素、经验丰富的专业服务员提供周到细致的服务,并在历史上或今天都享有很高的声誉。

1.豪华餐馆的布置标准

(1)餐厅装饰豪华,环境雅致。如灯具别致,地面装修豪华,桌椅高度适宜、使用舒适,配备高档家具、用具、名人字画等,并与装饰风格一致。同时,在餐台侧另辟有餐前和餐后的专用休息室或休息区。

(2)厨房宽敞,布局合理,卫生一流,洗刷、消毒设施齐全,通风良好,与餐厅之间有隔音、隔热、隔气味的设施。

(3)每个楼层分设男、女卫生间,装饰材料高档豪华,卫生间使用高级洁具,配有自动干手器、洗手盆、半身镜、卫生纸、洗手液、冷热水等。卫生间内设有专门服务生。

(4)周围环境高雅宜人,有停车场。

(5)配备数量充足、技术一流的高级烹调师和营养师制作精美食品。

(6)配备高素质的餐厅餐桌服务人员,能熟练掌握和运用服务技术和服务方法,提供高水准的服务。餐厅服务员由领班、服务员、服务生(勤杂工)三级组成。门厅前有迎宾员、引领员。一切项目服务到桌。

(7)菜品具有特色,色、香、味、形俱佳,特别强调营养。菜品内容丰富,菜单设计精致。

2.豪华餐馆的经营特点

(1)经营成本高,价格昂贵。这与餐馆昂贵的菜品成本、劳动力成本和高档装修及设备材料是分不开的。

(2)在烹饪和服务上需拥有具备高级技术的专业人员。

(3)餐饮企业业主需要对此作出特殊的奉献,这种奉献甚至是将自己的一生奉献给这一工作。

(4)豪华餐馆的主要客源是高级商务人员和社会名流。

三、主题餐馆

主题餐馆主要是通过特殊环境布置,特殊装饰或娱乐安排等,全方位创造出具有特定文化主题的餐馆。主题餐馆为客人提供了整体感受,而不单纯是餐饮。主题餐馆经营规模一般不大,提供餐桌服务。所以这类餐馆所提供的餐饮品种有限,但富有特色。主题餐馆的菜品可能不是最好的,但给人们提供的环境氛围和文化感受是最美的。主题餐馆可以说提供的是一种文化餐,满足人们对餐饮产品更高层次的需求,价格一般比餐桌服务型餐馆要高。

1.主题餐馆的特征

(1)主题餐馆的客源市场主要是为追求某种特殊情调或感受文化氛围的客人。

(2)餐厅服务不仅要满足客人用餐需要,更要满足客人对气氛和环境的享受需要。

(3)主题餐馆的经营具有利润高、风险大的特点。

(4)通过室内外装饰装修的独特性和系列活动来创造一种特殊情调和风格。

(5)主题餐馆的菜品、服务、人员服装服饰、装饰装修等应与其文化保持高度统一。

2. 主题餐馆的形式创新

主题餐馆总是要保持主题的独特性、新颖性并具有吸引力。所以,主题餐馆的形式需不断创新,以适应市场的需求变化。主题餐馆应在以下几方面创新:

(1)具有丰富的社会文化和人文内涵。

(2)让客人在用餐过程中同时感受到周围情调和风景。

(3)展示人情关系和开心、休闲活动。

在主题餐馆开发上,应将餐馆的情调与户外活动联系起来,使主题餐馆更具有文化性、趣味性。如球迷餐厅可以以帮助球迷购买球票或打折赠送球票,与球星座谈,配备大屏幕电视提供观赏足球比赛的场所,室外景观可以巨大足球作标志物,室内收集多位球星的球衣和签名照片等方式,迎合球迷的需要,突出球迷主题餐馆的特色。

四、风味餐馆

风味餐馆主要是经营具有地方或民族特色的菜品,并以其特定风味来吸引目标客人的餐厅。风味餐馆可分3类,一是经营风味菜系,二是经营风味菜肴,三是经营地方或民族风味小吃。风味餐馆要具有明显的地域性,强调菜品的正宗、地道,否则难以吸引顾客。

1. 风味餐馆的特征

(1)风味餐馆专门经营某一风味的系列菜肴,菜肴的品种少,但突出风味特色,如海鲜餐馆、野味餐馆、蛇餐馆;或供应具有某一地方风味的菜品,如川菜馆、粤菜馆、潮州菜馆等;或经营某一国家或民族的风味菜品,如墨西哥菜,意大利菜,韩国料理,日本料理等;或供应客人某一特殊需要的菜品,如药膳、寺院菜等。

(2)风味餐馆装潢简单、随意,气氛轻松和谐,与经营菜品的地方或民族风格是相一致的,但不降低卫生档次和服务标准。

(3)风味餐馆实行简化了的餐桌服务方式,即是一种非正式、简便而经济的服务方式,具有家庭气氛,使客人有亲切感。

(4)员工数量有限,在业务旺季需临时雇工。

(5)餐具种类有限且简单。

2.风味餐馆经营形式的发展

(1)改变经营单一品种的传统模式,吸取各种风味菜的精华,向规模化、高档次方向发展。如各地出现的风味小吃街等可以带来规模效益。

(2)在风味餐厅的经营方式上,一些餐馆向高档、规范方向发展,以服务为特色来吸引顾客,另一些餐馆向简便、快捷方向发展。

(3)采用现代技术,改进生产制作工艺,改善风味餐馆的饮食卫生条件。

五、酒吧

酒吧统指咖啡厅、啤酒吧、葡萄酒吧、茶座(茶吧)等。酒吧是为客人提供饮料、娱乐、休闲的社交场所。通常供应的饮料包括酒精饮料和无酒精饮料。

1.酒吧的基本特征

(1)酒吧是以某一主题休闲娱乐项目为依托来经营的。酒吧因休闲娱乐主题项目的不同呈现各种类型,如钢琴吧、氧吧、陶吧、网吧、迪吧等。

(2)酒吧特别强调色彩和灯光布置,配以和谐的音乐营造特定的氛围。

(3)酒吧经营时间一般是从傍晚开始营业到深夜,个别的甚至营业到清晨,是人们夜生活的主要场所之一。一些地区、国家对酒吧营业时间、服务对象有严格限制。

(4)酒吧的服务方式有两种:一是站立式吧台服务,客人在吧台前点所需饮品,喝上一两杯酒后很快离开,这是传统服务方式。二是座位式酒吧服务,酒吧内设有桌椅及雅座,客人边品啜饮品边观赏娱乐节目,各类食品、酒、软饮料等由服务员服务到桌。

2.酒吧的营业特征

(1)主要是满足人们休闲娱乐和社会交往的需要,营业高峰时间大多是在晚上。

(2)酒吧的客源群体较稳定。

(3)强调氛围的营造。酒吧的主题项目需不断更新,才能长期吸引客源。

(4)以娱乐作为招徕顾客的手段,以酒水销售作为盈利基础。

(5)投资少,收益大。

第二节 自助餐饮经营类型

自助餐是建立在人们对饮食具有节俭习惯和追求自我服务、自我完善的行为基础之上的一种现代餐饮经营方式。自助餐不仅具有快速方便、节省时间的优点,而且能让顾客拥有最大的选择权,并得到最大的满足,使就餐过程轻松自如。

自助餐灵活的经营方式不但有利于经营者扩大销售,而且给人们的现代生活带来了快捷和方便,符合市场需求,顺应了餐饮业的发展趋势,并仍将具有广阔的发展空间。

一、自助餐馆

自助餐馆是将菜品和餐具按人们的就餐习惯,全部摆放展示在长桌或柜台上,由客人自己拿取餐盘、餐具后,亲自选取所喜爱的食品和饮料,并找到座位就餐的餐厅。整个就餐过程完全由顾客自己完成,无须服务员为其提供直接服务,服务员的工作只是补充餐具和食品,间或帮助一下取食不方便的客人。

1. 自助餐形式

自助餐主要有自助餐会和鸡尾酒会两种形式。

(1)自助餐会。

自助餐会可分为中式、西式和中西结合式自助餐会。自助餐会一般用在饭店餐厅及团体宴会中。在餐会开始前应提前将提供的名菜佳肴和其他食品烹调为成品,与酒水、饮料一起摆放在展示台上,供前来用餐的客人自取自用。

我国餐饮企业借鉴西式自助餐站立服务的模式,根据客人需求,洋为中用,中西结合,除西式餐品外还增添了中式热菜、烧烤,增添了桌子、椅子供客人自由选择就坐。

(2)鸡尾酒会。

鸡尾酒会通常是以向客人提供鸡尾酒和饮品为主要服务项目,附带供应一些小食品(多为熟食点心),例如花生、乳酪、馅饼、炸土豆片、油炸虾片等的服务方式。客人多是立食,自由走动、交谈,自行选取食物和饮料。

鸡尾酒会多与大型宴会相伴,一般在宴会前举行;也有在记者招待会、新闻发布会、签字仪式等活动后单独举办的。气氛和谐、热闹、活泼,便于交往。

2. 传统自助餐的特征

(1)讲究餐桌的布置和食品饮料摆放便于客人取用,不仅要求菜品位置和次序按照进餐顺序排列,而且突出美观性,以便使客人能够按照菜品摆放的顺序自然形成取菜路线,避免混乱和冲突。

(2)所有菜品一次性摆放在柜台上任顾客挑选。热菜要求使用保温台。

(3)自助餐馆强调厨房和餐厅间的配合与协调。

(4)服务人员较少,他们负责检查餐桌上菜肴的供应情况,当食品剩三分之一时进行添加,应及时清扫地面和擦净餐桌并及时补充餐具,有时负责切分大块的肉。

（5）自助餐没有印刷的菜单，客人需要根据展示台上的菜品种类去挑选，看菜取菜。

（6）自助餐经营的主要特色是突出顾客的参与性和自我满足感。

（7）自助餐经营，一方面要注意菜品原料的丰富性，另一方面要避免浪费。

（8）自助餐经营既要充分利用空间，又要给顾客留有充分的行走余地。

二、快餐店

快餐店是以标准分量、标准价格的形式提供快速餐饮服务的餐厅。快餐店一般规模不大，食谱较简单，服务快速方便，节省了用餐时间。近几年来，快餐店无论是在数量上还是在销售额上增长得都很快，并且已构成对传统餐饮企业的巨大冲击。总的来说，快餐店的基本特征有如下几个方面：

1. 快餐店多采用挂牌式的菜单，菜单简单明了，菜品少，减少了顾客对菜品的选择性。

2. 快餐店的食品制作多采用类似工厂的机械化生产方式，制作成本低廉。

3. 快餐店中新菜品不易被顾客接受。

4. 菜品采用标准分量、价格，标准菜单，服务迅速高效。食品既可在餐厅内食用，又可以带出店外。

5. 服务人员只提供有限的服务，如清扫地面和桌椅，客人接受半自助式服务。

6. 工资低廉及食品成本较低，使菜品价格便宜，受到大众欢迎。

7. 装饰突出主题，广告比当场的推销活动更有助于创造用餐气氛。当今世界，麦当劳和肯德基是快餐店经营最成功的典范。

8. 较成功的快餐店大多采取连锁经营的形式。

9. 快餐店正在向规模化、集团化、连锁化方向发展。

三、点菜式自助餐馆

点菜式自助餐馆（Cafeteria）是快餐馆与传统自助餐馆相结合的一种经营方式。客人沿着餐馆设计的柜台按流水线方式向柜台内服务人员点取所需菜品，其中部分菜品是在客人点叫后现场烹制的，大部分菜品需提前烹制，客人取完菜后在柜台终端结帐。点菜式自助餐馆多设在学校及大型企事业单位内。其特点是：

1. 装潢讲究实用。
2. 没有印制的菜单。菜品标有名称并展示给客人，部分菜品当场配制。
3. 食品的平均价格较低。
4. 有明显的顾客购买通道，顾客按次序向柜台内的服务员点菜。
5. 饮料在柜台终端的银台处供应。顾客自由取用咖啡、塑料餐具、餐巾和糖块。常常在队伍尽头的地方安置一个食品箱架，内有听装饮料、牛奶、乳制品、水果和甜点。有时用自动售货机供应。
6. 服务人员较少。

四、火锅式自助餐

自助火锅是在传统火锅的基础上与涮锅方式相结合，由客人自己选料，利用现代餐饮的设备、器具自己煮涮烤的一种餐饮方式，其主要特点是：

1. 原料自选

该餐馆中服务人员一般提前将各种原料洗切、加工好，陈列摆放在柜台上，由顾客自选自取。火锅原料多以鱼、虾、蟹等生、活海鲜为主，辅以新鲜的蛋、肉和蔬菜等数十种生熟原料。

2. 客人自行烹制加工

自助火锅近似于分食制，涮、煮自由，即每人配备一只小火锅，顾客可以将自己选取的鱼、虾、蟹、肉、豆腐、青菜等各种原料在火锅内加热后食用。客人可以按照自己的口味将辅料烹制加热，但在特色火锅的餐厅内，有专门人员向顾客提供配料服务，顾客在配料的基础上自行加热,即可品尝到独具风味的菜肴。自助火锅自我烹调的形式较好地解决了厨师们比较头痛的"众口难调"的问题。客人又能在自我挑选、加工、品尝中自我陶醉,寻找乐趣,所以深受人们的喜爱。

3. 自助火锅客人需花相当多的时间选取食品原料,回到座位上自行烹调,增加了顾客的参与性,且有助于形成轻松、热烈、愉快的气氛,便于社会交往。

五、超市餐饮

超市餐饮是借鉴零售业中超市的布局原理,即开架陈列、自我选择等方式,结合餐厅经营特点改良而成的独特经营方式的餐厅。它改进了封闭式的厨房操作的模式。

一般餐饮超市分为选食区,食街区,操作区,就餐区。

(1)选食区内的食品琳琅满目。各种海鲜、肉禽、蔬菜、饮品、调料、水果等一应俱全,消费者既可以自选熟食食用,也可选半成品及鲜活食品送去加工,顾客在选料时享受到一种逛超市的乐趣。

(2)操作区是透明式的厨房,消费者可以自选厨师,观看挂牌厨师表演,也可亲自动手烹制。

(3)食街区是现代化的大排档,现制现吃,整个过程明朗化,气氛热闹,情趣盎然。

(4)就餐区布局整齐有序,干净舒适,音乐舒缓,服务彬彬有礼,环境温馨幽雅。

超市餐饮由于单位成本低,价格低,经济实惠,从而吸引了众多消费者。超市餐饮的主要特点包括:

1. 借鉴零售业超级市场的原理,开架陈列,自由选择

顾客自选原料,能最大限度地保证所用原料的新鲜度,满足了消费者对菜肴新鲜、洁净、卫生的需求,现宰现做提高了顾客对菜肴质量的信任度。

2. 充分运用先进的冷藏设备和保鲜技术

超市陈列的开启式、透明化的布局,要求原料、菜肴有良好的保鲜环境以满足顾客对原料鲜活的需求,超市餐饮在冷藏、保鲜技术和设备

上要求较高,因此在经营管理上向标准化、专业化和科学化方向发展。

3. 当场过磅,明码标价

当场过磅可以使顾客产生斤准量足、货真价实之感。

4. 自选口味,当场烹制

消费者的口味各不相同,由顾客选定烹饪方式,能最大限度地满足更多顾客的不同口味,而明炉烹制过程,也使顾客对厨房卫生情况一目了然。

5. 厨房透明化、开启式布局,烹制、用餐环境更卫生

打破传统前堂后灶的经营布局,采用厨房透明化或开放式,强化了厨师和服务人员的卫生意识,使顾客对厨师、炊具、炉火、烹制过程一目了然。

第三节 餐饮创新经营类型

随着现代化加工设备、运输条件的出现,人们经营观念的变化,一些新兴的餐饮经营方式正在不断发展和完善。

一、外卖餐饮经营形式

外卖式餐饮适应现代餐饮业发展的新形势,外卖餐饮主要是把餐馆烹制好的菜品,采用保温式运输设备,按顾客的时间要求送到指定就餐场所的经营方式,开辟了大众消费的新领域。

1. 外卖形式种类

(1)电话订餐。

顾客在家中、公司或其他地方,因工作繁忙等各种原因不能到餐厅就餐,可以通过电话预定,由餐厅送餐上门。

(2)公司午餐。

餐厅为固定的公司、企业制作午餐并按时将午餐送到企业。

(3)零点外卖。

指顾客在餐厅点菜后,带出餐厅的外出消费。在国外一些餐厅设有专门为驾车而来的顾客服务的窗口,使顾客不用下车,在车内点菜,然后带走食品的服务形式。这种经营方式不但节省了顾客的时间,而且又没有占用餐厅的座位,有利于餐座的周转。

2. 外卖式餐饮的优点

(1) 方便顾客。

外卖式经营方式面向没有时间光顾餐厅的顾客,为他们提供方便。如果顾客在公司因业务太忙而无暇抽身,就可用电话定餐来解决用餐这一难题。下班的人们如果不愿回家烹制,则可以买几套菜品拿回家去慢慢享受。这种餐饮形式适应了快速发展的经济生活和个人生活,为人们带来了极大的方便。

(2) 避开餐饮企业营业高峰,节省就餐空间。

很多外卖都是提前预定的。所以餐厅可以有计划地进行准备、制作、送餐服务,同时又避免了顾客在同一时间内挤占就餐座位的局面。

(3) 提高了企业的经济效益。

搞活餐饮企业要正确处理好少数和多数的关系。在市场定位上走出高消费的误区,坚持薄利多销,诚信待客。

外卖式快餐是在人们工作强度、生活节奏加快的情况下产生的,它以快捷、方便、带到哪儿可以吃到哪儿的特点吸引了广大的消费者。象比萨饼、汉堡包的外卖就是上班族极其熟悉的快餐。

二、无店铺餐饮形式

餐饮业一向以坐地经营、就地消费为特征。然而随着市场竞争日趋白热化,很多经营者改变观点,推出一种新的餐饮经营的形式——无店铺经营形式。无店铺,指没有提供固定的就餐场所的餐饮形式。无店铺餐饮经营方式只需一间办公室,一个原料加工车间,由合同厨师按要求到指定地点烹制美味佳肴的经营形式。以标准化的菜单向顾客提供上门服务,顾客只需电话预定,公司的厨师就会带足原料在顾客的家中或企业的厨房现场烹制,现场服务。这种餐饮形式主要有以下几种优势:

1. 对餐饮企业来讲,不用店堂,不用餐位,不用服务人员,节省了一笔巨大的开支,从而降低了成本。

2.对消费者来讲,能足不出户就可以在家中或企业内享受到专业厨师烹调的美味佳肴,用餐过程没有时间限制或约束,能创造符合家庭和企业特殊活动需要的轻松自在的气氛。无店铺经营这种方式因为成本低,所以菜品售价也低。最令人感兴趣的是专业厨师去家里烧制,一份菜单就代表了一桌丰盛的家宴。既省去了繁琐的家务劳动,又能够足不出户品尝了佳肴美味。无店铺经营是一种经营观念的突破。

三、休闲餐饮经营形式

休闲餐饮指娱乐休闲与餐饮经营相结合的经营方式。

1. 休闲餐饮经营的形式

现代娱乐形式与餐饮经营相结合的方式较多。不同的娱乐形式与餐饮经营相结合,给顾客的感受,以及起到的效果和作用都是不相同的,同时不同的娱乐形式对餐厅的要求也不尽相同。

(1)餐饮经营与西洋音乐相结合。

西洋音乐一般有钢琴、小提琴、萨克斯及小型乐队演奏。主要在西餐厅用来营造一种优雅、高贵的气氛。一支支动人心弦的乐曲,柔和的灯光,摇曳的烛影,使人仿佛置身于中古时期的欧洲皇家宫殿中,顾客可以在就餐过程中起身随乐起舞,享受贵族般的礼遇。餐厅经营中引进西洋音乐,要求餐厅的环境布置也要相应地具有西方特色,并能体现一种高贵、优雅的情调,这样才能达到宾客追求的气氛。

(2)餐饮经营中的民乐演奏。

民乐融入餐饮经营在我国已有悠久的历史,只是不同时期所起的作用大小不同。民乐具有相当高的艺术品位和民族文化特色,能吸引许多中外宾客,并带动了餐饮经营,刺激了消费。

(3)餐厅中的歌舞表演。

具备一定场地条件的餐饮企业配备或设计一定大小的演歌台,具有民族特色的歌舞表演能吸引一些有较高文化素质的国内外宾客光顾,餐厅经营的收入也会随之上升。

(4)餐厅中的曲艺表演。

相声以语言为工具,凭借演员富有变化的说、唱、手势、身姿及步伐,就可以表现出复杂的场景和情调。目前,餐厅中的相声表演变成开心果的主题节目之一,让人在就餐中开心放松。另外,餐厅中还可引进杂技、魔术等表演节目。

(5)餐厅中的时装表演。

随着人们生活水平和审美观念的提高,时装以其不可掩饰的无穷魅力越来越为人们青睐。在宴宾之际,欣赏一场高水平的时装表演,不仅可以给人以综合性的美感享受,也显示了高雅的艺术情趣。表演时,时装模特儿借助形体和动作表达时装的时代感和美感,顾客在用餐的同时,体会到音乐的节奏美,观赏到体态的动作美、造型美,色彩的视觉美。

(6)餐厅中的歌舞。

强调宾客的参与性,要求全身心的投入,尽情的舒展和放松。人们在豪华、讲究的优雅气氛中边进餐,边品饮料,边交流。听到熟悉的乐曲再潇洒地舞一回,真是惬意之极。餐厅中,客人可以热情地舒展舞姿,也可以静静地欣赏音乐。

(7)餐饮中的其他休闲方式。

现代餐饮企业中将一些休闲方式引入餐厅,如将垂钓休闲与餐饮经营相结合,使餐饮企业经营内容更加广泛,吸引力更强。

2. 休闲餐饮的功能

休闲餐饮能够满足消费者的精神需求,赋予餐饮企业新的功能——社交功能和商业功能,给餐饮经营者带来了丰厚的利润。同时,也给企业及社会带来一些有益的作用。娱乐形式与餐饮经营结合,满足了顾客的多种需求,餐饮企业成了赋予新功能的餐饮企业。

(1)餐饮创新经营的社交功能。

餐饮与娱乐活动相结合,增加了人们相互交流的时间和机会。人们在各种娱乐活动中可以结识朋友,扩大社交圈。通过各种娱乐活动来表达对朋友的祝福、思念等情感。同时通过共同的爱好,使朋友间加深了解,也可使素不相识的人共坐一桌来谈天说地,互相交流。因此,休闲餐饮具备了社交的功能。

(2) 商业功能。

在就餐过程中谈生意,和谐优雅的环境可以淡化彼此的分歧,优美的音乐使人情绪缓和,可以增加彼此间的了解,愉快地达成协议,完善了餐厅的商业功能。对于习惯在饭桌上谈生意的南方客人来说,从传统饭店走向有娱乐设施的饭店进行生意洽谈,更是他们渴望已久的。

(3) 休闲功能。

娱乐项目使传统的以饮食为经营内容的餐厅增加了休闲的环境和氛围,增加了就餐的情趣。人们通过餐饮中的娱乐活动来表达自己的情感,叙说心事。另外,在餐厅中舞一回或唱一曲,潇洒的舞姿或甜美的歌喉会引起其他人的羡慕和赞赏,消费者本人的自我实现心理也就会相应地得到满足。餐厅的新功能弘扬了传统的饮食文化,而且把餐厅、娱乐与文化一起带入经济活动当中,给餐饮经营带来了生机。

另外,还需注意娱乐形式与餐饮经营相结合时处理好两者的关系,不要顾此失彼,应使两者平衡发展,以娱乐带动餐饮,使娱乐活动与餐饮经营处于同样重要的位置。娱乐业的兴起和发展,给餐饮经营者带来了丰厚的回报,使餐饮经营者非常注意娱乐的发展。目前,我国的一些餐饮企业中,娱乐形式越来越多,范围越来越广,规模越来越大,在总收益中占很大的份额。在这股潮流下,有的餐饮经营者迷失了方向,全力投入到娱乐经营中,以为只要有娱乐项目就可以吸引顾客,而忽视了餐饮质量。其实,娱乐活动使顾客心情舒畅,舒适愉快,但无精美可口的菜品同样也会令顾客失望。就餐环境的恶劣更会使顾客望而却步。因为顾客追求的是一种配套的、完美的服务,其中一个环节出现质量问题就会导致客源减少。失去了客源的餐饮企业,其经济效益当然不会好。不好的经济效益导致企业无法生存和发展,优势也会失去。因此,娱乐形式与餐饮经营相结合,必须要二者兼顾。

娱乐形式与餐饮经营相结合的最终目的是带来经济效益。娱乐活动无论是免费开放还是计时收费,都应该把各种消耗计算在成本之内,各种收益也要计算在利润之内。因此,在对娱乐项目进行投资时,要认真分析其可能带来的经济效益以及对餐饮所起的作用。如果只追求眼前的利益或盲目随从,就会造成大笔资金的积压,不仅无法带动餐饮经营取得较好的收益,而且还使资金无法回笼,经济损失巨大。将娱乐形式与餐饮经营相结合时,一定要进行科学的、理性的分析,真正使娱乐活动能带动餐饮经营的发展,真正给经营者带来预期的经济效益。

四、餐吧

餐吧是餐厅与酒吧相结合的餐饮经营形式,是一种新兴的餐饮经营类型。餐吧既有酒吧式的环境氛围,又有餐厅经营的品种,目前在深圳、广州等地较为流行。餐吧经营的菜品以西餐为主兼营中餐,饮料比较齐全,既有佐餐用的酒水如葡萄酒等,又有满足人们休闲用的饮品如咖啡、茶等各类非酒精饮料、鸡尾酒等。餐吧在经营时间上不分早、中、晚时间段,随时提供服务,直到凌晨2点。如深圳的品上品咖啡地带、本色酒吧等。

第四节 餐饮类型与组织机构

一、餐饮类型决定组织机构设置

组织机构是为完成经营管理任务而结成集体力量,在人群分工和职能分化的基础上,运用不同职位的权力和职责来协调人们的行动,发挥集体优势的一种组织形式。

餐饮企业是由各种不同类型的餐饮经营形式组成的。餐饮类型多少及规模大小都会影响到餐饮企业组织机构的设置。餐饮组织机构是为业务经营活动服务的。组织机构的规模、形式和内部结构必须在符合餐饮经营类型的前提下满足经营活动的需要。

组织机构是有效开展餐饮经营活动的组织保证。组织管理学家巴克斯克先生指出:领导的职责就在于成功地设计一种组织,并委派最恰当的人选,然后致力于按照组织原则促使大家去达到目标。餐饮组织机构就是这种组织原理的具体运用。

二、餐饮组织机构设置的原则

1. 精简与效率相统一的原则

组织机构设置直接地影响企业的经营效率和间接成本。管理人员、专业人员、服务人员的多少直接与工资、奖金、福利以及人事开销如培训费等直接相关,人员的素质直接涉及到设备的运行、工作效率等。所以,组织机构设置应精简,能够用最少的人力去完成任务。精简的目的是为了使信息沟通顺畅,职责分工明确,工作效率提高,成本降低。因此,精简和效率相统一的主要标志是:配备的人员数量与所承担的任务相适应,机构内部分工粗细得当,职责明确,每人有足够的工作量,工作效率高,应变能力强。

2. 专业化和自动调节相结合的原则

餐饮管理是一项专业性很强的工作,必须保持组织机构内部的专业分工明确,职责范围要清楚。各级管理人员和职工要接受一定的专业训练,具有一定的专业水平和能力。组织机构要有相对独立性,各类管理人员在职责范围内能够独立开展工作,能够灵活处理同客观外界环境的关系,具有一定灵活性。专业化和自动调节相结合的主要标志是:组织机构大小同企业等级规模相适应,内部专业分工程度同餐饮经营类型、接待能力相协调,专业水平和业务能力同工作任务相适应,管理人员能够在不断变化的客观环境中主动处理问题,具有自动调节的功能。

3. 管理层次明确和权责相一致的原则

餐饮管理是运用职位的权力去完成管理任务。餐饮企业组织层次的结构、平均管理幅度、授权的范围与程度都影响管理任务的完成。一般餐饮企业实行三级管理,即总经理、部门经理、基层经理。只有层次明确,才能赋予相应的责任。责任是权力的基础,权力是责任的保证。餐饮组织机构坚持责任和权力相适应的标志是:组织机构的等级层次合理,各级管理人员的责任明确,权力大小能够保证所承担任务的顺利完成。责权分配不影响各级管理人员之间的协调与配合。目前,由于科技手段的运用,在组织设计中一般趋向于减少管理层次,增加管理幅度,使企业达到高效运转。

三、餐饮组织机构的一般模式

餐饮管理组织机构的具体形式主要受企业类型、规模、接待能力等因素的影响。下面是一般模式的组织机构图。

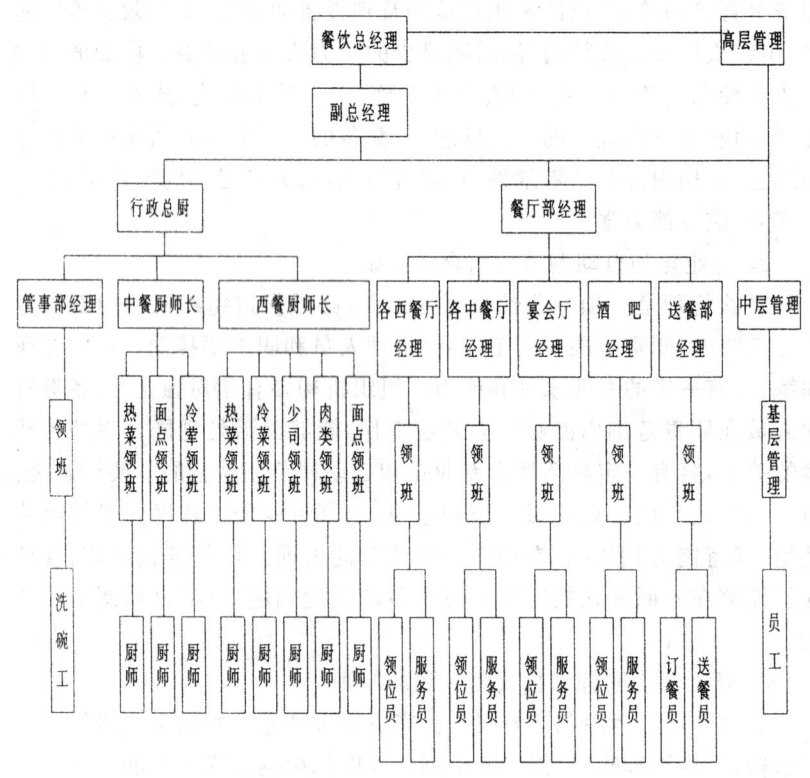

图3-1 餐饮组织机构一般模式图

1. 餐饮组织机构规模

确定餐饮管理组织机构规模的主要依据有以下几方面：

(1)餐饮类型。

实现单一化经营餐饮类型，如独立经营酒吧、啤酒屋、快餐厅等，其组织机构越简单，职责就越明确。一个综合类型的餐饮企业一般都设有中餐厅、西餐厅、咖啡厅、宴会厅、酒吧间和自助餐厅等各种类型的餐厅,有的多达十几个,甚至几十个,涉及到的人员、部门较多,不仅各餐厅专业化程度高,而且厨房分工与此相适应,组织机构必然较大。

(2)餐厅接待能力的大小。

餐厅接待能力是由其座位多少决定的。餐厅座位越多,规模越大,用人越多,与此相适应,厨房规模也越大。反之,餐厅座位少,组织机构的规模也相应较小。总之,餐饮组织机构的规模必须和餐厅的接待能力相适应。

(3)餐饮企业经营的专业化程度。

餐饮企业一般采用附属其他企业经营和独立经营两种类型。如餐饮企业不是一个独立的企业,而是附属于宾馆、商场、其他企业等组织机构的一部分时,餐饮管理中所需要的工程、财务、安全、培训、人事劳动等管理工作就由企业职能管理部门承担。因此,餐饮管理组织机构的规模可以相对较小。独立的餐馆、餐厅、酒家等,需要建立全套组织机构,在与前者的餐厅接待能力相同的条件下,组织机构的规模则相对较大。

(4)餐饮经营现代化程度。

一般采用现代计算机技术、自动化设备等手段的餐饮企业,信息沟通较为顺畅,通常可减少管理的层次,增加管理的宽度。反之,传统餐饮企业管理层次多而宽度缩小。

2. 餐饮管理组织机构的内部分工

餐饮管理组织机构的内部一般可分5个方面的工作:

(1)组织决策工作。

组织决策属于餐饮高层管理工作,以企业主管业务经理和餐饮部经理为主。主要负责企业餐饮管理经营方针、经营策略、管理目标的制定,全面组织业务经营活动的开展,控制企业经营方向。完成这些管理工作,要组织市场调查,搞好销售预测,制定经营计划,合理安排人员,做好资源配备,调动全体职工积极性,保证计划任务的完成。

(2)食品原材料供应。

食品原材料供应主要由采购、验收、储藏部门负责。它要求根据餐饮经营计划和生产业务活动的需要,制定采购计划,组织采购业务,控制采购成本,做好入库验收、库房管理、领料、发料等日常管理工作,保证厨房生产的需要。

(3)厨房生产过程组织。

厨房生产是餐饮管理的中心环节,主要由厨师长负责。其任务是选择经营风味,安排花色品种,制定菜单;合理安排生产任务,做好粗加工、细加工、炉灶制作、冷荤、面点制作等生产过程的组织,确保产品质量。

(4)餐厅销售及服务管理。

餐厅销售及服务是满足客人需求的最终体现。它直接影响服务质量和企业声誉,是扩大产品销售的重要环节。餐厅销售及服务管理主要由餐厅经理负责,它要求根据餐厅服务程序,组织服务员有针对性地提供优质服务。

(5)餐饮成本核算。

成本核算是控制成本消耗、提高经济效益的重要手段。餐饮成本核算一般由财务部成本核算员负责。其管理工作主要是按照管理层所提出的要求,制定标准成本和成本定额,核算实际成本消耗,提出改进措施,确保餐饮管理经济效益的实现。

总之,餐饮管理组织机构内部分工的专业化程度,各企业并不完全相同,主要取决于组织规模的大小,也需根据各企业的实际需要确定。

3. 餐饮管理的人员编制

人是生产力中最积极、最活跃的因素,因为餐饮业是一种劳动密集型行业,而且提供的是面对面的服务,根据各人所长安排合适的岗位,对餐饮企业显得尤为重要。确定人员编制、合理选配人员是做好餐饮管理的前提和基础,也是搞好餐饮经营最重要的条件之一。在实际工作中,影响餐饮人员编制的主要因素包括以下各项:

(1)餐厅档次高低和座位多少。

餐厅档次越高,座位越多,服务质量要求越高,分工越细致,必然用人越多;反之,低档餐厅、座位较少的餐厅,必然可以少用人。基层服务人员的多少直接影响餐饮管理的人员编制。

(2) 市场状况和座位利用率高低。

市场环境越好,用餐客人越多,必然提高餐厅座位利用率,服务员的劳动定额,即能够看管的座位数,必然相对减少,服务员人数则相对增加。反之,市场环境不好,或大的市场环境较好,而本餐厅的座位利用率较低,服务员可一人多岗,也会影响管理人员编制。

(3) 厨房生产能力和技术设备状况。

厨房生产能力以炉灶多少为主要标志,它与餐厅接待能力是相适应的。厨房生产能力越强,炉灶数量越多,用人必然越多;反之,厨房技术设备越先进、越科学合理,劳动效率被大大提高,则只需较少的管理人员就可以控制整个厨房。

(4) 餐饮经营的季节波动程度。

餐饮经营有一定的季节波动性。季节不同,餐厅座位利用率的高低也不同,从节约人事成本、降低人力资源浪费、合理使用劳动力、便于管理的要求来看,餐厅人员编制应以平季为基础。旺季人员不足时,可以利用短期合同工或利用淡季安排员工休假、旺季不休假来调节。淡季人员富余时,又可多安排休假或开展员工培训,从而可以减少人员编制。

(5) 员工技术熟练程度。

餐厅员工素质越高,操作技术越熟练,每个服务员能接待的客人数量可以相对提高。餐饮企业就会形成一支少而精的员工队伍,人员编制自然简单。

(6) 班次安排和出勤率高低。

在餐饮经营中,员工上班一般执行两班制,即早、晚班。日夜餐厅三班倒,必然增加用人。此外,每周工作天数也是影响餐厅人员编制的重要因素。

思考题

1. 餐桌服务型餐馆的特点及其发展趋势是什么?
2. 豪华餐馆为什么要强调提供一流的厨师和服务人员?
3. 主题餐馆的经营特征及经营风险体现在哪些方面?
4. 比较自助餐与快餐店的异同。

5. 比较无店铺经营与外卖餐饮的异同。
6. 休闲餐饮形式的发展说明了什么?
7. 怎样理解餐饮企业经营类型的不同导致资源配置的不同?
8. 为什么餐饮企业组织机构设置要与餐饮经营类型相一致?

第四章 餐厅设计与厨房规划

学习目的

通过本章的学习能够从整体上形成对餐饮企业的各个功能区域的作用、特点以及布局的认识,并学会用科学的方法和现代管理理论进行有效的设计和规划。

主要内容

● 餐饮企业的空间划分

餐饮企业功能区域　厨房与餐厅的空间确定

● 餐厅设计布局

餐厅设计与布局　餐厅气氛的设计

多功能厅、雅座、KTV包间的设计

● 厨房规划布局

厨房设计　厨房作业区规划

厨房基础设施布局

教学指导

本章教学过程中要组织学生到当地大型或有特色的餐饮企业进行现场参观。

第一节 餐饮企业的空间划分

一、餐饮企业功能区域

现代餐饮企业是由多个功能区域组成的营业场所,区域的分配与布置要结合企业类型、餐厅经营的要求以及最方便顾客和安全操作的原则来确定,同时还要与卫生、防疫、消防安全等特殊要求同步考虑,并有利于高效率经营。

一般餐饮企业从整体上可分为两个大作业区域,即厨房与餐厅。

1. 厨房

厨房是准备原料和烹制菜肴的区域,其中包括库房、冷藏室、消毒间、清洗间、面点房、保温柜、粗加工区、精加工区、炉灶区、备餐间等。

厨房内的主要设备有洗碗机、消毒柜、案板台、冰箱、点心机、抽油烟机、库房货架、开水器、炉具、推车、餐具、保温柜(台)等。在特殊情况下,还要有上菜梯。

2. 餐厅(一般综合性餐厅)

餐厅是接纳顾客用餐的场所,其中包括:迎宾台、多功能厅(龙凤厅)、雅座区、单间、烹饪表演区、休息区、舞台、海鲜池、酒吧区、更衣室、餐具柜、卫生间等。

餐厅内的设施物品包括:餐椅、餐桌、台布、酒水设备、台号牌、点菜单、陈列柜、收款台、酒吧台、咨询台、屏风隔断、花槽等。

二、厨房与餐厅的空间确定

厨房和餐厅的空间划分是餐厅布局中最关键的问题,因为,一方面餐厅面积的大小关系到餐座的多少、接待能力的大小,另一方面还要考虑到厨房的位置应最方便于进货。在一般情况下,餐厅与厨房的面积比为 6∶4,在许多情况下也可用 7∶3 的比例,另外还要根据餐饮企业类型、经营风格等因素来确定。

1. 根据营业收入的预期来决定餐位数

例如：某小型餐饮企业预计年最低营业收入为 200 万元

$$每天营业收入为 2\ 000\ 000 \div 365\ 天 = 5\ 480\ 元/天$$

预计营业收入中，早餐收入占 7%，午餐收入占 30%，晚餐收入占 63%，则每天三餐营业收入分别为：

$$早餐：5\ 480 \times 7\% = 383.6\ 元$$
$$午餐：5\ 480 \times 30\% = 1\ 644\ 元$$
$$晚餐：5\ 480 \times 63\% = 3\ 452.4\ 元$$

顾客平均消费额，早餐 8 元，午餐 20 元，晚餐 35 元，则三餐的就餐宾客数（小数点后加 1 位）分别为：

$$早餐人数：383.6 \div 8 = 48（人）$$
$$午餐人数：1\ 644 \div 20 = 82（人）$$
$$晚餐人数：3\ 452.4 \div 35 = 99（人）$$

因此，根据用餐人数为 99 人的最高标准来确定该餐馆所需的餐位数。如果预测餐厅座位周转率为 1.5，且尚需加 20% 的空位率，则该餐厅的餐位数为：

$$99\ 人 \div 1.5 = 66（餐位）$$
$$66\ 餐位 + (66 \times 20\%) = 80（餐位）$$

所以，该餐馆的餐位数应是 80 个。

2. 根据饭店客房数来确定餐位数

对于饭店所属餐饮企业可根据该饭店的客房数来测算餐位数。饭店中的餐厅就餐人数的预测取决于饭店客房数、高峰期客房出租率、平均每房住宿客人数、住店客人在本饭店餐厅就餐的比例以及非住店客人在本饭店餐厅就餐的比例。

$$\begin{matrix}计划就\\餐人数\end{matrix} = 客房数 \times \begin{matrix}高峰期客\\房出租率\end{matrix} \times \begin{matrix}住店客人\\就餐比例\end{matrix} \times \left(1 + \begin{matrix}外客就\\餐比例\end{matrix}\right)$$

例如：一家拥有 500 间客房的饭店，在高峰期客房出租率为 95%，双重出租率为 1.7,晚餐住店客人就餐比例为 65%,非住店客就餐人数为住店客就餐人数的 50%,晚餐供餐时间为 3 小时,平均每位客人就餐时间为 60 分钟,空位率为 20%,撤座摆台率为 15%,该饭店应设的餐位数为:

$$\frac{(500 \times 95\% \times 1.7 \times 65\%)(1+50\%)}{\frac{3 \times 60}{60 \times (1+20\%+15\%)}} = 354(餐位)$$

另外,设计餐厅的座位数要有一定的灵活性。因为人们通常不愿在拥挤不堪的餐厅中就餐,也不喜欢选择生意清淡的餐厅就餐。餐厅中顾客稀少会产生一种菜肴不受欢迎的气氛。同时餐厅中不同餐别需要的餐座数是不同的,这是由于不同餐别的座位周转率不同,不同的餐别的顾客人数也有差别。许多餐饮企业和饭店开设多个餐厅,企业可根据不同餐别座位的需要量开放餐厅,对餐座需要量少的餐别关闭一些餐厅,如饭店中早餐通常只在西餐厅中提供,而其他类型的餐厅不营业。

3. 根据餐位数和餐位面积确定餐厅面积

不同类型、不同规格的餐厅,其餐位面积要求亦不相同。一般来说,各种餐厅设置的餐位面积如表 4-1 所示。

表 4-1 餐厅的餐位面积对照表

类别	餐位面积(m^2/餐位)
咖啡厅	1.4~1.6
自助餐厅	1.2~1.7
豪华餐厅	1.5~1.9
普通餐厅	0.9~1.4
风味餐厅	0.4~1.8
快餐厅	1.1~1.4
宴会厅	1.1~1.3(舞池、乐队位置除外)
酒吧	1.2~1.4

据此,上例中普通餐厅使用面积应为 $112m^2$($1.4m^2$/餐位 × 80 餐位)。

同时,餐厅与酒吧的客容量视餐馆的规模、类型、地点及市场情况而定。对于大型饭店所属的餐饮企业来说,一个常用参考值是餐位与客房数目之比应为 0.75∶1,酒吧座位与客房数目之比则为 0.5∶1。在远离市区的度假型饭店中,宾客一日三餐都在饭店内进行,所以饭店就要设法灵活利用室外场地,如游泳池旁设快餐酒吧,或者设法提高就餐高峰时的餐位周转率。

4. 厨房面积估算

(1) 根据餐位数估算厨房面积。

不同类型的餐厅,由于其供应食品的种类、规格、数量不同,厨房的面积要求也有所不同。供应正餐的餐馆,因其供应食品种类齐全,烹调精细复杂,使用设备多,厨房面积也要相应地大一些,一般每一餐位需要 $0.5\sim0.8m^2$ 厨房面积;咖啡厅由于供应品种有限,烹调操作简单,其厨房面积较小一些,一般按每餐位 $0.4\sim0.6m^2$ 设计厨房面积;自助餐因供应量较大其厨房面积按每一餐位 $0.5\sim0.7m^2$ 设计。

(2) 根据就餐人数估算厨房面积。

通常厨房供应餐数与每餐每客所需面积成反比,即厨房供餐数越多,每客所需平均面积越小,一般规律如表 4-2。

表 4-2 不同供餐数时每客所需厨房面积对照表

每餐供餐人数	平均每人所需厨房面积 m^2/人
100	0.7
250	0.5
500	0.48
750	0.38
1000	0.35
1500	0.30
2000	0.28

第二节 餐厅设计布局

一、餐厅设计与布局

1. 餐厅设计的原则

(1)餐厅设计要符合经济、安全、高效的原则。

完美、合理的餐厅设计不是单纯的在材料上追求昂贵,而是要通过装饰布置、色彩线条来体现风格。餐厅设计要注意从以下几方面来考虑:

①经济性。要求设计出的餐厅在同档次中投资较少,而从投资空间获取最大的收益。由于餐厅面积的利用程度直接影响接待能力和营业收入,所以各种设计布置不应占据太多营业空间。

②安全性。是指餐厅内布局合理、实用,要保证用餐区内顾客、服务员、产品和设备的流动畅通,无安全隐患。具体包括在用餐区要为员工提供安全的工作空间,为顾客提供公共通道,保证用餐区的环境卫生整洁。

③高效性。要求用餐区的设计与布局便于员工高效率地工作。主要指:

用餐区设备、设施的维修方便,费用较低。

用餐区高效节能,如可以最大限度地进行自然采光,或者可以与饭店大堂共享喷泉流水等室内景观,既充分利用了餐厅营业空间,同时也给客人带来了乐趣。

餐厅设计要为顾客提供舒适的环境。

(2)餐厅设计应满足功能需要。

①在餐厅入口处设立收款员、引座员柜台,控制进出,结账收款,并设衣帽间。

②将餐厅分为若干小区,在营业低峰时可以关闭若干座位。

③餐桌规格要有大有小，以便招待人数不同的各批顾客。
④10%的座位要建成火车座式，供单身顾客使用。
⑤餐厅里应设食品陈列柜。
⑥大约每100个位子设一服务台，用于为顾客提供水、咖啡、换台布，置放从餐桌上撤换的餐具等。
⑦使用可变灯光调节装置，以便创造不同的用餐气氛。

2. 餐厅的店面设计布置

目前，餐厅在店面设计与布置上，摆脱了以往封闭式的方法，改为开放式。外表采用大型的落地玻璃使之透明化，使人一望即能感受到餐厅内用餐的气氛；同时注重餐厅门面的大方、气派和展示窗的布置，招牌文字的醒目和简明。

(1)餐厅的通道设计与动线安排。
①餐厅通道的设计布置应体现流畅、便利、安全的要求，切忌杂乱。

餐厅的平面设计，要求给人从视觉上富于统一的意念。所以在平面设计时，应运用适度的规律，以求取得平面变化达到完整与灵活的布局效果。

②餐厅动线是指客人、服务员、食品与器物在厅内的流动方向和路线。

客人动线。客人动线应以从大门到座位之间的通道畅通无阻为基本要求。一般来说，餐厅中客人的动线采用直线为好，避免迂回绕道，任何不必要的迂回曲折都会使人产生一种人流混乱的感觉，影响或干扰客人进餐的情绪和食欲，餐厅中客人的流通通道要尽可能宽畅，动线以一个基点为准。

服务人员动线。餐厅中服务人员的动线长度对工作效率有直接的影响，所以在原则上愈短愈好。在服务人员动线安排中，注意一个方向的道路作业动线不要太集中，尽可能除去不必要的曲折。如果考虑设置一个"区域服务台"，那么既可存放餐具，又有助于服务人员缩短行走路线的动线。如图4-1。

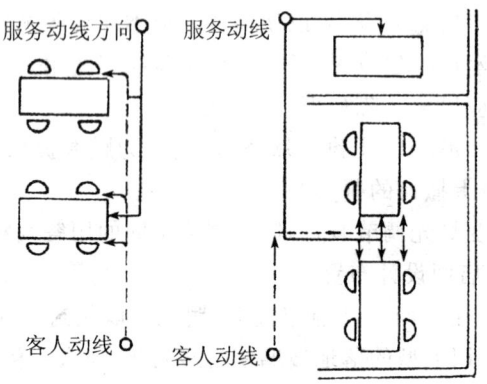

图 4-1　餐厅动线图

(2)餐厅的空间设计与布局。

餐厅内部的设计与布局应根据餐厅空间的大小决定。由于餐厅内部各部门所需占用的空间的要求不同,所以在进行整个空间设计与布局规划时,要做到统筹兼顾,合理安排。既要考虑到客人的安全性与便利性、营业各环节的机能、实用效果等诸因素,又要注意全局与部分间的和谐、均匀、对称,体现出浓郁的风格情调,使客人一进入餐厅就能在视觉和感觉上强烈地感受到形式美与艺术美,得到一种感观享受。餐厅的空间设计通常包括以下几个方面:

①流通空间(通道、走廊、座位等);

②管理空间(服务台、办公室等);

③调理空间(配餐间、展示厨房、备餐间等);

④公共空间(休息室、就餐区、洗手间)。

(3)根据厨房要求设计餐厅平面形式。

餐厅平面形式设计要根据厨房的要求、餐厅客室的种类及数量如多功能厅、雅座、单间等的划分来进行。现代餐厅平面设计大致分为两类。一类是传统的封闭式厨房的餐厅。这类餐厅中的就餐区和厨房相隔开。另一类是开放式的厨房,使厨房展示在客人面前,这种餐厅现在越来越受到顾客欢迎。

(4)餐厅的空间分隔。

从进餐者的感受和视觉特征变化来看,在没有遮挡的餐厅内,出现凹进或凸出物体,都能在人的视觉区域中,构成一个带有某种特点的空间。

餐厅的空间分隔的总体原则是使客人既能享有相当隐蔽的小区,又能感受整个餐厅的气氛。由于陈设的简繁以及空间曲折、大小、高低的不同变化,能产生出形态繁多的空间分隔。下面介绍一下餐厅的空间分隔常用的几种形式:

①软隔断分隔就是用垂珠帘、纬幔、折叠垂吊帘等把餐厅进行分隔,软隔断富丽、高档,一般应在有空调的餐厅中使用。

②通透隔断空间表现出传统的文化气息,通常是指挂落、落地罩、屏风式博古架、花窗墙隔断等,一般是将大餐厅变成若干个雅座时使用。

③列柱、翼墙是满足特定空间的要求而虚设的,列柱、翼墙有稳定、厚重的感觉。

④灯具对餐厅空间进行分隔,有一种隔而不断的感觉,达到一种特殊效果。灯具的布置起到了空间分区的作用,对于西餐厅和酒吧来说,是室内环境设计的常用手法。灯具分区的特点是,既保持了大的整体空间的气魄,又在顾客的心理上形成分隔,而且空气流通良好,视野宽广。

⑤矮墙分隔空间,使就餐者在心理上产生了一种自我受到保护的感觉。人们既享受了大空间的共融性,又保持了一定心理的隐密性,矮墙分隔同样具有灯具分隔的多种优点。

⑥升降高程划分,就是将餐厅室内的地面标高以局部提高或局部下降,用台阶作为联系的道路。一般以升高程用得较多,通过突出地面,暗示出两个空间区域。

⑦植物不仅可以限定两个功能不同的空间,还可以阻挡视线,围合成具有相对独立性的私密空间。植物本身就成为一种充满生机的"屏",隔而不断,使空间保持其完整性和开敞性。植物还可以调节室内空气,调节温湿度,改善小气候,增加视觉和听觉的舒适度。同时,由于人们对回归大自然的向往,对植物也有一种偏爱。

⑧装饰物的放置也可以暗示一个空间的结束,另一个空间的开始。

此时,它与半部通透的隔断或柱子,具有相同的作用,不会阻碍人们的视线,却阻碍人们的行动,从而给室内带来了丰富的空间层次。

按照空间构成的原理,多种类型的物体,都可以在分隔空间时加以利用,如花架、水池以及铺地材质的变化等都能起到分隔空间的作用。

3. 餐厅座位设计与布局

餐厅座位的设计、布局,是根据餐饮类型、厨房特色来进行的,对整个餐厅的经营影响很大。尽管座位的餐桌、椅、架等大小、形状各不相同,但还是有一定的比例和标准。一般以餐厅面积的大小、座位的需要数量作适当的配置,使有限的餐厅面积能最大限度地发挥其运用价值。

(1)桌椅的设计。

在现代餐厅中,椅子的功能,首要是满足客人坐的需要,其次才是满足美感要求。所以椅子的设计,首先要有舒适感,其关键在于座面要符合人体坐姿的自然曲线。另外,靠背的支撑必须切中人体上部的着力部位。

日本学者的研究表明,当座面高度为40cm时,腰部的肌肉活动最强烈。座面比40cm高或低时,肌肉活动都有所降低。这说明当人坐在40cm左右高的椅子上时,腰部不易疲劳。另外,椅子的高度应该比小腿的高度低2～3cm。

桌子和椅子之间的高度关系十分重要。从功能上看,餐桌最重要的尺寸是差尺,即从座面坐骨结节点到桌面的距离,而不是地面到桌面的总高度。这是因为人们使用餐桌时,当坐骨结节点的位置确定之后,这个坐骨结节点和肘的位置关系,变成了确定餐桌高度的重要依据,一般为30cm。

(2)餐厅座席的设计。

目前,餐厅中座席的配置一般要根据用餐人数、桌子形状来确定合适的座席数,做到既不使客人感到拥挤局促,又不使其感到相互间的疏远。

①圆形餐桌。按直径=15～20cm/人的比率来计算餐位数。如:110cm为5～7个餐位,250cm为12～14个餐位,或以圆台大小与人数关系以每人占60cm边长为最低限来确定餐位。

②长方形餐桌。根据用餐人数来确定不同的餐桌宽度和长度。如方长台：

2人，宽60~65cm，长72~85cm，高72cm

6人，宽75~90cm，长130~160cm，高72cm

8人，宽80~100cm，长160~180cm，高72cm

4. 辅助性营业设施的设立

餐厅中常设有一些为餐厅经营活动服务、便利客人的公共设施。

(1)接待室。接待室的设立是为了在餐厅客满时，客人不必站立等候，可以在设备设施齐全、舒适的休息室待位。接待室提供给客人一定的消遣的、可以打发时间的设施和用品，如电视机、报刊、杂志等，如有可能还可设立一个小推销站。如接待室空间宽敞，必要时还可作为小型会议场所。

(2)衣帽间。衣帽间通常设在靠近餐厅进口处，由专门服务人员管理客人的厚重衣物和帽子、手杖等用品。

(3)洗手间。评价一个好的餐厅是从装潢最好的洗手间开始，因为任何人都可以由洗手间的整洁程度来判断该餐厅对于整体卫生的重视程度，所以应引起特别注意。总的来说，洗手间的设置应做到：

①洗手间应与餐厅设在同一层楼，避免客人上下不便。

②洗手间的标记要清晰、醒目(中英对照)。

③洗手间切忌与厨房连在一起，不宜设在餐厅中间或者正对大门的地方，以免使客人产生不良的联想，影响客人的食欲。

④洗手间的空间能容纳3人以上。

⑤洗手间应设在排水方便的地方。

⑥附设的酒吧应有专用的洗手间。

(4)在餐厅一角设置专用的电话服务。

二、餐厅气氛的设计

餐厅的气氛是餐厅设计中的一项重要内容。气氛设计的优劣直接影响着餐厅对顾客的吸引力。

1. 餐厅气氛的基本概念

气氛是指一定环境中能给人某种强烈感觉的精神表现或景象。餐厅的气氛就是指餐厅内顾客所面对的环境。餐厅的气氛包括两个主要部分：一种为有形气氛，如位置、外观、景色、内部装潢、构造和空间布局等；另一种是无形的气氛，如服务人员的态度、礼节、仪容仪表、能力的气氛，这一部分是餐厅经理能影响到的。

2. 餐厅气氛的作用

餐厅有形气氛是餐厅整体设计的重要组成部分，这是因为有形气氛设计的优劣对顾客产生直接的影响，从而关系到餐厅经营的成败。在设计中应注意以下几点：

(1) 餐厅有形气氛与餐厅的其他设计工作应共同组成一个有机的整体，反映餐厅经营的主题思想。

(2) 餐厅气氛的主要作用在于影响消费者的心境。所谓心境就是指顾客对组成餐厅气氛的各种因素的心理反映。良好的餐厅气氛能给顾客留下深刻的印象，从而增强顾客的惠顾动机。

(3) 餐厅气氛设计是占有目标市场的良好手段。顾客的职业、种族、风俗习惯、社会背景、收入水平和就餐时间以及偏好等因素都直接影响餐厅的经营。餐厅气氛设计既要考虑到消费者的共性，又要考虑到目标市场消费者的特性，针对目标市场特点进行气氛设计，是占有目标市场的重要条件。

(4) 餐厅的气氛能影响消费者的行为，从而加速或延缓顾客就餐的时间。

总之，餐厅的气氛对餐厅经营的影响是直接的。要想设计良好的气氛，就要考虑到"舒适"这一标准。由于"舒适"的含义是抽象的，况且不同的顾客对"舒适"又有不同的标准，因此，要想达到"舒适"就必须深入地了解顾客的心理因素。这些心理因素通常是指顾客对餐厅光线、色调、音响、气味、温度等方面的感知。优良的餐厅气氛是这些因素的最佳组合。

3. 创造良好的餐厅气氛

餐厅的气氛是由内部气氛和外部气氛所组成的一个整体。餐厅的外部气氛是指餐厅的位置、名称、建筑风格、门厅设计、风景和停车场等方面的因素。外部气氛的设计要能够反映出餐厅的种类、经营特色,同时要考虑到对顾客的吸引力。外部气氛要与内部气氛相辅相成,共同形成餐厅的整体气氛。由于餐厅的外部气氛涉及的内容很广,也很复杂,这里就不一一阐述。餐厅的内部气氛是指足以影响消费者心理的各种因素。内部气氛的设计要比外部气氛的设计具体得多,其作用也大得多。成功的内部气氛设计完全能够控制顾客的情绪和心境,所以内部气氛的设计是餐厅气氛设计的核心部分。要想达到良好的内部气氛设计,通常要考虑如下几项基本内容:

(1)光线。

光线是餐厅气氛设计应该考虑的最关键因素之一,因为光线系统能够决定餐厅的格调。餐厅使用的光线的种类很多,如烛光、白炽光、荧光以及彩光等,不同的光线有不同的作用。

烛光是餐厅使用的传统光线。这种光线的红色焰光能使顾客和食物都显得分外漂亮。它比较适用于朋友聚会、恋人用餐、节日盛会等场合。

白炽光是餐厅使用的一种重要光线。这种光最容易控制。食品在这种光线下看上去最自然。而且,调暗光线,能增加顾客的舒适感,从而延长顾客的逗留时间。然而,白炽光的成本较高,一般适用在较为豪华的餐厅。

荧光是餐厅使用最多的光线。这种光线经济、大方,但缺乏美感。因为荧光中蓝色和绿色强于红色和橙色而居于主导地位,从而使人的皮肤看上去显得苍白、食品呈现灰色。美国宾夕法尼亚州立大学饮食管理系副教授卡罗琳·兰伯特博士认为荧光会缩短顾客的就餐时间。她说:"尽管餐厅有舒服的桌椅、柔和的音乐和周到的服务,然而光线(荧光)的效果却不一样。这些相互作用的因素必须综合考虑。"

此外,不论光线的种类如何,光线的强度对顾客的就餐时间也有影响。昏暗的光线会增加顾客的就餐时间,而明亮的光线则会加快顾客的就餐。

彩光是光线设计时应该考虑的另一因素。彩色的光线会影响人的面部和衣着。红色光对家具、设施和绝大多数的食品都是有利的,绿色和蓝色光通常不适于照射顾客,桃红色、乳白色和琥珀色光线可用来增加热情友好的气氛。

(2) 色彩。

色彩是气氛中可视的重要因素。它是设计人员用来创造各种心境的工具。不同的色彩对人的心理和行为有不同的影响。有些人认为,红、橙之类的颜色有激励的效果,其他如蓝色等冷色则有镇静的作用。一般说来,颜色对人的心境有如下影响,见表 4-3。

不仅颜色的种类对人的心理和行为有影响,而且颜色的强度也有此效果。例如明亮的蓝色有相同于红色的激励作用。

表 4-3 颜色对人的心境影响一览

颜 色	效 果
红 色	振奋、激励
橙 色	兴奋、活跃
黄 色	刺 激
绿 色	宁静、镇静
蓝 色	自由、轻松
紫 色	优美、雅致
棕 色	松 弛

在餐厅气氛设计过程中,要想提高顾客的流动率,餐室里最好使用红绿相配的颜色,而不使用诸如橙红色、桃红色和紫红色等颜色。因为橙红、桃红和紫红等颜色有一种柔和、悠闲的作用。在快餐馆的气氛设计中,鲜艳的色彩十分重要。这种色调配合以紧凑的座位、窄小而又不太舒适的桌子和火车座、明亮的灯光和快节奏的音乐,过分鲜艳的色彩、快节奏的背景音乐和嘈杂声使顾客无暇交谈,驱使他们就餐后快速离开这里。

反之,要想延长顾客的就餐时间,就应该使用柔和的色调、宽敞的空间布局、舒适的桌椅、浪漫的光线和温柔舒缓的音乐来渲染气氛,从而使顾客延长逗留时间。

另外,色彩还能够用来表达餐厅的主题思想。例如,美国多年前的海味餐厅多在墙上画着帆船航海图,或梁上悬挂着船灯、帆缆,甚至有救生艇。但是,现在的餐厅打破了原有的传统。设计家用冷色的绿、蓝和白微妙地表现了航海的主题。

颜色的使用还与餐厅的地理位置有关。例如,在纬度较高的地带,餐厅里应该使用暖色如红、橙、黄等,从而给顾客一种温暖的感觉。在纬度较低的地带,绿、蓝等冷色的效果最佳。

(3)音响。

音响是指餐厅里的噪音和音乐。噪音是由烹调、顾客流动和餐厅外部环境所造成的。不同种类的餐厅对噪音的控制有不同的要求。对于招待忙碌了一天的企业人员或顾客的餐厅来说,需要安静和优雅的环境,因此对噪音的控制较严。但是对于学生食堂就不同,这是因为学生在宁静的教室上了半天的课,喧闹的食堂会起到放松和休息的作用。

现代的研究已经证实,音乐确实对顾客的活动有一定的影响。明快的音乐会使顾客加快就餐;相反,节奏缓慢而柔和的音乐会给顾客一种放松、舒适的感觉,从而能延长顾客的就餐时间。因此,不同种类的餐厅要根据具体需要进行不同的背景音乐设计。

综上所述,餐厅的气氛是餐厅设计的重要任务。要想达到优良的气氛设计,必须深入研究目标市场,以及各种因素对顾客心绪和活动的影响。同时,要注意到这些因素之间的相互联系。餐厅管理人员必须与设计师、建筑师和顾客密切配合,共同创造出一种理想的餐厅气氛。

三、多功能厅、雅座、KTV 包间的设计

近年来,餐厅设计出现了一种新的方法,即在同一餐厅内设计几种不同格调、档次、大小的餐厅来满足不同就餐者的需求。餐厅各厅室的设计和面积功能分配应根据市场调研情况及餐饮规划来确定。大多数餐饮企业的多功能厅占的面积较大,也有雅间或单间占面积大的情况。

1. 多功能厅

多功能厅是餐厅的核心,它反映着餐厅的气势与风格。

(1)多功能厅的功能越多所需增添的设备就越多,既可以作摆设宴席的大厅,又可供一般客人就餐,也可供表演、娱乐和会议等使用。

(2)多功能厅要考虑一次能摆设多少席,因此,在布局中应尽可将

多功能厅的面积预留大一些。同时考虑到宴席的特点可能将桌椅布局集中一些,空间完整一些,在设计平面图时,应考虑多用 12 人座进行布局,其餐桌的直径为 1800mm。多功能厅基本格调应是大方、豪华、温暖、干净、热闹。

(3)在餐厅空间划分时,多功能厅与雅座并非作全隔式(即隔墙)处理,而是采用从地面叠级或用矮花槽或门檐等半隔断来划分空间,使其内外空间既相隔又相通,必要时可以连结使用。

(4)多功能厅通道设计中应考虑到主通道与次通道的分布,认真分析人流导向,一般主通道宽度应为 1500mm 左右,次通道为 500mm 左右。

(5)多功能厅的酒吧设计象征着餐厅的档次。其功能为收款、调配酒、零售烟酒等。

2. 雅座

雅座是指餐厅中比较优雅、优美、清静的、与其他散座区相区别的座位区。雅座往往为 2 人座与 4 人座(或 6 人座)。

(1)在平面布局中靠近餐厅里面或偏僻安静的地方可设为雅座区。它往往与多功能厅既在一个空间,又有一定形式的分隔,其设计上则与多功能厅的热闹、辉煌有完全不同的要求。它要求设计精致、高雅、僻静。

(2)雅座多采用叠级作地面处理,如地面材料相同则在天花板设计上有所不同,以作为象征性的空间划分。在考虑雅座区的天花板时,应着重在"雅"上作思考,过分的叠级,过多的变化等都将影响其"雅"的效果。

(3)在特殊情况下有些雅座由"卡座"(又叫火车座式)的形式所代替。

(4)在一般情况下,雅座的家具档次应不低于多功能厅的家具档次。

(5)有时在设计大型的餐厅时,将雅座作为风味餐厅来处理,其位置多数靠近厨房,以便于风味餐厅的厨房设备与其他大餐厅的设备共享。目前很多餐饮企业将雅座设计成为园林式的,给人一种回归自然的感觉。

3. KTV 包间（贵宾房）

单间在我国南方又称 KTV 包间或"卡拉 OK 间"，它以一种独立式的空间形式出现，其面积为 $14m^2 \sim 30m^2$ 左右，包间内有舞池的，面积可更加大一点。现代的单间由于设有舞池，以食、唱、跳三者相结合，使其发展到一种小型美食娱乐的形式。

在多数情况下，单间都以 12 人座一围式为标准座，但也有为签约合同和特殊庆典设计的 16 座一围的宴席座式的单间。另外还有以二围式、三围式等形式出现的较大的空间。

（1）KTV 的平面布局中，既要考虑餐桌位，又要考虑娱乐区的划分。即将电视、录放机定位，大单间还要将沙发与舞池考虑进去，在高级单间中还要考虑酒吧式服务台和卫生间位置设计，在设备上应增设电话等。

（2）KTV 设计应该考虑到吸音隔音的因素和回音的效果，一般墙面和地面都以吸音材料（如海绵、防水布、皮革、地毯等）来制作。

（3）KTV 的空间是独立存在的，故每一个单间都可追求完全不同的风格，可以适合客人多种的需要。

（4）KTV 最大的特色在于其隐蔽性。团体客人能享受到一种不受他人干扰、无拘无束的轻松感觉。

第三节　厨房规划布局

一、厨房设计

1. 厨房设计的要求

（1）处理好厨房与餐厅的关系。

厨房为餐厅服务，应该尽量缩短从食品制作地点到餐厅内最远处餐桌之间的距离。在小型餐馆里，服务窗口连通了厨房和餐厅，由于餐厅小，宾客和服务员都感觉不到有不便之处。但在大型的餐饮企业里，厨房与餐厅的连结如不合理，则可能严重影响服务速度、服务效率和餐饮质量。通常，服务距离由餐厅的形状和餐厅与厨房的相互位置和连结关系来决定。

厨房与餐厅的布置应在同一平面上。不应以楼梯踏步连接餐厅厨房，以免造成服务事故，无法避免高差时，应用斜坡处理，宜用防滑地面砖，并以色彩区别引起服务人员注意。

(2)以厨房为中心的平面布局。

在厨房内部应合理地缩短厨房工艺流线，减少劳动强度，减少运输中餐具的破损可能。

第一，食品原料从储藏库取出，一直到食品服务到餐桌全过程要流水作业。最理想的设计是餐厅与厨房直接相连，所有业务单元都分布在同一层面，包括原料验收场地、贮藏室、冷库、粗加工场、厨房和餐厅等。

第二，厨房工作中心的布局要紧凑。共同使用的设备要处在相对中间位置。这种安排能使饭店节省营业费用。但在较大的餐饮企业中却往往难于做到。

第三，当餐厅层面积有限，不能容纳全部厨房面积时，则可移出库房、冷库、点心间到上、下楼层，但此时要求它们与主厨房有良好的垂直交通联系。

(3)满足厨房的卫生安全要求。

厨房是餐饮企业中卫生要求最高的部分。餐馆设计过程中，当地卫生防疫部门、环卫部门对方案、初步设计直至餐饮企业建成验收，都要进行严格的审查。厨房设计要遵循厨房卫生标准及员工安全规则。

第一，厨房设计布局和机械设备安装必须有利于实施高标准的卫生、安全、防火措施。

第二，建筑物应该密封的部位必须严实密封，以防止尘埃灌入及蚊、蝇、蟑螂、鼠等侵入。

第三，应能开启的则必须能够开启，以利清洁打扫。

第四，各种机器设备应可以方便地拆卸、移动。

第五，餐饮企业还应依照消防条例，安装消防器材，建造疏散消防楼梯,以确保餐饮企业财产及宾客、员工人身安全。

(4)厨房布局应干湿分家、冷热分家。

点心制作、备餐间等要求干燥,洗碗间、蒸饭间十分潮湿,应使它们远离或避免相互干扰。热食品热服务,冷食品冷服务,冷盆间、厨房冰箱与烹调区域应冷热分家,避免相互影响。

(5)选用便于清洁的地面、墙面材料。

厨房卫生的重要性决定了厨房卫生工作的经常性。周期性打扫厨房已成为每个厨房的规章制度。

厨房水冲的机会很多,地面排水坡度应适当加大,地面排水沟比地漏更为实用。

(6)防止厨房油烟与噪音对餐厅的影响。

厨房的通风、排风处理不当会导致油烟弥漫到餐厅、客房,影响使用。现代厨房设计均采用厨房比餐厅空气压力低的方法来解决此问题。即厨房采取负压,并用增加换气次数(使换气次数在60~70次/小时)的方法,将烹调部分的油烟与洗涤部分的热量迅速排至室外。

为了防止噪音对餐厅的影响,餐厅与厨房之间可以通过备餐间的转折或过厅来过渡,备餐间、过厅起到声锁的作用。

(7)交通方便、通畅。

厨房、库房与供应入口应有方便、通畅的联系,主要通道应宽敞。

第一,餐厅和厨房的通道必须妥善布局,以避免宾客和服务员,服务员和厨师的行动路线相互交叉和碰撞。厨房与餐厅之间的连结处应当分别设有进、出两个通道。

第二,厨房操作单元合理布局,可以避免厨工互相碰撞,各操作点(炉灶、工作台等)的位置也应根据操作特点和出菜先后次序排列。

(8)餐饮设施面积必须充裕,并留有发展余地。

在进行设计规划时,应充分考虑餐饮企业各功能部门如食品验收、贮藏、粗加工、烹制、服务、洗涤、客用和员工用卫生间、存物间、衣帽间、办公室、电话间、锅炉房、空调、音响、照明等设施都有足够的面积。同时,在征用或购置土地时,除满足目前规模需要,还应尽量留有适当余地,以便将来增建其他设施。新设施不仅能够提高生产效率,而且还可以降低人工成本,保证生产质量。同时这些备用面积,往往比到时候另行购置要经济得多。

(9)良好的工作环境。

良好的工作环境有助于员工充分发挥工作效率,免除不必要的疲劳和不适。员工工作效率的发挥可受诸多环境因素和条件的影响,如温度、湿度、通风、照明、墙壁、天花板和地板的强度和颜色、机器噪音以及工作空间等等。因此,餐饮设施的设计布局除了上述各点外,还必须从员工角度考虑,顾及员工的实际能力,尽量创造舒适的工作环境。

2. 厨房设计要点

(1)厨房天花板高度。

厨房天花板太低,使人感到压抑,透气度也差。厨房天花板太高,又不符合经济要求,因为其建造、装饰、打扫、维修等费用都与厨房天花板高度成正比。较为常见的高度为 3.6~4 米,贮藏室可以适当低一些,这一高一低错落间可以用来装天窗通风口。

(2)墙壁和天花板平面。

①墙壁和天花板平面力求平整,没有裂缝,没有凹凸,没有暴露的管道。因为这些地方最容易积油积尘和滋生虫子。

②厨房的墙壁最好采用瓷砖、塑料之类的可洗物质铺面,以便清洗。也可以在2米以下部分用可洗物质铺面,2米以上部分用抗滴水漆漆墙,解决滴水问题,还应通过通风排风系统来帮助解决。

③厨房空气湿度大,厨房墙壁和天花板以平顶式为原则,屋顶需涂抹抗水白漆,以防灰尘等不洁物的下落。平面须能承受这种湿度,不要轻易用涂料,因为它容易脱落并可能污染食物。

(3)厨房地板。

厨房地板一般要求耐磨,不吸水,易于清扫,不沾油腻,即使地板很湿也不滑,在经受正常清扫,或受到重工具的压力和碰到高温用具的情况下,都不受损或掉色。地板要有一定的弹性,使工作人员走起路来感到舒服。地板颜色要求鲜明,能从心理上迫使人们注意保持厨房清洁。

(4)排水沟。

必须深度适当,防止逆流,出口处应有防鼠虫侵入的防范装置。

(5)厨房设计中还要注意以下几点:
①整个厨房要装备火警预报和自动灭火系统。
②冷藏库地面与整个厨房地面平齐。
③所有冷藏库与冷冻库要排列在一起,以节省能源。
④厨房与各餐厅、宴会厅、餐具间、舞厅之间要有一服务间,以备存放各种准备服务的菜肴与其他用具。宴会厅与服务走廊之间要有隔屏。
⑤餐具车的位置要处在从餐厅通向厨房的门内,便于随时放置从餐厅内撤下的餐具,并可直接送往厨房洗涤间。
⑥厨房通道至少宽1.1米(42英寸)。
⑦每件设备都要安装在坚实的地面上。
⑧餐厅收款员的位置要处在服务员来往必经之处。

二、厨房作业区规划

1. 厨房的组成

厨房由原料贮藏、原料粗加工、精加工、烹调、点心制作、备餐、洗涤、各类餐具仓库、熟食品冷藏室、保温柜与厨房管理区域等组成。

(1)原料贮藏区。

现代饭店的冷库一般均采用预制组合式冷库,这种冷库的壁板采用保温性能极高的材料,壁板之间有凹凸槽连接,安装方便、迅速,效果良好。冷库内应充分利用空间,制作尺寸合适的陈放架。

食品饮料仓库多直接与验收间或厨房毗邻,以后者更为适宜。食品饮料仓库必须实行24小时的管理,并安装安全设施。下面是各类仓库的名称及所占面积的比例:

①干货储藏　　30%
②食品冷藏　　25%
③食品冷冻　　10%
④饮料储藏　　15%
⑤饮料冷藏　　5%
⑥非食品储藏　　15%

厨房食品仓库设计的关键是将所有的冷藏、冷冻库并列布局,当采用大型冷藏和冷冻库时,需要将楼板降低(调节楼板的隔层)和共同使用普通保温墙及冷冻机系统。冷冻机的位置要与冷藏、冷冻库有一段距离。

(2)原料粗加工区。

西餐(国外)餐馆粗加工部分很小,这是由于进货的食品原料一般已完成粗加工的缘故。中餐烹饪原料进入餐馆后,要进行蔬菜挑拣、清洗,鸡鸭要进行屠宰、褪毛、内脏处理等等,所以粗加工部分面积也比国外餐馆的粗加工区面积大。随着食品供应质量的提高和配送中心的发展,中餐厨房的粗加工区将会缩小。粗加工区主要包括工作台与水池。

(3)精加工区。

精加工即切配。烹调师按照已定的菜单配料、切制加工,为下一工序烹调作好准备。分为蔬菜加工、肉类加工、糕点加工等。

(4)烹调区。

烹调是厨房中最重要的工序,烹调质量好坏直接影响餐厅的经营效益。中、西菜的烹调绝然不同,其设备与布局也各异。

①中餐烹调:一对中餐炉灶的平面尺寸为2300～2400mm×1100～1150mm,其中包括两个主火、两个支火、一个汤灶。厨师前面活动空间应有850～1100mm,另一侧应有给水龙头与排水沟。现代中餐厨房设备也已走向专门化,如中式炒炉、平火炉、蒸炉、烤炉、汤面炉、烤鸭炉等多种设备满足多种不同用途要求。

②西餐烹调。西餐把烹饪区分为主菜烹饪间、点菜制作间等。西餐炉灶有四头、六头、八头明火炉,有不附设烤箱与附设烤箱(一个烤箱或两个烤箱)的多种。西餐灶有用电或用煤气的,其他西餐设备有扒炉、炸炉、西式汤炉、热汤池、烤炉、西火炉等等。

(5)点心制作区。

制作点心的设备有发酵机、和面机等。点心制作应分为中点制作与西点制作,中点应配备蒸炉,西点应有面包机、烤炉等。

(6)备餐间。

备餐间是餐厅的后台,即餐厅服务员的取菜处。备餐间需有酒水冷库、柜台式冰箱、制冰机、冰淇淋机、榨汁机、烤面包机、调酒机、汽水机等。它负责向餐厅供应酒水,西餐供应咖啡、牛奶、黄油、烤面包或水果、冷饮等。

(7)洗涤区。

餐厅内使用过的酒水杯、盘碟、碗筷、汤匙等需在洗碗间内洗涤。大型餐饮企业中,此部分工作多由洗碗机完成。

现代洗涤机种类很多。常用的洗涤程序是倒掉污盘碟的垃圾后经热水冲洗。西餐采用流水线自动洗碗方式,水温一般为 80~85 ℃(绝大部分国外进口洗涤机以西餐为设计对象),中餐采用固定洗碗方式,水温应为 90~95 ℃。

(8)主厨办公室,员工洗手间。

(9)货物验收与垃圾堆放处。

货物验收与垃圾堆放处设在装卸平台附近,但两者之间须隔有明显距离。首先,要选择合适的地段,使运货卡车的进出不致影响宾客交通,并且要处在餐厅、酒吧及其他公共场所看不到的地方。其次,要靠近厨房,便于向厨房供应原料,运走垃圾。下面分别叙述有关方面的设计要求。

①货物验收。

- 装卸平台要高于地面,并能同时容纳两辆大卡车。
- 整个地段要有遮蔽,不能露天敞开,以保证安全与全天候作业,并避免气味、噪声外溢。
- 验收办公室的窗户要正对装卸平台与货物验收区,以便监督。
- 进出口及进出路线要分明,以免运货车与垃圾车互相干扰。

②垃圾处理。

- 垃圾堆放区要与装卸台截然分开。
- 堆放区内要有清洗垃圾桶的装置。
- 要有分别堆放干垃圾(如废纸)与湿垃圾(如厨房残渣)的地方。

2. 区域和部门的布局

(1)厨房区域。

厨房布局依据产品和工作流程,通常把厨房系统分成 3 个区域,每个区域再布局各自所需设置的部门,从而构成整个厨房体系。这 3 个区点布局和设备安排,既要考虑食品加工流程,作业动作,也要考虑操作人员人体伸展幅度,以保证每位厨房操作人员拥有足够的工作空间。一般来说,厨工操作时双手左右正常伸展幅度为115cm,最大伸展幅度为175cm,因此,工作台大小、工具用具的安放位置都不应超出人体伸展范围。下面是作业区和工作岗位布局的几种类型。

①L型布局,通常沿墙壁设置成一个犄角形。

②直线型布局,是将设备一字排列,工作流程从起端直线流向另一端终点。

③U字型布局,是将设备的摆放和工作流程设计成U字型。

④平行状的布局,是将设备分成两排,面对面平行排列或背对背平行排列。

3. 环境因素

环境工程学所研究的环境因素包括温度、通风、湿度、照明、噪音、气味、地面状况、美感和色调。

(1)温度。冬天理想的室温是18℃~21℃,夏天理想的室温是20℃至23℃。

(2)湿度。厨房中的相对湿度应介于30%至50%之间。

(3)通风。理想的设计是每隔2~3分钟就将厨房内全部空气排出去一次,即每小时换气20~30次。

(4)空气净化。空气净化有两种,一种是空气过滤,一种是控制灰尘。空气过滤又分两种。一是机械过滤,机械空气过滤器使杂质附着在纸板、玻璃片、玻璃纤维和炭粒等过滤中介上,这些材料使用后即行处理,不必清洗。二是电子空气清洁器和静电除尘器,可使尘粒带上电荷,然后将它们吸到带电极反电荷的收集盘上。控制灰尘的方法是使用经化学方法处理的拖把、抹布和清扫工具,清扫地面及墙壁灰尘。

另外,温度和湿度控制、空气流通和净化均包括在空调系统中。

(5)气味。气味控制通常包括两个方面。一方面是通过保持环境清洁卫生,废物妥善储藏、处理,防止产生异味。另一方面是进行通风和空气过滤,排除厨房烹调的气味。垃圾是异味的主要来源之一,餐饮企业可以采用冷冻垃圾房、增加清除垃圾次数、垃圾桶加盖或使用塑料垃圾袋即时处理等办法加以控制。

(6)照明。在厨房中,如果工作地点照明不足,不仅会损害员工的视力,降低工作质量,而且会导致工伤事故的发生。事实上,视觉紧张比肌肉紧张更容易引起疲劳。良好的照明包括下列因素:

①照度。整个厨房为30英尺烛光,关键地方为70英尺烛光,安全地带为15英尺烛光。

②光线分布。灯的安装必须注意避免产生阴影,而灯光的亮度也必须适当。安装浅色天花板有助于调节亮度和光线的分布。

③防止炫光。使用漫射灯光和间接照明。

④维修。对照明装置应该进行经常性的仔细维修,在选择灯具时应该考虑便于清洁和维修的因素。有的餐饮企业宁可定期同时换掉所有的灯泡,认为即使有些灯泡还可以继续使用,也不值得等它们坏了以后逐个地更换。

(7)噪音。工作环境噪音过大会直接影响工作的质量和效率,噪音控制包括两个方面:

①尽可能排除噪音的来源,可以采取在手推车和其他可以移动的设备上安装橡胶轮子,洗涤架铺设塑料或橡胶垫,避免金属瓷器的撞击,使用屏风或隔墙等方法。

②减少噪音的强度。经过消音处理的天花板对降低噪音强度非常有效。在地上铺设吸音材料也有助于减少噪音。在产生噪音的设备和工作台周围也可以用消音材料加以隔音。

另外,背景音乐可以使人提高工作效率,因此不妨在厨房播放音乐。

(8)地面状况。厨房地面首先考虑的是耐久、便于打扫以及成本费用。

(9)色调与美感。墙面应使用瓷砖或涂料而不要使用瓷漆,以免反光耀眼,同时深色与淡色的反差也不可过分强烈。

(10)清洁卫生。工作效率高的员工通常都有爱清洁和有条不紊的工作习惯。因此,管理人员除了经常检查卫生间和更衣室是否保持清洁外,还应提供整洁的工作服,而且不要以各种借口限制供应或者要求员工自己洗涤。

4. 工作简化和动作节约

厨房工作无论是批量生产还是手工操作,都要以提高生产效率为原则,使工作人员的体力耗费得最少。简化的过程包括节省多余动作、改进方法以及设备的合理安排和巧妙设计。

为提高效率,减少疲劳,还可以采用以下节约动作的原则：

(1)双手同时开始同时完成某个动作。

(2)双手必须反方向对称地进行运动。

(3)采用曲线动作,而不作直线动作。

(4)尽可能使用人体最小肢体进行工作。

(5)可以用脚操作的就不用手,以便用双手同时进行其他工作。

(6)工作地点所需物件的安排,应以工作人员随手可以取到为原则。

(7)尽可能利用地心引力。

(8)工具和用品应有固定存放处。

(9)尽可能使用两用工具。

(10)物品、炊具架子面向员工倾斜30度时取东西最为方便。

三、厨房基础设施布局

1. 厨房的供电设备

在餐饮企业中,厨房是用电设备比较集中的地方,因而要有单独的控制装置和超负荷保护装置。经过厨房的电线均应防潮、防腐、防热、防机械磨损。每台设备都应有可靠的接地线路,每台设备附近应安装断路装置加以控制。厨房的事故供电要求必须足以维持冷冻机、事故照明、主要通风装置和排水设备的运转。

2. 厨房的供排水系统

厨房的供水以餐座为单位计算,每日每餐座用水量为15～30升。

废水排放系统的主要问题是大块食物和油污堵塞,主要采用的处理方法有：一是使用各种回旋推进器和其他工具,将污垢送入大口径管道,或将其打碎再清除出去；二是将污垢堵塞在某一段管道中,用各种化学方法将其分解后再清除出去；三是将倒入下水道的物品事先处理,这样就不会堵塞下水道。

3. 通风系统

(1) 自然通风。

自然风的来源一是天窗口,二是机械送风系统,机械送风系统是通过机器设备把自然风净化,并作预热和预冷处理之后,再向厨房供新风。冬天至少应加热至 13 ℃,夏天应降至比室温低 8 ℃。

(2) 空调换气。利用空调系统使厨房定时流通空气。

(3) 通风罩。通风罩安装在炉灶上方,其高度要适当,既要便利操作又要避免厨师在热气弥漫中工作。

厨房通常要保持微小的负压,以便使外界空气进入厨房,而厨房内的油烟不外溢。产生负压的条件就是保证排风量略高于送风量。根据房间大小,排风量比送风量多 1%～5%。通风罩就是比较实用的使厨房产生负压的通风系统。

4. 厨房的照明设备

良好的厨房照明能保证烹调的准确性,提高劳动效率和减少工伤。因而厨房照明应尽量减少阴影。另外煮锅、炸锅上面的灯光颜色要适当,不能因灯光的颜色而干扰厨师对食品颜色的判断。还应注意当开启设备顶盖时或开柜门时,不要挡住光线。

厨房内的照明标准为,一般照明 200 勒克司,食品加工烹调 400 勒克司,储藏室、仓库、酒窖 200 勒克司。

思考题

1. 餐饮企业的主要功能区域包括哪些内容?
2. 餐厅和厨房面积的确定可依据哪些方法? 如何选用?
3. 餐厅设计中如何体现经济、安全、高效的原则?
4. 在设计和布局中,如何创造理想的餐厅氛围?
5. 厨房设计有哪些基本要求?
6. 你如何看待合理规划厨房作业区域与建立有效的厨房工作流程的关系?

第五章 菜单的设计

学习目的

通过本章的学习,了解影响菜单设计的因素,尤其是菜系和营养对菜单设计的影响,并在掌握菜单种类、菜单内容安排及菜品定价等基本知识的基础上,根据具体环境来设计各类菜单。

主要内容

● 菜单的种类
　菜单定义　菜单作用　菜单种类
● 菜系与菜单的设计
　菜系是菜单设计的基础　菜品选择的原则
● 膳食营养与菜单设计
　膳食营养观　食品中的营养素
　营养对菜单总体风格的影响
● 菜单内容及其安排
　菜单内容　菜单内容的安排
● 菜单的定价
　菜单定价基础　菜单成本定价

教学指导

本章要求学生分8组,完成以下活动:一、每组对中餐八大菜系、八种常见国外菜中的一个进行资料的收集并分析菜系特点、名品菜及对菜单设计的影响。二、模拟设计宴会菜单,但要综合考虑书中所提出的各项因素，并分析成本和定价。

第一节 菜单的种类

一、菜单定义

菜单是餐饮企业提供餐饮产品的目录。餐饮企业将自身能够提供的具有各种不同口味的食品、饮料等，根据人们的用餐习惯分类排列并打印出来，供顾客点菜时使用。

菜单上菜品选择是根据市场供求状况、客人需求，以餐饮企业物质技术为基础，考虑以下综合因素而形成的，见图5-1。

二、菜单作用

1. 菜单是传播产品信息的载体

餐饮企业通过菜单向客人介绍餐厅的产品及产品特色，进而推销餐饮产品和服务。客人则通过菜单了解餐厅的类别、特色、产品及其价格，并凭借菜单选择自己需要的产品和服务。因此，菜单是连接餐厅与顾客的桥梁，起着促成买卖成交的媒介作用。

2. 菜单是餐饮经营的计划书

菜单在整个餐饮经营活动中起着计划和控制作用，它是一项重要的管理工具。

（1）菜单影响餐饮设备的选择购置。

餐饮企业选择购置设备、灶具、桌椅和餐具时，无论是它们的种类、规格还是质量、数量，都取决于菜单的菜式品种、水平和特色。菜式品种越丰富，所需设备的种类就越多；菜式水平愈高，所需设备、餐具也就愈专业。总之，每种菜式都有相应的加工烹制设备和服务餐具，菜单是餐饮企业选择购置设备的依据和指南,在一定程度上决定了餐饮企业的设备成本。

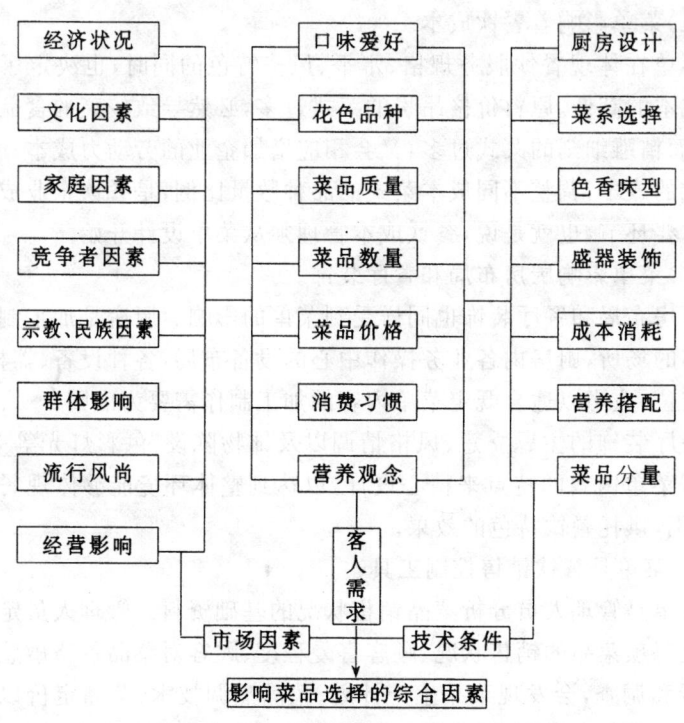

图 5-1 菜品选择图示

(2)菜单决定了厨师、服务员的配备。

菜单内容标志着餐饮服务的规格水平和风格特色,餐饮企业在配备厨房和餐厅员工时,应该根据菜式制作和服务的要求,招聘具有相应技术水平的人员。如果招收的是非熟练工,就要以既定菜单内容为标准对员工进行培训,使他们尽快达到技术水平的要求。另外,菜单还将决定员工的工种和人数。

(3)菜单决定食品原料的采购和贮藏活动。

食品原料的采购和贮藏是餐饮企业业务活动的必要环节,受到菜单内容和菜单类型的影响和支配。菜单内容规定了采购和贮藏工作的对象,菜单类型在一定程度上决定着采购和贮藏活动的规模、方法和要求。

(4)菜单影响着餐饮成本。

菜单在体现餐饮服务规格、水平、风格特色的同时,也决定了企业餐饮成本的高低。原料价格昂贵的菜式过多,必然导致较高的食品原料成本;而精雕细刻的菜式过多,又会相应增加企业的劳动力成本。确定各菜式的成本,调整不同成本菜式的品种数量比例,是餐饮企业成本管理的首要环节,也就是说,餐饮成本管理须从菜单设计开始。

(5)菜单影响厨房布局和餐厅装饰。

厨房布局和餐厅装饰也同样受到菜单的影响。厨房是加工制作餐饮产品的场所,厨房内各业务操作中心的设备布局,各种设备、器械、工具的定位,应当以适合既定菜单内容的加工制作需要为准则。

餐厅装饰的主题立意、风格情调以及饰物陈设、色彩灯光等等,都应根据菜单内容的特点来精心设计,以达到整体环境能够体现餐饮风格、氛围,烘托餐饮特色的效果。

3. 菜单是餐饮销售控制工具

菜单是管理人员分析菜品销售状况的基础资料。管理人员定期对菜单上每项菜品的销售状况、顾客喜爱程度、顾客对菜品价格敏感度进行分析和调查,会发现菜品生产计划、菜品烹调技术、菜品定价以及菜品选择方面存在的问题,从而能帮助管理人员及时更换菜单品种,改进生产计划和烹调技术,改善菜肴的促销方法和定价方法。

4. 菜单是餐饮促销的手段

菜单不仅通过提供信息向顾客进行促销,而且餐厅还通过菜单的艺术设计衬托餐厅的形象。菜单上不仅配有文字,往往还饰有图案,套有色彩。菜单美观的艺术设计,会给人以感性的认识和对味觉的刺激。

菜单还可以制作成各种漂亮精巧的宣传品,它可以陈列在潜在顾客易见之处,或用作街头向潜在顾客散发和刊登在报刊杂志或直接邮寄给顾客,进行各种有效的推销。另外,制作精美的菜单还可作为纪念品,可以引起顾客的美好回忆,提示和吸引顾客再次光临。

5. 菜单是餐饮服务人员为顾客提供服务的依据

菜单还决定了餐厅服务的方式和方法,要求服务人员根据菜单所列内容进行不同规格、风格、标准和程序的服务。

三、菜单种类

不同类型的餐饮企业,其菜单往往差别很大。菜单根据餐厅类型的不同、餐别的不同、餐饮场合的差异和市场需求的多样而有所不同,因而,我们有必要掌握餐饮企业常用菜单的类别以及各类不同菜单的特点,对菜单的计划起到指导性的作用。

1. 按菜单制定政策划分

(1) 固定型菜单。

固定型菜单是不常变换的菜单,常用于顾客流动性大的餐饮企业。由于菜单上的品种比较固定,容易使餐饮生产和管理标准化。这种标准化包括:

①采购保管标准化。

由于品种固定,可以对这些品种的购买和保管制定标准的规格、价格和程序。因此,重复性的采购就不需要经常做决策,库存的分类和盘点也比较简单,价格亦较易控制,有利于节约餐饮产品成本,并利于采购的管理。

②加工烹调标准化。

由于重复制作同样的菜品,因而便于对各种菜的加工、烹调确定标准的方法和程序,便于规定标准的成本控制方法,同时有利于提高厨师的烹调水平,达到"熟能生巧"的效果。

③产品质量标准化。

生产固定的菜品,使用标准的方法和程序、标准的原料和设备,因而容易得到质量标准化的产品,容易创造名牌菜,吸引回头客。

使用固定菜单,可以将一天内没有被正常消费的食品、饮料贮存到以后几天内使用,不致造成浪费。此外,印制固定菜单的成本也相对较低。

但是还应看到使用固定菜单也有一定的缺点:

①由于菜单的固定性强,总以一副"老面孔"出现,会使客人感到厌倦而选择其他餐厅就餐。

②菜单的灵活性小。首先表现在品种不能随季节变换而更换。其次不能随原料价格变化而更换品种或价格,使菜品成本波动大。固定菜单上的菜品即使其原料价格上涨也必须购买,这样,有时会造成经营成本大,难以适应市场变化。

③重复性操作使员工感到厌倦疲劳,这样会影响到员工工作积极性和劳动效率。

(2)即时性菜单。

指根据某一时期内原料的供应情况而制定的菜单。其编制的依据是菜品原料的可得性、合适原料的质量和价格以及厨师的烹调能力。即时性菜单一般没有固定模式,使用时间较短甚至每天更换,它较多地应用于企事业单位的餐厅。

即时性菜单的优点是:

①灵活性强,能迅速适应顾客的需求、口味和饮食习惯的变化,并能根据季节和原料供应的变化及时更换,既能反映时令特色又能及时取消原料价格上涨的菜品而降低产品成本。另外,一旦餐厅某项设备发生故障或相关员工因故休假,可随时更换菜单,不受设备和人员限制。

②可充分利用库存原料和过剩的食品。

③可充分发挥厨师的烹调能力和创造力,生产出较多的创新菜,减少员工工作的单调性。

即时性菜单的缺点是:

①菜单品种更换较频繁,所以对原料的采购和保管、食品的生产和管理难以形成标准。

②为及时提供不同的菜品,必须有更大的库存;菜单制作频繁,耗费时间,印刷费用也相应提高,从而加大了成本。

(3)循环菜单。

每天采用不同的菜单,一定时期后(如每周一循环)循环使用即为循环菜单。循环期则因地制宜。由于循环菜单介于固定菜单与即时菜单之间,因此兼具两者的优缺点。

循环菜单的优点是:

①由于确定几套菜单循环使用,餐厅提供的菜肴品种限制于几套

菜单内,这样便于对食品的采购、保管、生产和销售进行标准化管理,员工能较快地熟悉每道菜的生产和服务。

②由于菜单每天有变化,顾客不容易对菜单感到厌烦,员工不易对工作感到单调。

③使用循环菜单,菜单无需频繁更动,其原料库存数虽多于固定性菜单,但有一定的限度。

循环性菜单的缺点是:

①仍然不能迅速地适应市场需求的变化和反映原料供应的季节性变化,不能根据各种时令菜的上市或下市而迅速变换菜单。

②在餐饮生产、劳动力安排方面不如固定性菜单容易计划,库存原料的品种也较多。

③过剩的食品不好处理。

④菜单的编制和印刷费用较高。

通常一些餐饮企业会综合使用三种菜单,取长补短。将最受欢迎的菜品作为固定项目列在每日固定菜单上,一些菜品以即时性菜单出现,每天变化,以利用市场优势降低成本。这样既可以适应不同需求,又可以减少员工及设备的负担。

2. 按客人点菜方式分类

(1)零点菜单。

零点菜单又称点菜菜单,菜单上每一道菜都标明价格且价格档次比较明显,能适应不同层次宾客的需求。

零点菜单具有以下的特点和要求:

①由于零点菜单针对流动性较大的顾客,因而可以使用固定性菜单,在相当长的一段时间内菜品基本保持不变。同时为满足顾客喜欢品尝新鲜口味的愿望,在零点菜单上可以配一二道菜品循环使用或根据不同的季节和市场原料供应情况,配一些经常更换的时令菜、特色菜。

②由于零点菜单针对的顾客面较广,顾客口味不同,经济背景复杂,因而零点菜单要求应设的菜品品种较多,使顾客有充分选择的余地。同时,要求菜品的原料、菜肴的烹调方法要搭配均衡,每类菜品的价格高、中、低档也要有恰当搭配。

③零点菜单所提供的是现点、现制作的菜品,生产批量小,加工精细,因而价格较贵,通常高于套菜和团体菜单的价格。

④突出餐厅的风格,突出主菜和特色菜。尽管零点菜单菜品品种较多,但并不意味着面面俱到,而是要突出经营菜系中的主要菜品和特色菜,比如粤菜餐厅应在菜单上列出粤菜系列中的名菜或代表菜,突出粤菜风格。

(2)套菜菜单。

许多餐饮企业为了经营的需要,推出各种套菜菜单。这些套菜一是为了迎合顾客的种种需求,二是为了增加餐饮企业的收入。套菜也称定菜、和菜或公司菜。在各个组菜中配选若干菜品组合在一起以包价形式销售。

①普通套菜菜单。

普通套菜通常是将一个人或几个人吃一餐饭需要的几种主食、菜肴或饮料组合在一起以包价销售。这种套菜的包价往往比客人单独零点加合起来的价格便宜。普通套菜应选用大众熟悉的菜品,制作工艺也比较简单。推出普通套菜一是为了迎合人们追求实惠的心理;二是适应不同推销场合,如在不同的节日里推出相应的节日套菜,如圣诞套菜、中秋套菜等,以吸引更多的客源,特别是回头客。

②团体套餐菜单。

团体套菜菜单是针对旅行社团队、各类会议等大规模团体客人提供的。团体套菜通常需要大批量生产和同时服务,因而团体套菜价格比较便宜。

由于旅游团队和会议客人常会在饭店中住宿几天,所以团体套菜菜单必须确保客人在本餐厅就餐期间,每日、每餐都有不同的菜品。同时,由于各种团队和会议的档次不同,愿意支付的费用相异,所以餐厅有必要根据不同的费用标准准备不同价格标准的套菜菜单。

(3)宴会菜单。

宴会菜单是为某种社交聚会而设计的,具有一定规格质量的、由一整套菜品组成的菜单。由于宴会要体现情、礼、仪、乐的传统,因而宴会菜单在其规格、要求等方面应与其他套菜菜单区别开来。一般常见的宴会有:公务宴请、招待会、便宴、婚宴、寿宴等形式。宴会形式不必局限于桌筵就餐,也可以是鸡尾酒会、冷餐会等。

一般来说,编制宴会菜单有一些与其他菜单不同的要求:

①一般要根据宴会不同的用餐标准设几套菜单,每个档次准备几种菜单供选择。但要根据具体情况和要求进行调整,要注意宴会参加者的民族就餐喜好和宗教信仰、习俗和禁忌。

②宴会菜单要选用外形美观、做工精细的菜品,通常价格也较高。宴会菜品的色、香、味、形要搭配协调,外形美观,有节奏感。菜品无论在原料选择、烹调方法和口味方面要避免雷同、杂乱,要分主辅、突出重点、有层次、成系列,使宴会成为一个有机统一的整体。

③注意选用当地和本店的特色菜和拿手菜。因为特色菜能使消费者一品为快,留下深刻印象。

④宴会菜品要多配用装饰菜、食雕工艺,同时要注意配用合适的盛器和餐具。合理巧妙地使用装饰和餐具会对菜品起到点缀衬托作用,使宴会锦上添花。

⑤宴会的菜品名称要尽量典雅,能够给宴会增加气氛。

⑥宴会菜单的设计要求外观漂亮,其色彩和设计要与餐厅的装饰和餐桌布置相协调。但不应选用十分昂贵的纸张,保证印制成本要低,一般可允许客人带走作纪念。在菜单上不要忘记印刷餐饮企业(饭店)名称、地址、预订电话号码,以便进一步推销。在招徕宴会生意时,可采用菜单样本,菜品安排留有一定灵活调整余地,允许客人自由更换一些菜品。

第二节 菜系与菜单的设计

一、菜系是菜单设计的基础

餐饮企业在经营时,对菜系的定位是关键的一步。只有确定了特定的菜系,才可根据该菜系的一系列内容制定出餐厅的菜单。任何餐厅都是以一个特定的菜系主题定位进行经营。客人通过菜单,能了解到餐厅所定位的风味菜系、特色产品、价格等多方面的资讯,并据此选择自己所需的产品与服务。简单地说,菜系决定餐厅的定位,菜系定位决定着菜单的制定,而菜单则是菜系特色的反映与说明。当一个餐厅以某菜系作为其主题,那么为了突出它的纯正特色和地道口味,它就应在该菜系的范围内根据其特色设计菜单。

1. 中餐菜系的特点

长期以来由于各地区的自然环境、文化、风俗、习惯不同,中国菜肴形成了粤、鲁、苏等八大菜系,各大菜系名下的名菜名称已经固定,并且为广大消费者所接受。北方菜系以山东口味为主流,重咸鲜。四川菜以麻辣辛香调料而闻名。粤菜取料广泛,讲究鲜嫩和酥脆。淮扬菜注重原汁原味,特别是油而不腻,清淡鲜美。有人把"八大菜系"用拟人化的手法描绘为:苏、浙菜好比清秀素丽的江南美女;鲁、皖菜犹如古拙朴实的北方健汉;粤、闽菜宛如风流典雅的公子;川、湘菜就像内涵丰富充实、才艺满身的名士。

表 5-1　中国各菜系特点表

菜系	主要地域	特点	主要代表菜
川菜(四川菜)	有成都、重庆两个流派	以小炒、干煸、干烧为主。味型多,有"一菜一格,百菜百味"之誉。主要将咸甜酸辣或麻辣集中用味。	宫爆鸡丁、水煮肉片、鱼香肉丝、干烧鱼翅、干煸膳丝、小煎鸡、怪味鸡丝、锅巴三鲜、回锅肉等。
粤菜(广东菜)	有广州、潮州、东江三个流派	口味特点是鲜、嫩、爽、滑。烹调方法以小炒见长,突出煎、炸、烩、炖等。用料广博。	豹狸烩三蛇、竹丝鸡烩五色、三蛇龙虎凤大会、烧乳猪、盐焗鸡、冬瓜盅、古老肉、开煲狗肉、红炖猪肘、吉利虾球等。

续表

菜系	主要地域	特点	主要代表菜
苏菜（江苏菜）	由扬州、苏州、南京等地方菜发展而成	烹调技艺以炖、焖、煨著称。重视调汤，保持原汁。	香酥鸭、黄焖鸭、叉烤鸭、咸水鸭、三套鸭、鸡汤煮干丝、清炖蟹粉狮子头、水晶肴蹄、鸭包鱼、松鼠鳜鱼、碧螺虾仁等。
鲁菜（山东菜）	由济南和胶东两部分地方风味组成	味浓厚，嗜葱蒜，尤以烹制海鲜和各种动物内脏见长。	油爆大蛤、红烧海螺、糖酥鲤鱼、九转大肠、汤爆双脆等。
浙菜（浙江菜）	由杭州、宁波、绍兴等地方菜构成	鲜、嫩、软、滑、香醇、清爽不腻。擅长红焖、蒸煮。	龙井虾仁、西湖醋鱼、叫花鸡、荷叶粉蒸肉、生爆虾片等。
闽菜（福建菜）	由福州、泉州、厦门、漳州等地发展起来	色美味鲜、注重酸甜咸香、突出海鲜鱼虾味。方法以干炸、爆炒为主。	雪花鸡、金寿福、烧片糟鸡、桔汁加鱼、太极明虾、佛跳墙。
湘菜（湖南菜）	湘江流域、洞庭湖地区、湘西山区等菜组成	注重香辣、酸辣、焦麻、香鲜，尤以酸辣居多。	红煨鱼翅、冰糖湘莲、清蒸水鱼、凤尾虾、腊求合蒸。
徽菜（安徽菜）	由皖南、沿江和沿淮地方风味构成	以火腿佐味，冰糖提鲜，擅长烧、炖，讲究火工。	葫芦鸭子、符离集烧鸡、王香兔脯、火腿烧甲鱼等。

2.外国菜系及特点

这里的外国菜包括了现在主要的西方菜系和在中国餐饮市场有较大影响的亚洲国家菜系。

表 5-2　外国各菜系特点表

菜系	特点	主要代表菜
法国菜	法国菜以美味可口闻名天下。"真料简烹",讲究色、形和营养,喜食猪肉、牛肉、羊肉、鸡、鱼、虾、鸡蛋、各种蔬菜等,特色原料有蜗牛等。	红烩鸡、烤羊腿、伯根第烤田螺、诺曼底烩海鲜、起司培根蛋挞、酸菜什锦熏肉、普凡西田鸡腿、法式洋葱汤、多味鱼汤、芦笋浓汤、法式鱼卷、法式烩土豆、奶油牛肉丁番茄汤、鸡蛋番茄沙拉、翡翠肉汤、束法鸡、红烩肉杂拌、咖喱油烟虾段、白酒法国田螺、煎龙虾肉。
德国菜	德国人喜欢肉食,尤其喜欢吃香肠。口味偏酸甜,调味较为浓重。烹饪方法以烤、焖、串烧、烩为主。偏好吃肉类,少吃鱼类。	黑森林火腿、咸猪腿、清豆汤、肉肠、酸菜、苹果酥、煎甜饼、酸猪蹄、啤酒烩牛肉、红烧牛肉、牛排和烤鸡、熏猪排加酸菜、维也纳猪排、乳酪猪排、猎人猪排、奶油猪排、烤鸭和烤鹅、野味(鹿、野猪、兔、雉)、烤乳猪、蕈菇特餐。
英国菜	烹调方法以煮、烩、烧烤、煎和油炸等为主,喜吃牛肉、羊肉、鸡肉等。	牛肉腰子派、炸鱼排、皇家奶油鸡。
意大利菜	味浓香烂,以原汁原味闻名,烹调上以炒、煎、炸、红焖等方法著称,面食有特色。	小牛肉配银鱼汁、炸火腿卷、比萨饼、通心粉等。
俄国菜	以牛肉、猪肉、鸡肉为主,调料主要使用番茄、番茄汁及酱、黄油和奶油,具有汁浓、味厚、色艳、料实、油大的特点。	黄油炸鸡卷,奶汁烤鱼。

续表

菜系	特点	主要代表菜
西班牙菜	用橄榄油调味,重味,浓汤,稠汁、原料新鲜上乘,以海鲜为主。	西班牙海鲜饭、西班牙大肠、番茄冻汤。
土耳其菜	清真菜系的代表,以烧烤为主,口味浓。主食有家常饼、油焖米饭、面包、甜食等。白奶酪和魄橄榄是土耳其人餐桌上不可缺少的调味品。	羊肉串、地炉烤羊肉、茄子烤羊肉、纸包烤羊肉、转烤羊肉、茄子塞羊肉。
墨西哥菜	酸辣是墨西哥菜的特点,淀粉类食品以玉米为主。	玉米宴,各式薄饼。
日本料理	季节性强,味道鲜美,保持原味,清淡不腻,很多菜都是生吃。主食以米饭、面条为主,副食多为新鲜鱼虾等海产,常配以日本酒。	生鱼片,怀石料理,寿司料理。
韩国料理	多以烧烤为主,喜辛辣。杂谷饭、酱汤、泡菜等有特色。	参鸡汤,炖年糕,泡菜,凉面,烧烤,熏牛里脊。

二、菜品选择的原则

菜单上列出的菜品是顾客就餐时购买决策的依据。选择菜品要体现菜系风味特点。

1. 选择名菜品,吸引目标顾客

餐厅的经营宗旨是要从满足顾客的需求中获得收益,因此菜品选择必须能够迎合目标顾客的需要。名菜品是各个菜系经过时间的沉积和烹饪技术的演变而产生的,在一定的区域范围内具有极高的知名度,而且知名度会随着现代经济发展、人员交往、流动而扩大。名品菜对消费者始终具有吸引力,如川菜中的麻婆豆腐,便突出了蜀地人特有和特爱的麻辣口味;粤菜中的名品荔枝虾球,能把粤菜的鲜、嫩、爽、滑的特性发挥得淋漓尽致;苏菜中的松鼠鳜鱼,也恰如其分地透露出苏人嗜甜、喜用五味调和的烹调方法。菜品选择的合理会促使顾客购买,吸引他们下次再来,从而可以提高餐厅的收入和经营利润。

2. 菜品要有独特性,创造招牌菜

如果餐厅的菜单上供应的是大众菜,该餐饮企业就应该在某些菜品上创出特色。招牌菜是指某餐饮企业为了招徕和稳定顾客群体,所独创的具有特色的拳头菜品。招牌菜能突出餐厅形象,使餐厅有与众不同之处而吸引顾客。这需要餐饮工作者具有创造性和想象力。菜系中的名品菜经餐饮企业加工、创新、发展后,可成为其拳头菜。名品菜和拳头菜之间各自独立,却又互相影响、相互促进。在它们的相互作用下,菜品的质量不断提高,菜品品种也越来越丰富。

3. 品种要平衡

无论是零点菜单还是套餐菜单,应尽量满足人们对营养均衡、不同口味等的需要,因此,选择品种时要考虑以下因素:

(1) 每类菜品的价格要平衡。

菜单要针对一定档次的顾客,但是每一档次的顾客又有愿意多支付和少支付之分,所以每一类菜的价格应尽量在一定范围内有高、中、低价之搭配。

(2) 原料搭配要平衡。

每种类型的菜应该由使用不同原料的菜品组成,以适应不同口味顾客的需要。例如主菜应有以肉、鱼、蛋、家禽、蔬菜为主要原料的多个品种,因为顾客中会有人不喜欢肉类或家禽等,原料搭配好可使更多的顾客能选择到自己喜欢的品种。

(3) 烹调方法平衡。

在各种类型菜中应有使用不同烹调方法制作的菜品,如炸、炒、煮、蒸、炖。成品的质地要生、老、嫩、脆搭配,口味要咸、甜、清淡、辛辣搭配合理。这就要求在菜单设计时,必须兼顾本餐厅菜系特征及厨师的技术特长,要选择一些具有代表性和能反映菜系特色的菜品,又要能发挥厨师特长的菜品。

(4) 营养平衡。

选择菜品时要注意各种营养成分的菜搭配合理。例如不能只选择蛋白质丰富的肉菜,还应搭配些具有各种维生素的蔬菜。在选择菜品时,还要注意使节食者有营养丰富的菜品可选,使素食者选的菜品也具有丰富的营养。

(5)品种不宜过多。

菜单上列出的品种应保证供应,不应缺货,否则会引起顾客的不满。因此菜单所列的品种不宜太多。品种过多意味着餐厅需要很大的原料库存量,由此会占用大量资金和高额的库存管理费用;菜品品种太多还容易在销售和烹调时出现差错;另外还会使顾客点菜决策困难,延长了点菜时间,降低了座位周转率,影响餐厅收入。因此菜单上的品种应该做到少而精。

4. 选择毛利较大的品种

第一,菜品计划应使餐饮企业获取可观的毛利。因每个餐饮企业的目标客源不同,各菜品的销售能力也不相同,所以,在菜单设计时,将何种菜品列入菜单应综合考虑以下3点,即菜品的原料成本、售价和毛利。原料成本不仅包括原料的进价,还要包括加工和切配的折损等损耗因素。如果菜品因原料成本高、价格贵而难以售出,这类菜品在菜单中就不宜多选。要选择一些能产生较大毛利的菜品,选择那些组合起来能使餐厅达到毛利指标的菜品。

第二,分析菜品的盈利能力。10年前由经济学专家唐纳德·史密斯提出:是某道菜的销售价重要,还是这道菜带来的盈利更重要。实施菜单工程(ME)分析就是要分析餐馆菜单上供应的主要品种中顾客欢迎程度和单盘毛利额两大指标的状况,然后有针对性地逐个研究并采取措施。一般来说,一个菜单上大致会有以下4类菜品:①既畅销又高利润。在菜单设计时应尽可能多将此类菜品列入其中。②虽畅销但低利润。这类菜因盈利能力低,在畅销时如果妨碍其他菜式的销售应从菜单上去掉。但如果该菜品畅销时能带动其他菜品的销售就可以保留。③不畅销但高利润。一般来说,是该菜单上的品牌菜或者特色菜,应作为推销的重点。④既不畅销又低利润,这类菜品如果是为了突出餐厅经营的菜系特色,起"装饰性菜式"作用,则可以保留,否则就该删去。

总之,选择菜品时考虑的一是顾客喜欢,二是创造利润。

5.菜品选择程序

(1)列出清单。

在制作菜单以前,要将拟提供的菜品分类列出一份清单。在清单的列出过程中需注意:①菜品的项目和价格通常需要经过多次改动。分类列出菜品可以帮助管理者均衡所选的项目。②注意所选菜品在原料方面、烹调方法、价格方面和营养方面是否搭配得当。

(2)列出特色菜及套菜。

在列完清单后,要写出拟重点推销的特色菜及套菜。特色菜是餐厅借以体现经营特色及拟着重销售的菜品,也是菜单的精华。

第三节 膳食营养与菜单设计

一、膳食营养观

中国人从来都是把追求美味奉为进食的首要目的。民间有句俗话:"民以食为天,食以味为先"。然而,西方人重科学、讲营养,以营养为最高准则的饮食观,对我们在菜肴选择上的影响越来越大,人们追求合理膳食、均衡营养。营养素是人体生存、生长发育、组织修复以及正常生理机能调节的能量来源。营养主要来自合理膳食,餐饮菜单必须遵循食物均衡性、多样化原则。菜单设计时,要考虑多种菜品及菜品组合后的充足营养供应以及蛋白质、碳水化合物、脂类、维生素、无机盐、水等营养成分的合理搭配。最近,英国食品标准局在讨论一项计划,准备要求今后英国餐馆和宾馆在其菜单中,除了要注明食物名称和价格外,还要标明食物中所含热量及脂肪等信息,以便顾客选择。用餐者从菜单中得到更多有关食物营养成分的信息,将有助于消费者形成健康的饮食观。合理营养是指能促进身体生长发育、满足各种生理需要并维持良好健康状态的膳食营养。合理营养是通过提供合理的、适量的不同品种食物,按照营养学原则科学搭配来实现的。合理营养的具体内容包括:

(1)人体在生命过程中需要一定数量和质量的营养素,人体吃进的营养素和人体消耗的营养素,在数量上应达到动态平衡。如果营养素供给失衡,就会出现营养缺乏或营养过剩性疾病。达到平衡的简易标准就是看是否能保证人体生长发育、维持理想体重和处于良好的健康状态。

(2)合理膳食营养应有利于预防营养不良性疾病,同时可以提高人体抵抗力、延长寿命、提高劳动效率。

(3)合理营养是以正确的食物选择和合理的食物结构为前提的。

二、食品中的营养素

表 5-3　食品营养素的功能和来源

营养素	主要功能	食物来源
蛋白质	蛋白质的主要功能是维持人体组织的生长、更新和修复。蛋白质不足,易患疾病,影响健康。蛋白质对调节人体生理功能、催化代谢都起到十分重要的作用。蛋白质是热能的来源。60公斤的成年人每天供给蛋白质40~60克即可保证人体的需要。	牛奶及奶制品(含有全部必需氨基酸)、家禽、肉类(瘦肉)、鱼类、蛋类
脂肪	脂肪主要功能是供给人体热量,保护内脏,保持体温。按总能量计,儿童脂肪供给量约占每日总能量的35%,成人以不超过25%为宜。	动物油(如猪油、牛油等)、植物油(如膳食烹调中常用的菜籽油、豆油、芝麻油、花生油等)
碳水化合物	食物中碳水化合物主要是淀粉和糖,人每日总热量的50%~70%靠糖供给。糖缺乏不好,过量食糖也不利。	蔗糖、谷物(如水稻、小麦、玉米、大麦、高粱等)、水果(如甘蔗、甜瓜、西瓜、香蕉、葡萄等)、坚果、蔬菜(如胡萝卜、番薯等)等

域是：①食品验收、储藏及加工区域。②烹饪作业区域。③备餐洗涤区域。这3个区域是餐饮生产所必需的，布局时应形成清楚的格局，保证厨房有一个通畅的生产程序。见图4-2。

第一区域的布局。应包括进货口、验收处、干货库、冷藏库、办公室和加工间。加工间布局在这个区域是合适的，可以根据加工的范围和程度，确定其规模的大小。

第二区域的布局。应包括冷菜间、点心间、配菜间、炉灶间、冷藏处、干货间、办公室。冷菜间、点心间、办公室应单独隔开，配菜间与炉灶间可以不分隔。

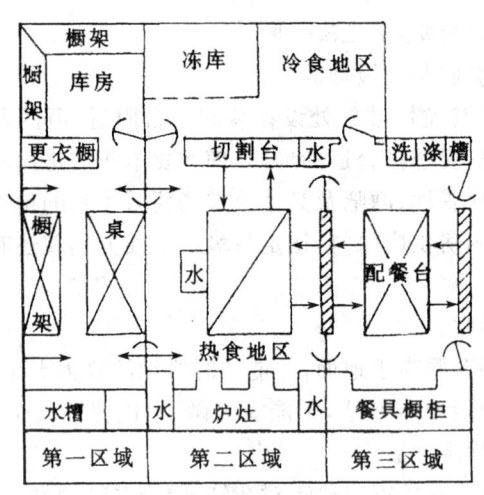

图4－2　厨房的区域和部门布局示意图

第三区域的布局。应包括备餐间、清洗间、餐具贮藏间。小型餐饮企业可以不进行分隔。

（2）厨房作业区和工作岗位的布局。

厨房的作业区是由若干个工作岗位的作业点组成。作业点是厨房布局的最基本单位，它是一位员工的操作岗位。各部门所需作业点的多少，取决于部门的工作量。作业区和工作岗位的布局应结合设备的安排，既要考虑作业区场地的形状、大小、设备的情况，又要考虑人体伸展的限度和节省作业动作，同时还要注意作业时食品的流向。厨房内操作

续表

营养素	主要功能	食物来源
维生素	维生素是各种生物维持正常生理功能所必需的一类低分子有机化合物。人缺乏维生素,物质代谢发生障碍,产生维生素缺乏症。但过多也会有害。	蔬菜、水果是维生素C、B和A的重要来源。小白菜、菠菜、柠檬、柑桔等富含维生素C;谷物类食品、绿叶菜中含有B族维生素
无机盐	钙、磷、钾、钠、氯,以及铁、氟、硒、锌、铜、钴、钼、铬、锰、碘、镍、锡、硅、钒14种微量元素是人体所必需,缺乏则影响人的生长、发育、生殖和寿命。	牛奶、肉类、调味品、糙米、小米、鸡蛋黄、豆类、芹菜、海产品、黑胡椒、废糖蜜、可可、肝、甲壳类、坚果类、种子、油橄榄(绿)、麦麸、香蕉等
膳食纤维	膳食纤维在人体中有其他营养素不可代替作用,如促进胃肠毒素排泄等,具有重要的营养生理功能。	蔬菜、水果及谷物等

三、营养对菜单总体风格的影响

菜单设计不仅要求从每一道菜及菜品组合上考虑食品中所含蛋白质、脂肪、糖类、维生素以及矿物质的多少及其构成比例情况,而且还要考虑食物群体所包含的不同营养成分给人的感觉差异。在菜单设计时,通过颜色、质感、图案特点等来表现出主要菜品的营养成分特征,比如说,豆浆王的食品以高蛋白质豆类营养品为主,所以宜用暖色和祥和的气氛和风格,所以菜单的设计也要注意表现出暖意,尽量以红、黄等暖色为主色,同时菜单式样要突出一种温情和营养的感觉,尽量把一些让人联想出营养的物品如大豆、五谷、奶类等图片印上去。咖啡厅、甜品店,以高糖份的甜食为主,就要突出高贵和典雅,菜单的颜色宜用高贵的绿紫色,且色调要深些,带些神秘感,菜单的纸一定要高级些,突出档次。烧烤类、涮羊肉类的餐馆,是高热量、高脂肪的食品,就要突出热情、美味的特色,菜单的风格宜制作得稍夸张和醒目些,可考虑用红色、爆炸图案等来表现。素餐馆,因为它们提供含丰富维生素的素菜,那就要以绿色为菜单主色,以朴素和乡味为菜单外观来引导顾客。

第四节 菜单内容及其安排

一、菜单内容

菜单内容的编写涉及到餐厅如何用信息把所选定的菜品传递给客人,同时也影响餐饮企业的各项工作安排和经营。通过内容的编写、顺序的安排以及艺术处理影响顾客购买,引导他们多购买以及选择企业最愿销售的菜品。

具体来说,一张菜单的内容通常由5个部分组成:

1. 菜品的名称和价格

菜品的名称会直接影响顾客的选择,顾客未曾尝试过的菜,往往会凭菜品名称去挑选。菜单上的菜品名称会在就餐客人的头脑中产生一种联想,顾客对就餐是否满意在很大程度上取决于看了菜单品名后对菜品产生的期望值,而更重要的是,餐厅提供的菜品能否满足顾客的期望,所以菜品名称的确定要科学、合理。

根据国际菜单法规,菜品名称和价格要具有真实性。这种真实性要求体现在下述几方面:

(1)菜品名称真实。

菜品名称应该好听,但必须真实,不能太离奇。餐饮业中曾经流行过使用充满想象力、离奇而不精确的菜品名称。国际餐馆协会对顾客进行的调查发现,故弄玄虚而离奇的名字,顾客不熟悉或名不符实的名字,不容易被顾客接受,只有一种小型的、以常客为主的餐厅可用不寻常的名字,向大众开放的餐厅应该采用名实相符并为顾客熟悉的菜名。

(2)菜品价格真实。

菜单上的价格应该与实际供应的一样。如果餐厅加收服务费,则必须在菜单上加以注明,若有价格调整要立即更换菜单而不能在原菜单上涂改,否则会使顾客产生被欺骗的感觉。

(3)外文名称拼写正确。

菜单是餐厅服务质量的一种标志。如果将西餐厅菜单的英文或法文名称搞错或拼写错误,说明该西餐厅对该国的烹调根本不熟悉或对质量控制不严,会使顾客对该餐厅产生不信任感。

(4)菜单上列出的产品应保证供应。

有些餐厅管理人员认为本餐厅能制作的菜品应该全部列在菜单上,多给客人选择的余地,致使许多产品由于原料不能保障供应,客人点菜时许多菜品无法供应,使菜单显得不可靠,不严肃。

2. 菜品介绍

菜单上要对一些菜品进行简要的介绍。这种介绍可代替服务员临时向顾客的口头介绍,减少顾客点菜的时间,提高工作效率。菜品介绍的内容有:

(1)主料、配料以及一些独特的调料。要注明规格、质量。

(2)菜品独特的烹调和服务方法。

(3)菜品的份额,要注明每份的数量或重量。

另外,菜品的介绍要便于推销菜品。菜单上的介绍要注意引导顾客去购买餐厅希望销售的菜肴,因此要着重介绍高价菜、名牌菜。同时,还要介绍一些特殊名称的菜。例如,"叫化鸡"这道菜译成英文为"Beggar's Chicken"。若不作介绍,会给客人一种不好的印象或使客人费解而不去点这个菜,如果菜单上加上一段英文和中文介绍:"镶有肉丁、火腿、海鲜、香料的童鸡,外裹荷叶和特殊熔泥等烤制而成。Chicken stuffed with diced pork, ham, fine herbs and seafood wrapped in lotus leaves and special mud; and roast."这样,客人不仅会搞清楚这是什么菜,而且会产生兴趣,愿意去尝试。

但同时应注意菜品的介绍不宜过多,非信息性介绍会使顾客感到厌烦,以致于顾客拒绝菜单而产生不购买行为或不再光顾。

3. 告示性信息

每张菜单都应提供一些告示性信息。告示性信息必须十分简洁,一般有以下内容:

(1)餐厅的名字。

通常安排在封面。

(2)餐厅的特色风味。

如果餐厅具有某些特色风味而在餐厅名称中又没有得到反映,就要在菜单封面的餐厅名称下列出其风味。

(3)餐厅的地址、电话和商标记号。

一般列在菜单的封底下方。有些餐饮企业的菜单还附有简易地图,列出该餐厅在城市中的地理位置。

(4)餐厅营业的时间。

一般列在封面或封底。

(5)餐厅加收的费用。

如果餐厅加收服务费要在菜单的内页上注明。例如在菜单上注上这样一句话:"所有价目均加收10%的服务费。"

4. 机构性信息

大型餐饮企业的菜单上应介绍餐饮企业的历史背景和餐厅特点、连锁机构、发展现状等内容,菜单正是餐饮企业推销自己的最佳途径。例如肯德基家乡鸡餐厅的菜单,介绍了该国际集团的规模、这种炸鸡的烹调特色以及肯德基家乡鸡餐厅的产生和历史背景。

5. 特色菜推销

(1)能使该餐饮企业扬名的菜品。

一家餐厅总要有意识地计划几种菜品使其出名,这些菜应有独特的特色且价格不能过高。这些能使餐厅出名的菜品应得到特殊处理和重点的推销。

(2)特殊的菜品。

指一种畅销或高利润的菜。这种特殊菜品可以是经常服务的某种菜品,也可以是时令菜。时令菜容易吸引客人,也能获取高利润。

(3)特殊套餐。

推销一些特殊套餐能提高销售额,增强推销效果。

(4)每日时菜。

有的菜单上留出空间用来推荐每日的特色菜和时令菜,以增加菜单的新鲜感。

(5)特色烹调菜。

有些餐厅以独特的烹调方法来推销一些特殊菜。例如有的餐厅推出主厨特色菜系列,包括主厨特色汤、主厨特色沙律、主厨特色主菜等。

特色菜品的推销主要有两大作用:第一,可以对畅销菜、名牌菜作宣传;第二,对高利润但不太畅销的菜作推销,使它们成为既畅销、利润又高的菜品。

二、菜单内容的安排

1. 按就餐顺序排列

顾客一般按就餐顺序点菜,因此菜单的内容一般按就餐顺序排列,以便能很快找到菜品的类别而不致漏点。

表5-4 按就餐顺序的菜单内容排列

顺序号	中餐就餐顺序	西餐就餐顺序
1	冷盆	开胃品(头盘)
2	热炒	沙律
3	大菜	汤
4	主食	主菜(肉、家禽、鱼等)
5	汤	配菜(淀粉蔬菜类)
6	水果、甜品	甜点

2. 按视线顺序排列

菜品编排顺序要考虑到菜单的不同位置对顾客视线的吸引力。

(1)菜品类别的编排要按最重要、重要、次要的先后顺序排列。

主菜是菜单中价格较高,能给餐厅带来较多利润的菜品,因而主菜应该尽量列在醒目的位置。

(2)菜单的编排也要注意眼光集中点的推销效应,要将重点推销的菜品列在醒目之处。

菜品在菜单上的位置对于菜单的推销有很大的影响。要使推销效果显著就必须遵循一个原则,即列在第一项和最后一项的菜品最能吸引人们注意,并能在人们头脑中留下最深刻的印象。因此,应将盈利最大的菜品放在顾客第一眼和最后一眼注意的地方。调查显示,顾客几乎总是能注意到同类菜品的第一个和最后一个。

3. 菜品排列要考虑重点菜推销

菜单上有些重点推销的菜品、名牌菜、高价菜和特色菜或套菜可以单独进行推销。这些菜不要列在各类菜通常的位置,应该放在菜单显眼的位置。不同大小的菜单其令人注目的重点推销区是不同的。

第五节　菜单的定价

菜单定价是菜单计划和决策的一个重要课题。菜单上的价格直接影响顾客的购买行为,影响菜单的吸引力和餐厅的客源。菜单的价格高低还决定了菜单产品的成本结构和成本的控制,因此菜单的定价将直接影响餐饮企业的经营效益。由于餐饮产品的价格结构和经营方式具有独特性,菜单的价格政策和定价方法也区别于其他产品。

一、菜单定价基础

餐饮定价往往是以经营利润作为目标。管理人员要根据利润目标和预测经营期内将涉及的经营成本和费用加以确定。餐饮企业产品的价格结构包括以下组成部分:①食品饮料原料成本;②营业费用(流通费用);③营业税金;④财务费用;⑤经营利润。

尽管不同档次、不同类型及具有不同产品和供餐方式的餐饮企业,其产品的价格结构各不相同,但表5-5反映了餐饮企业目前大致的收入与价格结构的状况,可供定价者在计算价格时参考。

表 5-5 餐饮产品的价格结构

	餐饮营业收入	100%
营业成本	原料成本	34%
毛利	营业费用(流通费用)	41.5%
	营业税	5%
	财务费用	2.5%
	经营利润	17%

下面我们将对餐饮产品价格中每一个组成部分加以探讨,这些组成部分中每项费用的大小都将影响菜品的价格。

1. 食品饮料原料成本

餐饮产品与制造业产品具有相似性,即都需要购进原材料进行加工生产。这部分购进的原料成本在餐饮行业被称为营业成本,价格中的其余部分被称为毛利。目前餐饮企业的毛利率为 66.0% 左右(低档次的餐饮企业成本率要高得多)。

食品饮料原料成本是餐饮产品价格最主要的组成部分之一,原料如购进的鱼、肉、家禽、蔬菜、粮食、油、盐、酱、醋等调料、配料、各种酒水等,占价格的比例很大。在同一餐厅中,零点菜单的成本率低于团体用餐菜单、经济套餐、自助餐和火锅等。而高档次的宴会产品的成本率要低于零点菜。饮料中零杯酒和混合饮料的成本率要低于整瓶酒。因此,掌握餐饮产品中原材料的成本以及各类用餐、各类产品的成本应占售价比例的大小,是菜单产品定价的最重要的基础之一。

2. 营业费用

在菜单产品定价时需要考虑的第二项重大开支就是营业费用。营业费用是餐饮企业经营所需要的一切费用,它包括人工费、折旧费、水电燃料费、维修费、经营用品费等等。下面是某饭店餐饮部门的营业费用结构表:

表 5-6 营业费用明细表

费用结构	占营业费用百分比	占营业收入百分比
营业费用总额	100%	33.6%
员工工资	38%	12.77%
员工福利	5%	1.68%
员工服装	2.1%	0.71%
员工用餐	4%	1.34%
瓷器、玻璃器皿、银器	5%	1.68%
棉织品	0.9%	0.3%
印刷及文具	2.2%	0.74%
洗涤费	2.3%	0.77%
低值易耗品	2.1%	0.71%
折旧费	14%	4.71%
大修理及维修费	5.2%	1.75%
水电费	4%	1.34%
燃料	3.8%	1.27%
广告推销费	3%	1%
其他	8.4%	2.83%

从表 5-6 可以看出，营业费用中最重要的是人工费，人工费涉及员工工资、员工福利、员工服装和员工用餐这四项，共占营业费用的 49.1%，占营业收入的 16.5%。当然普通餐饮企业人工费所占的比例要小一点，但起码也要占营业费用的 1/3，占营业收入的 7%~8% 以上。这些数据说明人工费在餐饮产品价格中的重要地位。不要忘记，餐饮业属于劳动密集型的服务行业，它的产品不能大批量地生产，而是根据顾客的订点进行小批量加工生产，并且餐饮产品还需要服务员直接向客人提供服务，因此餐饮产品价值中人的劳动占很大比重，在决定餐饮产品的价格时一定要把人工费用估计进去。

在费用表上还可看到折旧和维修费用占营业总费用的近 20%，占总营业收入 7% 左右，这项费用也是不可忽视的。特别是餐饮产品质量的高低在很大程度上取决于餐厅建筑和环境的质量、烹调设备的质量，而餐厅建筑、环境及设备质量高需要的折旧费和维修费就相应要高。

在计算价格时，其他要考虑的较重要的费用还有餐具费用、水电费、燃料费等,高档次餐馆还要考虑桌布、餐巾及其洗涤费等。设在综合饭店中的餐厅的产品价格,还要把饭店分摊到餐饮部门的企业管理费考虑进去。

3. 营业税金

餐饮产品的价格除了要包括营业成本和费用外还要包括营业税金和经营利润,因此餐饮产品的定价还要计算企业需承担的税金。餐饮企业需交纳的税金有多种,包括营业税、城市维护建设税、教育附加费、房产税、车船使用牌照税、所得税及印花税等等。

其中餐饮企业最重要的税金是营业税,政府按餐饮收入的5%征收。而其他税种诸如城市维护建设税按应纳营业税的7%、教育费附加税按营业税的1%、房产税按房屋原价值的12‰征收,车船、印花税等都不是很大的开支,在作价格决策时,除营业税外其他税金不必花很多时间去斟酌。所得税是按企业经营利润总额扣去允许扣除项目的金额(例如分给其他单位的利润,抵补以前年度的亏损等)后按一定税率征收,现在大多数规模较大企业的所得纯利润会减少。因而,企业投资者要为获得一定的投资回报而定价时,也要将所得税因素考虑进去。

4. 财务费用

财务费用包括银行费用、贷款利息。企业经营需要向银行贷款并向银行支付利息,这项费用的大小取决于企业向银行贷款额的大小,借款的期限以及银行的利率。在确定价格时也要把这项费用估计在内。

5. 经营利润

餐饮企业经营目标之一是要获得尽可能大的经营利润。然而,这并非说明在菜单产品定价时要加上十分大的利润。高额利润固然好,但要根据顾客对产品的价值价格比,要根据产品的竞争情况以及其他各种因素来确定。高额利润往往会吸引很多竞争者打入这个行业,会使市场供给量大幅增加。在餐饮定价时必须平衡这些因素,最后合理确定价格中究竟应考虑多大利润为好。

二、菜单成本定价

菜单的定价方法很多,成本是菜单的定价基础。

1. 原料成本系数定价法

使用原料成本系数定价法,首先要算出每份菜品的原料成本,然后根据成本率计算售价。

$$售价 = \frac{原料成本额}{成本率}$$

成本系数是成本率的倒数。国内外很多餐饮企业运用成本系数,因为乘法比除法运算容易。例如有些餐厅的管理人员按原料成本额的 3 倍给菜品定价。成本系数 3 意味着成本率为 33%:

$$100 \div 33 \approx 3$$

原料成本系数定价法的公式是:

$$售价 = 原料成本额 \times 成本系数$$

以该方法定价需要两个关键数据:一是原料成本额,二是菜品成本率,通过成本率可轻易地算出成本系数。原料成本额数据取自于菜品经过实际烹调后汇总得出,它在标准菜谱上以每份菜的标准成本列出。计算菜品的成本率,先要算出综合成本率,然后根据不同餐别和不同种类菜品确定不同的成本率。

2. 全部成本定价法

全部成本定价法是将每份菜品的全部成本加一定百分比的利润来计算价格。其计算公式是:

$$价格 = \frac{\frac{每份菜的}{原料成本} + \frac{每份菜加}{工人工费} + \frac{每份菜服}{务人工费} + \frac{每份菜其}{他经营费}}{1 - 要求达到的利润率}$$

每份菜的原料成本和加工人工费的计算如前所述。根据以前会计统计的经营数据或预测值,可得到餐厅人工费用及餐厅其他经营总费用,将其除以菜品的销售份数会得到每份菜的费用。例如,瑞典肉圆的全部成本定价数据如下:

每份菜原料成本为 2.45 元,每份菜加工人工费为 1.62 元,服务人工费总额为 1 125 元,其他经营费用总额为 1 738.75 元,菜品销售份数为 1500,计划部门经营利润率为 15%,营业税率为 5%,则瑞典肉圆售价为：

$$\frac{2.45元+1.62元+1\,125元/1\,500+1\,738.75元/1\,500}{1-15\%-5\%}=7.48元$$

全部成本法能够把各种费用都考虑到价格里，以保证餐厅能获得一定量的利润。但该方法没有将由产量变化所引起的单位平均成本的变化这一因素考虑进去。因为单位全部成本中有一部分是并不随销售数量改变的固定成本，这样随着销售数量的增加，单位固定成本将下降并使单位全部成本下降。

由于菜品的销售份数是根据往年的销售数据测得的，如果下年度菜品实际销售份数减少很多，以此方法定价显然容易亏损。

3. 毛利加合定价法

毛利加合法是在食品饮料的成本额上加一定额的毛利作为售价。这种方法计算起来十分简单。毛利额的计算可根据往年的经营统计数据预测而得：

$$毛利额=\frac{预测营业总收入-原料成本总额}{预测菜品销售份数}$$

假如，某餐厅计划全年销售额为750 000元，原料成本（约占45%）总额为337 000元，预计全年出售菜品份数为100 000份，平均每份菜应加合的毛利为：

$$\frac{750\,000元-337\,000元}{100\,000}=4.13元$$

该方法的优点是重视每份菜的毛利额而不是毛利率，因为决定餐厅最终部门经营利润的是每份菜的毛利额。这样，原料成本额高的菜品定价不会过高，便于推销高价菜，原料成本额低的菜品定价不会太低，餐厅不易亏损。但这种定价法会使原料成本高的菜品价格偏低，而原料成本低的菜品价格过高。如果餐厅对该两种菜品加合不同量的毛利额，可克服上述缺点。

总之，成本只是企业菜单定价的基础，企业菜品的价格最终必须根据市场供需状况或平均价格水平来确定。这就要求企业尽可能降低成本，使企业菜单价格在市场竞争中赢得优势，取得主动。

思考题

1. 菜单在餐厅经营中的作用是什么?
2. 各类菜单的特征及适用范围是什么?
3. 菜品选择应考虑哪些因素?并结合实例进行分析。
4. 为什么说菜系是菜单设计的基础?
5. 如何从菜单设计中保持膳食营养的平衡?
6. 结合本章原理设计一份宴会菜单和一份餐厅零点菜单。
7. 分析菜品价格结构中不同因素对定价的影响。
8. 成本定价的几种方法及其运用。

第六章 食品原料的采购与保管

学习目的

　　通过本章的学习,应掌握食品原料的采购、验收、储藏、发放及盘存各环节的基本知识和管理要点,并具备能根据餐饮企业具体条件来制定相应采购保管规章制度的能力。

主要内容

- 食品原料的采购管理

  食品原料的采购概述　采购人员的配置和选择

  供货单位的选择　采购程序与方式

  采购数量管理　采购质量管理

- 食品原料的验收管理

  验收程序控制　验收工作中涉及到的表格

  验收控制

- 食品原料的储藏管理

  食品原料的储藏分类　食品原料的储藏管理

  储藏仓库的安全管理

- 食品原料的发放管理

  直接进料的发放管理　仓库原料的发放管理

  内部原料调拨的处理

- 食品原料的盘存

  期末库存原料的计价　仓库库存短缺率的控制

  库外存货盘存　库存周转率

教学指导

本章要求聘请一位有实践经验的采购员到课堂介绍经验和采购、保管的关键所在。

第一节　食品原料的采购管理

餐饮企业的日常运作管理从总体上可以分为三大环节,第一是进存环节,第二是生产环节,第三是销售环节。这三大环节是一个有机联系的整体,即餐饮产品的生产必须满足和符合客人的需求,而食品原料的采购又必须满足和符合生产的要求。只有使这种产、供、销在餐饮运行中形成协调的一体化格局,才能使餐饮企业的运行进入良性循环,确保餐饮经营的成功。所以,食品原料的采购、验收、储藏与发放管理是餐饮企业经营中的一项重要的日常管理工作,而重中之重是对采购价格、采购质量的控制,其次是对餐饮存货的管理,这几方面的管理好坏直接影响餐饮经营的成败,因为采购价格和采购质量直接影响采购成本的高低,餐饮存货的管理直接影响存货资金占用的多少和存货损失的多少。

一、食品原料的采购概述

1. 食品原料的采购原因

食品原料的采购是指餐饮企业根据生产经营的需要以最低价格实施订货,并购买到所需质量的食品原料。采购是由餐饮企业的生产特点及原料供应情况决定的,包括订货和购买两层含义。引起食品原料采购的因素如下:

(1)若原料的上市季节与生产季节存在着时间差异,则需要一定的库存来补充。

(2)对于鲜活原料,一定要根据保鲜期的长短来适量采购,否则会引起原料变质。

(3)根据库存设施及库存量大小来决定采购。原料采购的数量取决于餐饮企业拥有的冷冻设施和贮藏库的种类及数量是否充裕。

2. 采购要达到的指标(要求)

采购时要选择优质合格的货品、适当的价格以及具有信誉的供货单位和购货渠道以保证及时得到供应。也就是说要保证食品原料的数量、质量、价格、提供的时间都必须符合要求。

3. 采购工作的重要性

(1)采购成本影响餐饮产品利润。

在市场经济条件下,餐饮产品的价格受到市场竞争的影响,在这只"无形的手"的作用下产生价格均势。即在价值规律作用下,不能随意提高售价或根据市场竞争状况调整价格,否则会引起客人不满甚至失去客人。利润获益可以通过低价采购、控制成本来实现,这是因为采购价格具有差异,例如地区差价、产销差价、批零差价、季节差价等。餐厅产品的毛利率和某一产品的销售价格,直接受食品原料成本高低的影响。可以说菜品利润表现在销售价格上,但隐含在采购中。如果通过有效的采购工作节省了一元钱的成本,也就相应地增加了餐饮企业一元钱的利润。采购价格的高低除受上述原因影响外,主要受采购方式和采购数量的影响。

(2)采购数量影响流动资金的周转。

资金的周转期越短,流动速度越快,获利能力就越大。购入原料一般要用一定的现金支付货款。一旦过多采购造成积压和大量的库存,势必会影响现金的周转,过多资金占压会严重影响企业的日常经营。餐饮企业的贮藏库一般都较小,这就要求"勤进快销"、"以销定进",避免造成原料积压或造成自然或人为的耗损,资金周转也会相应加快。

4. 食品原料的采购控制

(1)对采购环节的各业务职责要明确分工,实现职责的分离控制。

①采购申请与采购执行的分离。

②采购与验收要分离。

③采购人、使用人和记录人要分离。

④付款审核人、付款执行人要分离。

⑤记账人与付款人要分离。
(2)建立定货控制制度。
①选择供应商的制度(招标、考核、检查机制)。
②建立严格的货款支付制度。
(3)人员职业道德教育制度。

二、采购人员的配置和选择

有的管理学家认为,一个好的采购人员可为企业节约5%的成本。一些餐饮企业由于采购人员素质差,采购进来的原料质次价高,浪费大,从而导致食品成本上升,企业利润较低。所以采购人员的选择对餐饮成本控制来说非常重要,不仅要求其具备一定的业务素质,而且还要具备一定的道德素质。

1. 采购人员应具备的业务素质
(1)了解食品制作的要领、程序和厨房业务。

采购人员不仅要了解餐厅的菜单,熟悉厨房加工、切配、烹调各个环节,懂得各种原料的损耗情况,加工的难易度及烹调的特点,而且还要掌握餐厅菜品的季节供应变化及菜品的销售情况。

(2)掌握食品原料的产品知识。

采购人员首先要随时学习和掌握国家已经颁布的和即将出台的有关食品原料的品质分类的标准、有关政策和规定,如牛肉、羊肉、兔肉卫生标准【GB 2708—1994】,猪肉卫生标准【GB 2707—1994】,西式蒸煮、烟熏火腿卫生标准【GB 13101—1991】,蛋制品卫生标准【GB 2749—1996】,海水鱼类卫生标准【GB 2733—1994】,头足类海产品卫生标准【GB 2735—1994】,海水贝类卫生标准【GB 2744—1996】,淡水鱼卫生标准【GB 2736—1994】,河虾卫生标准【GB 2740—1994】,果蔬类罐头食品卫生标准【GB 11671—1989】等。其次,还应懂得如何选择各种原料的质量、规格和产地,并有一定的鉴别能力,掌握什么季节购买什么产品,什么产品容易存放,什么产品存放时间长质量会下降等,这些知识对食品原料的选择和采购数量的决策有很大的用处。

(3)了解食品原料供应市场和采购渠道。

要了解餐饮企业原料的供货地点,如各大批发商与零售商的地址、电话,并建立长期的、稳定的、相互信任的交易关系。

(4)了解进价与销价的核算关系。

采购人员应了解菜单上每一菜品的名称、售价和分量,知道餐厅近期的毛利率和理想的毛利率。这样在采购时就能决定某种食品原料在价格上是否可以接受。

(5)熟悉财务制度。

要了解有关现金、支票、发票等使用的要求和规定,以及对应收应付款的处理要求等。随着交易手段的现代化,使用支票和银行转账会越来越多。随着税务征收管理制度化,对发票的管理也会越来越严。

2. 采购人员的道德准则

(1)要具有基本的职业道德和敬业精神,不得损公肥私。每花一元钱都应努力获取最大的价值,不得任意挥霍。

(2)积极努力做好本职工作。善于接受上级领导、同事和供应单位业务员的建设性意见,不能唯我独尊。

(3)在采购活动中做到公正、诚实、原则性强,有效地履行岗位职责,以增进与供应单位之间的关系。

(4)不允许接受礼物和收取回扣。如果一个采购员接受供货单位的几十元、上百元的礼品,就有可能使餐饮企业每年在采购过程中多付出几万元或几十万元的费用。

三、供货单位的选择

1. 供货单位的地理位置

供货单位与餐饮企业的距离较近,可以缩短采购和供货时间,节省采购费用。

2. 供货单位的设施

根据供货单位的卫生条件是否良好,规章制度是否健全,设备设施是否齐备且较具现代化的标准,来确定供货单位的管理水平。

3. 供货单位财务的稳定性

对未来的供货单位的财务可靠程度进行调查,以避免今后供应受到影响。此外,供货单位的财务实力直接影响采购价格的高低,财务实力强的供货商一般价格较低,同时还可提供较长的商业信用期,减少采购资金占用。

4. 供货单位业务人员的技术能力和服务水平

一个优秀的供销员不仅仅是接受定货单,他们应当熟知出售物品的性能,并能帮助购货单位了解如何最好地使用这些物品,同时能提供较好的售后服务。

5. 合理的价格

在保证食品原料质量的基础上,供货单位还要提供公平合理的价格。

四、采购程序与方式

1. 采购程序

采购程序可因餐饮企业的规模、管理模式、组织机构的不同而各有所异,但设计采购程序的目的和原理是相同的。实施采购必须按采购程序进行,这样才能实行有效的控制和管理。采购程序见图 6-1:

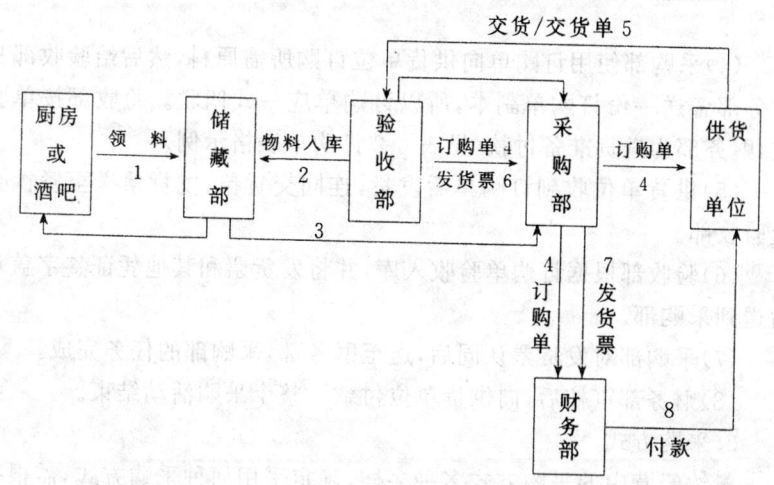

图 6-1 采购程序示意图

可见采购程序有8个环节：

(1)厨房或酒吧确定所需原料，填写领料单。

(2)储藏室根据领料单将食品原料发放给使用部门。

(3)当存货降至再订购点时，储藏室向采购部送"请购单"申请定购。"请购单"必须说明需采购的物品的品名、规格、数量及建议供货单位(见表6-1"请购单"表格示例)。

表6-1　请购单

日期＿＿＿＿		请　　购＿＿＿＿	
部门＿＿＿＿		主管签字＿＿＿＿	
要求交货日期＿＿＿＿			
品名	规格	数量	建议供应商

(4)采购部使用订购单向供货单位订购所需原料，然后给验收部和财务部各送一份订购单副本，所以订购单应一式四联。验收部按单验收，财务部为送货准备付款(见表6-2订购单表格示例)。

(5)供货单位收到订购单后发货，连同交货单、发货票送至餐饮企业验收部。

(6)验收部根据订购单验收入库，并将发货票和其他凭证签字盖章后送到采购部。

(7)采购部对发货票认同后，送至财务部，采购部的任务完成。

(8)财务部审核后，向供货单位付款。整个采购活动结束。

2.采购方式

餐饮经营中的采购方式多种多样，确定采用何种采购方式，需根据餐饮企业经营业务要求，并结合市场的实际情况来选择。通常的采购方式有3种：一是市场即时购买，二是预先购买，三是集中购买。

表 6-2　订购单

订购单编号 _____				供货单位 _____		
订购日期 _____						
交货日期 _____				订货单位 _____		
付款条件 _____						
品名	规格	订购数量	运送单位数		价格	金额
注意：本订购单明确规定，只接受上述背面注明的条款和条件及本订购单附件或用其他方式说明的附加条款和条件，而不接受卖方提出的附加条款和条件。						

注：订购单除上述栏目外，还可以注明保证条款、付款要求、验收者资格、转移责任条款及其他合同条款。

(1) 市场即时购买。

市场即时购买指在现行食品市场按品种、质量、价格进行选择购买。用这种方式购买的食品主要是一些价格起落频繁、不宜储藏的食品，诸如新鲜的肉类、禽类、水产品和蔬菜等农副产品，购买的价格随市场的供应情况而变化。即时购买应做到以下几点：

一是使供货单位竞争性报价。作为买方必须获得市场行情信息（如各类食品的价格、供求情况），根据购货量通知多家供应商并征得报价，然后货比三家，最后择优采购。

二是定点购买。即选定一个或几个供应点购买所需要的食品，建立长期的合作关系，保证一些供应不足的种类能得到及时的供应。选定的供应点可以是直接的批发单位、生产者和养殖者。当然这种采购也要及时掌握市场行情，否则会失去对价格的控制。

三是综合以上两种方法的长处，将所需原料的采购分别认定在一组供应商中，并使他们在质量和价格方面进行竞争，购买中找到最佳质量的原料，同时用各家的报价进行价格控制。使用这种方法时，餐饮企业必须有相当大的采购量来吸引供应者竞争。

(2)预先购买。

预先购买指在预先确定了经营需要之后,提前购买储存备用,或者购买单位与供应单位之间订立正式购买合同,确保一定时期内的供应。之所以采用这种方式是因为许多餐饮企业在确定了菜单上产品的售价后,就不能像市场那样不断变化,必须用预先购买的方式使餐饮价格在几个月甚至一年中维持相对的稳定,以有效控制餐饮成本。采用此方法的前提是对市场作出准确的预测,尤其是对目前市场因供应过量而价格低廉,不久将出现供应缺乏或需求量大增局面的食品更加适用。当然,所有的食品原料都采用这种方法是不实际的,但对主要几类原料实行这种采购方式是行之有效的。例如,现在许多大型餐饮企业对鸡、鸭、鱼、肉、蛋等原料与其产地建立稳定的购销关系,建立了稳定的购货基地。餐饮业所需原料多为农副产品,价格走势很难精确预测,预测的依据主要有几个方面:第一,农副产品价格政策;第二,气候条件影响;第三,加入世贸组织的影响。近期,由于加入世贸组织降低关税的影响,许多进口农副产品的价格大幅下降,最大降幅达100%。

预先购买需要考虑的因素有:采购量要与储存的使用期限相一致;采购量与储存条件相适宜;储存后的损耗和费用是否能与将来升价后的差价相抵消;储存后是否会降低质量。

(3)集中采购。

集中采购是餐饮企业连锁集团总部专设一个中心采购部或配送中心,集中为所属企业进行的采购。

集中采购的优点是:

第一,大批量采购能得到较大的折扣,降低了成本,可以获得价格优势,增加市场竞争能力。

第二,保证质量,达到集团统一的规格和标准。

第三,对采购人员的舞弊行为有较大的控制力。

集中采购的缺点是:

第一,集团统一采购标准产品,使餐饮企业选择本地特色和本餐厅特色原料的主动权减少,限制了下属企业发挥自己特色的能力。

第二,集团采购不利于下属餐饮企业发展与当地供应商的合作关系。

五、采购数量管理

食品原料采购的质量标准在一段时间内可以相对稳定,而采购数量则要随餐厅销售量和库存量的变化而不断进行调整。如果采购数量控制不当就可能出现以下问题:一方面采购数量过多,占用过多资金,造成资金周转困难,并且发生原料腐烂、变质、损坏,使成本增加;另一方面采购数量过少,势必导致供应、库存中断而影响正常销售。

1. 影响采购数量的因素

(1)该餐厅餐饮产品销售数量的增与降影响采购数量的多与少。

(2)现有的仓储设施影响着采购数量。比如,冷冻、冷藏空间过小,则不能采购过多的易腐败变质的鱼、肉、禽、蛋类原料;除湿能力低或设备差,则不能采购过多的干货。

(3)企业财务状况的好坏影响采购的数量。餐饮企业经营较好时,可适当增大采购量;资金紧缺时,则应精打细算,减少采购量,以利资金周转。

(4)食品原料的内在特点决定了采购数量的大小。不易久储的食品原料应"勤进快销";易于保存的干货,则可适当增加采购数量。

(5)市场价格的涨落影响采购数量。

(6)市场供求状况的稳定程度影响采购数量。当市场上原料的供应比较稳定时,采购的数量可按照其消耗速度和供货天数来计算;当原料的市场供应不稳定时(比如忽多忽少,或长期缺货),可以增加采购数量。

(7)供货单位施加影响而产生的最低订货要求(或限制)影响采购的数量。比如,供货单位可能会规定最低金额、最少重量及包装等。

如果不考虑以上因素,只考虑采购数量对采购成本的影响,则要根据最低采购成本决定的最优数量来采购。采购的总成本由购货成本、采购费用、储存成本构成,在一年中购货总量一定的前提下,购货成本可以近似看成是一定的,当采购数量大时,采购次数减少,相应的采购费用会减少,但是由于库存增加,储存成本会增加。所以采购数量的决策就是要选择某一采购数量,使采购费用和储存成本的总和达到最小。

2. 采购数量的管理

对采购管理来说,食品原料可分为易坏性原料和非易坏性原料,对这两类原料的采购应区别对待。

(1)易坏性食品原料的采购数量。

易坏性食品原料一般为鲜活货,这类原料要求购进后立即使用,用完后再购进新的原料。因此,这类原料的采购频率较大,一般使用的采购方法为"日常采购法"和"长期订货法"。

①日常采购法。每次采购的数量可用下列公式表示:

$$应采购数量=需使用数量-现有数量$$

需使用数量是指在进货间隔期内对某种原料的需要量。例如,如果每4天进一次货,那么餐饮经理或行政总厨填"请购单"时,要根据自己的经验预测在此4天内大概使用多少这种原料。

现有数量是指某种原料的库存数量,包括已经发往厨房而未被使用的原料数量。这个数量可以通过实地盘存加以确定。

应采购数量是指需使用量与现有量之差。这个数量还要根据特殊宴会、节日或其他特殊情况加以适当调整。这个数字虽然是估计或预测到的,不完全精确,但这无关紧要。因为鲜活类食品原料采购周期较短,送货也较方便,如果这一次采购数量多了,那么下一次采购数量就可少一些。

餐厅可自行设计一个"原料采购单",将所有易变质的鲜活类食品原料按分类列在表上,这样既可以节省工作量,同时还有助于控制采购数量和采购价格。

②长期订货法。

餐厅中有一些原料,其本身价值不太高,但其消耗量大,所需数量也较稳定,这类原料如果用上述方法采购就显得费时费力了,因此,可采用"长期订货法"。

餐饮企业采购部门可与一家供货单位订下合同,规定以固定价格每天向其供应规定数量的原料。例如:餐饮企业与食品公司商定每天送4箱鸡蛋,只规定需求量或结存量,有特殊变化时再增加或减少采购量。这类原料主要包括:面包、奶制品、蛋制品、常用蔬菜、水果和常用饮料等。另外还可用于价值低、耗量大、占据空间多、天天需补充的其他物品,如卫生纸、纸餐巾、啤酒等。

(2)非易坏性食品原料的采购数量。

非易坏性食品原料不像易坏性食品原料那样容易腐败变质,但这也并不意味着可以大批量的采购。我们通常使用"定期采购法"和"永续盘存法"对这类食品原料的采购数量进行控制。

①最高或最低库存量调节法。

订货数量可以根据不同的存货定额来决定,即对各种食品原料确定它的最高或最低库存量,用采购量来调节这种库存量。如:

采购品名	冬笋罐头
每天使用量	2听
采购周期	30天
采购周期内使用量	2听×30(天)=60听
订货到购回入库时间 (间隔期)	3天
订货到购回入库期间使用量	2听×3(天)=6听
库存安全系数	2听×3(天)=6听

最低标准库存量=订货到入库期间内的使用量+库存安全系数

即:6听+6听=12听

最高标准库存量=采购周期内的使用量+库存安全系数

即:60听+6听=66听

当处在最低库存量订货时:

订货数量=采购周期内的使用量,即:60听

在库存量未达到最低库存量时,确定订货采购数量,应先清点库存数量,然后从清点的库存量中减去最低库存量:

现有库存量:	20听
减去最低库存量:	20听-12听=8听

订货量=采购周期内的使用量-超过最低库存的数量

即:订货量=60听-8听=52听

使用这种方法必须首先决定每一项物品的最低和最高库存量,并且向采购人员说明,采购时不得少于最低库存量才订货,超过最高库存量时则不得再行添购,以防积压。

② 永续盘存法。

指通过永续盘存表来指导采购，对所有入库及发料保持连续记录的一种存货控制方法。但是由于使用这种方法需要由专业人员来进行相当精确的数字记录，所以采用此法的餐饮企业并不多，只有那些大的酒店集团才会使用这种方法。

使用永续盘存法的目的是，保证采购的数量既能满足预期的需要而又不致造成过多的进货。采购要根据永续盘存表的记录进行。大酒店中对主要干货原料（非易坏性原料）都建立永续盘存表，由库管人员记录、保管，每天的进货、发货情况及结余都反映在这张表格上，一旦结余数量降至最低点时，则可按订单进行采购。所以，它既是一种存货控制方法，也是一种采购方法。

例如，某餐厅罐装菠萝片的采购周期为15天，日平均消耗为10罐，最高库存量为180罐，最低库存量为60罐。12月1日当库管员发现发出10罐后还剩60罐，已到达最低库存量，于是发出订货通知，订单号码为 #637—43。订货数量仍按前面介绍的公式计算。当处在最低库存量时订货量＝采购周期内的使用量＝150罐。考虑到以箱为采购单位，故实际订货13箱，即156罐，这样三天之后货物到达，库存量又增至175罐（见表6-3）。

表6-3 永续盘存表

品名：菠萝片		最高库存量：180罐	编号 1234
规格：#21/2罐		最低库存量：60罐	
单价：36元/箱（12罐）			
日期	订单号码	收入	发出	结余
1/10	#637—43		10	60
2/10			8	52
3/10			11	41
4/10			12	29
5/10		156	10	175
6/10				

六、采购质量管理

1. 采购质量标准

采购质量标准又称"标准采购规格",是指根据餐饮企业的特殊要求,对所要采购的各种食品原料作出详细而具体的标准规格的规定,如原料的部位、产地、等级、性能、份额大小、包装方法、外观、色泽、新鲜度等。

目前,我国食品原料的质量标准还没有完全规范,一般餐饮企业只是对那些成本较高的鱼、禽、肉以及高档原料,按自定的质量标准来指导采购。

2. 质量标准的形式与内容(见表4)

质量标准的形式以"采购明细单"或"标准采购规格"的表格形式出现。质量标准的内容包括:

(1)食品原料的名称。

(2)食品原料的用途。

(3)食品原料的质量或性质的说明,包括产地、等级、部位形状、规格、气味、产率、色泽与外观等。

(4)食品原料的检验程序。

(5)食品原料的特殊指示与要求。

表 6-4 食品原料质量标准表

品 名	产 地	部位形状	色泽与外观	气味与味道	产率	发货

3. 制定质量标准的作用

(1)使用质量标准,可以把好采购关,避免因采购的原料质量不稳定而引起产品质量不稳定。

(2)把采购质量标准分发给供货单位,使供货单位掌握该餐饮企业的质量要求,避免发生分歧和矛盾。

(3)便于采购的顺利进行。避免每次对供货单位提出各种原料的质量要求,以便减少工作量。

(4)将质量标准分发给若干个供货单位,以便招标选择最低价格。

(5)有利于原料的验收。

(6)可以防止原料采购部门与原料使用部门之间可能产生的矛盾。

采购质量的好坏也是影响餐饮成本的重要因素,原料质量差,使用过程中的损失大,客人的投诉也会多,从而引发大量的质量成本问题。原料质量好,使用过程中的损失小,餐饮产品的质量也会高,会对企业产生许多积极正面的影响。

第二节 食品原料的验收管理

验收也是对食品原料的数量、质量、价格控制的关键。采购时所订的原料要求一定数量、质量合格、价格最优,但如果不加以严格的验收控制就不能保证实际发送的货物与采购时的要求一致,供货单位发送的货物会有意无意地超过订量,或短斤缺两,或质量不符合要求,或价格与商定的价格有出入等。验收就是要核实这些标准是否与定单一致,检查送货量和价格是否与发货单一致。因此,验收工作是餐饮管理中不可缺少的重要环节。

一、验收程序控制

1. 验收员的配备

验收员绝不应设在采购部,而要在餐饮企业的组织设计中设专人负责食品原料的验收,明确规定验收员、采购员、厨师长在对外交往中所享有的权利,使三者处于相对独立的地位,这样才能使验收员排除干扰,严格按规定检查。

作为一名合格的验收员,应具备以下素质:

(1)责任心强,具有较高的业务素质和品德修养。独立工作,严格把关,不受他人干扰。

(2)诚实可靠,不徇私舞弊,对企业忠心不二。遇有特别情况应及时向上级主管汇报请示,不得擅作主张。

(3)有丰富的食品原料知识。验收员一般可以从仓储部职工、餐饮成本控制人员或厨房工作人员中选择。

(4)熟悉财会制度。

餐饮企业应制定相应的培训计划,定期对验收员进行培训,提高其业务水平和道德素质。同时,应使验收人员铭记:未经上级主管同意,任何人都无权改变采购规格,遇到特殊情况及时向主管汇报,不得擅自行事。

2. 验收内容

验收内容包括参照订购单盘点数量、检查质量、核实价格3项。

3. 验收的步骤

(1)验收准备。验收准备工作有:

①验收办公室应设在验收处和储藏室附近。

②验收部门应备有足够的验收工具,包括磅秤、天平秤、温度计、暗箱、起钉器、纸板箱切割工具、尖刀等。

③验收部门应备有各种验收票据,主要有验收单、验收标签、购货发票、收货单、食品原料质量标准手册等。

(2)依据订货单或订购记录检查进货。

在这个过程中,验收员首先应核实收受项目是否与订购单相符。对数量(个数、件数)逐一清点,对重量一一称重,对质量要根据规格标准手册验核对照。在验收过程中验收员一定要坚持原则,做到:

①未办理过订货手续的物品不予受理。

②订货量与送货量不符的不予受理。

③不符合质量要求的不予受理。

(3)根据发票来检查进货。一般有3种情况:

①通常供货发票是随同货物一同交付的。发票是付款的重要凭证,供货单位送来或餐饮企业自行购运回来的食品数量、价格是发票开具的内容,应该依此核实原料数量和价格。

②如遇某种原因,发票未随货物一起送到,可开具本餐饮企业制备的备忘清单,在清单上注明收到货物的数量、价格,在正式发票送到以前暂以此据为凭。

③有些食品原料,尤其是在农贸市场向个体户购买的蔬菜原料是没有发票的,这时应填写"无购货发票收货单",以便财务入账。

(4)受理货品。

货品验收无误后,填写进货验收单,正确记录供货单位名称、收货日期以及各种原料的重量、数量、单位和金额。验收员在送货发票上签字,并加盖验收章,接受货品。验收后,货品就由仓储部门负责了。验收章的内容有收货日期、验收员签字、采购员签字、成本控制员签字、主管人员签字。

如果货品分量不足,质量不符合订货标准或价格提高,而又没有通报给采购部,那么验收员有权拒绝收货。在退回食品原料时,应填写原料退回通知单,并取得送货人签字,将通知单连同发货单副本退回供货单位。

(5)送库储存。

验收合格后,验收员要在货物包装上注明收货日期(有助于先进先出原则的贯彻)。对于鱼、肉、禽等成本较高的原料,应使用肉类标签,便于发货时统计成本。这些工作一经完成,应立即将货品入库或直接送入使用部门,以免引起质量下降或造成损失。

(6)填写验收日报表或其他表格。

(7)将表据及时送财务部。

将所有发货单、发票或有关单据及进货日报表及时送交财务部门,以便及时付款给供货单位。

二、验收工作中涉及的表格

1. 验收日报表

验收日报表记载餐饮企业每日所购进的食品原料。它不仅要记载原料的品名、规格、单价和金额,并且要注明这些原料的去向,即是直接进入厨房还是入库(见表6—5)。

采购的原料分两大类:一类是直接发送到厨房使用的原料——直

接采购原料;另一类是验收后直接入库的原料——库房采购原料。

直接采购原料是指验收时直接计入当日餐饮成本的原料。这类原料易坏性大(如蔬菜、水果、面包、奶制品,少量的鲜肉、鱼、禽等),它们需要每日采购、立即使用。

库房采购原料是指在领料时计入餐饮成本的原料。验收时库房采购费用计入流动资金占用的原料项内。

表 6-5　食品验收日报表

货品名	供应商名称	发货票	数量	单价	金额	直接采购原料				库房采购原料					
						一厨房		二厨房		一号库		二号库		三号库	
						数量	金额	数量	金额	数量	金额	数量	金额	数量	金额
合计															

2. 发货票

所有送货都应有发货票,随货到达的发货票(如表 6-6)应一式两联,送货人将发货票交验收员,验收后盖章签名,第一联由验收员留下上交财务部门,第二联由送货人带回供货单位,证明货品已被订货单位验收。

表 6-6　发货票

供应公司发票				
户名_____		年____	月____	日____
品名	单位	数量	单价	合计
总计(人民币大写)				

3. 验收章

验收章应盖在发票的第一联上,盖章后即证明原料已经过验收。国内通常使用的验收章只有"收讫"二字,但国外使用的验收章包括很多的内容(见表6-7)。

表6-7中的验收章看起来似乎较大,但却有其特殊用意:

(1)验收员签字表明是谁负责验收的,同时也表明他对原料数量、质量和价格的认可。

(2)管理员签字表明他已收到订购的货品。

(3)采购员签字认定该货品的采购人。

(4)单价及小计审核表明核审员已经认可应付款项的正确性。

(5)同意付款栏由总经理或总经理指定的负责人填写,表明已同意付款,采购过程正式结束。

表6-7 验收章

验收章	日期_____
验收员_____	
管理员_____	
单价及小计审核_____	
同意付款_____	
采购员签字_____	

4. 无购货发票收货单

有些原料尤其是一些由农民或养殖户每天按时交货的,交货时没有发票,而且这种现象比较普遍,需要餐饮企业自行设计"无购货发票收货单"(见表6—8),供验收记账使用。无购货发票单一式两联,一联送财务部,一联由验收部留存。

三、验收控制

验收工作虽然是由验收员来完成的,但餐饮企业的管理人员、总会计师、财务部领导、行政总厨、仓储部主管等人员应不定期地对验收工作进行检查和监督。具体内容包括:

表 6-8　无购货发票收货单

饭店无购货发票收货单			
发货单位＿＿＿＿＿		编号＿＿＿＿＿ 日期＿＿＿＿＿	
品名	数量	单价	小计

(1) 专人负责验收，不能谁有空，谁验收。
(2) 验收员与采购员分属不同部门领导。
(3) 验收要在指定的验收处进行。
(4) 货品一经验收，应立即入库，以防被偷窃和发生意外损失。
(5) 尽量减少验收处出入人员，保证验收工作顺利进行。

第三节　食品原料的储藏管理

食品原料的储藏管理与采购、验收管理一样都是餐饮企业经营管理中的一个重要环节，它对餐饮成品的质量和企业的菜品成本有着举足轻重的影响。许多餐饮企业对食品原料的储藏管理混乱，引起食品原料腐败变质，或遭偷窃、丢失，或被员工私自挪用，从而造成餐饮成本和经营费用提高，甚至导致餐饮经营的失败。

加强储藏管理要求餐饮企业必须注意仓库位置、容量、原料堆放、卫生条件、安全措施、温度湿度、通风设备等方面存在的问题，并提出改善的措施。

一、食品原料的储藏分类

1. 食品原料储藏的目的

(1)保证菜单上的所有菜品和酒水得到充足的供应,不能断档。
(2)弥补生产季节和登场消费的时间差。
(3)弥补空间上的距离差。从订购、购买到交货这一采购过程不是即时完成的,它需要2~3天的时间,因此,储藏必须能保证这几天的原料供应,不能脱销、断档。
(4)从食品卫生的角度讲,储藏可防止细菌传播,防止食品内部细菌的繁殖生长。

2. 原料储藏分类

餐饮原料因质地、性能的不同,对贮存条件的要求也不同。同时,因餐饮原料使用的频率、数量不同,对其存放的地点、位置、时间要求也不同。为此餐饮企业应将原料分门别类地进行贮存。原料可按其性质分为食品类、酒水类和非食用物质类分别贮存,按原料对贮存条件的要求,又可分为干货库贮藏、冷藏库贮藏、冷冻库贮藏等。(见图6-2):

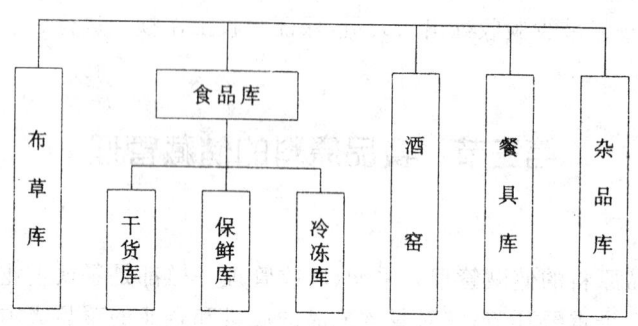

图6—2 原料储藏分类图

二、食品原料的储藏管理

为了做好食品原料的储藏,我们必须了解温度、湿度、通风和照明与食品原料储藏的关系,并在仓库设计时,考虑这些因素。

(1)温度是原料储藏的关键,合适的温度不仅是保证原料质量,而且是防止食品受污染的主要手段。

(2)湿度过高会使食物发生霉变。温度和湿度还会直接影响食物的储藏期。

(3)良好的通风有利于保持适宜的温、湿度,同时,可排出异味,送入新鲜空气。

(4)如果阳光直接照射食品原料,会引起其表面升温而造成质量下降,所以仓库的照明一般使用灯光,而不透过窗户自然采光,即使有窗户,也应尽量安装上毛玻璃。

1. 干货原料的储藏管理

干货原料主要包括面粉、糖和盐、谷物类、干豆类、饼干类、食用油类、罐装和瓶装食品等。干货食品宜储藏在阴凉、干燥、通风处,离开地面和墙壁有一定距离,不要放在下水道附近和水管下面,并远离化学药剂。

(1)合理分类、合理堆放。

按属性对原料进行分类并存放在固定位置,然后再将属于同一类的各种原料按名称的部首笔画或字母顺序进行排列。也可以根据各种原料的使用频率堆放。如使用频繁的物品存放在库房门口易取的地方,反之,放在距门口较远的地方。

(2)货架的使用。

干货仓库一般多使用货架储藏食品原料。货架可以是金属制品,也可以是木制货架。货架最低层应距地面至少10cm,以便空气流通,不致于使箱装、袋装原料受地面湿气的影响,同时也便于清扫。货架和墙壁应保持5cm的距离。

(3)温度的要求。

干货仓库的最佳温度应控制在15 ℃~21 ℃之间。温度低一些,食品的保存期可长一些,温度越高,保存期越短,所以干货库应远离发热设备。

(4)对虫害和鼠害的防范。

所有干货食品都应包装紧密。已启封的食品要贮藏在密封容器里。定期清扫地面、货架,保持干净卫生并不留卫生死角,防止虫子滋生。

(5)所有干货食品要注明日期,按先存先取原则盘存。

(6)非食物用品应与食品分开,单独存放。如清洁剂、清洁用品和餐具、瓷器、玻璃器皿、刀叉等,各种锅、勺、铲等炊具,纸品、布件、餐巾纸、桌布、餐巾等。同时,要标明货名,以免被误用到食品中,尤其是清洁剂和清洁用品更是如此。

2. 鲜货原料的冷藏管理

鲜货原料包括新鲜食品原料和已加工过的食品原料。

新鲜食品原料包括蔬菜,水果,鸡蛋,奶制品,新鲜的肉、鱼、禽类等。

加工过的食品原料包括切配好的肉、鱼、禽类原料,冷荤菜品,蔬菜与水果色拉,各种易发酵的调味汁,剩余食品。

鲜货原料一般需使用冷藏设备。冷藏的目的是以低温抑制细菌繁殖,维持原料的质量,延长其保存期。

(1)所有易腐败变质的食品的冷藏温度要保持在 4 ℃~5 ℃以下。

(2)冷藏室不能装得太挤,各种食物之间要留有空隙,以利于空气流通。

(3)尽量减少冷藏室门的开启次数。

(4)保持冷藏室内部的清洁。定期做好冷藏室的卫生。

(5)将生、熟食品分开储藏。最好每种食品都有单独的包装。

(6)如果只有一个冷藏室,要将熟食放在生食的上方,以防生食品带菌的汁液滴到熟食上。

(7)需冷藏的食品应先使用干净卫生容器包装好才能放进冰箱,避免互相串味。

(8)需要冷藏的热食品如汤汁类,要迅速降温变凉,然后再放入冷藏室。

(9)需要经常检查冷藏室的温度,避免由于疏忽或机器故障而使温度升高,导致食品在冷藏室内变质。

(10)保证食品原料在冷藏保质期内使用。

在冷藏温度下,不同的食品原料的冷藏期是不相同的。在冷藏工作中,必须注意到这种区别。表6-9列出了不同食品的冷藏期。

表 6-9 各类食品原料的冷藏期表

食 品 名 称	冷藏期(天)
烤制用肉、排骨	3
肉馅、内脏	2
火 腿	14
鸡、火 鸡	2～3
鱼 类	2
鲜 蛋	14
解冻后的鸡蛋	2
水果与蔬菜	5～7

(11)食品原料冷藏的其他注意事项。

①入库前需仔细检查食品原料,避免把已经变质、被污染过的食品送入冷藏室。

②已经加工的食品和剩余食品应密封冷藏,以免受冷干缩或串味,并防止滴水或异物混入。

③带有强烈气味的食品应密封冷藏,以免影响其他食品。

④冷藏设备的底部及靠近制冷设备与货架底层是温度最低的地方,这些位置适宜用来存放奶制品、肉类、禽类、水产类食品原料。

3. 食品原料的冷冻储藏

冷冻食品原料包括冷冻肉类、禽类、水产类,甚至冷冻蔬菜,以及已加工的成品和半成品。

(1)冷冻温度。

任何食品都不可能无限期地储藏,否则其营养成分、香味、质地、色泽都将随着时间的逐渐流逝而降低。一般来说,食品原料的冷冻分三步进行,即冷藏→速冻→冷冻储藏。食品冷冻的速度越快越好。因为在速冻条件下,食品内部的冰结晶颗粒细小,不易损坏结构组织。因此,餐饮企业最好拥有速冻机,食品原料的冷冻储藏温度一般控制在$-18\ ℃$～$-25\ ℃$之间为宜。

(2)冷冻储藏期。

食品冷冻后可以储藏较长时间,但这并不等于说可以无限期地储存。一般食品的冷冻储藏期在3～6个月之间。各类食品冷冻储藏的最长时间如表6-10：

表6-10 食品原料的冷冻储藏期表

食品原料	最长储藏期(月)(-18℃)
猪肉	6
牛羊肉	6～9
香肠、肉菜、鱼类	1～3
禽类、蛋类	6～12
水产品	3～6

(3)冷冻储藏的一般规则。

为保证冷冻食品原料的新鲜质量，尽量延长其有效储藏期，在食品原料的冷冻储藏过程中应注意以下问题：

①把好验货关。需要冷冻的原料入库时必须在冷冻状态，已经解冻或部分解冻的食品原料应即刻置在零下18℃以下(含零下18℃)。温度越低，温差越小，则食品原料在储藏期内的质量就越能得到保证。

②冷冻储藏的食品原料，特别是鱼、肉、禽类，应用抗挥发性材料(塑料袋、塑料薄膜)包装紧密，以免原料丢失水分。

③坚持"先进先出"原则，所有原料必须标明入库日期及价格，并经常挪动储藏的食品原料，防止储藏过久造成损失。

④不允许将食品原料堆放在地面上或紧靠墙壁，从而妨碍库内空气循环，影响原料的冷冻质量。

⑤有些冷冻食品原料(如家禽)可直接烹烧，不需要经过解冻，这样有利于保持其色泽和外形。

⑥使用正确的解冻方法。切忌在室温下解冻，以免引起细菌和微生物的急剧繁殖。正确的解冻方法有3：

一是冷藏解冻。将冷冻食品放入冷藏室内逐渐解冻。

二是自来水冲浸解冻。将冷冻肉块用塑料袋盛装，密封置于自来水池中冲刷解冻。

三是微波炉或红外线烤箱解冻。

三、储藏仓库的安全管理

储藏仓库就像银行的保险库,有效的安全控制可以杜绝偷盗,避免食品成本增大。

1. 贮存区的位置安全

贮存区的位置最好设在验收处和厨房之间,不仅要使货物流通顺畅,确保货物的贮存和发料方便、迅速,而且还要确保贮存安全,不要设在容易被偷窃的僻静的位置。一般不设窗口,只设通风口,即使设计窗口,也应该在窗上加铸安全铁条。进出仓库的门宜小不宜大,而且门要坚固耐用。

2. 良好的钥匙管理制度

(1)储藏仓库的钥匙应由专人管理。

一般来说储藏库有三把钥匙,即库管员使用一把,值班经理保管一把,经理室的保险柜再存放一把。库管员一般上正常班,一旦库管员下班时出现需要用料的情况,可以通过值班经理开库取料。若出现其他情况值班经理又不在时,则由保安人员负责取用保险柜内的钥匙。

(2)对于贵重的食品原料,应在库内划出专门的储藏间并上锁。

(3)仓储区有充足的照明是必要的,另外如有条件,餐饮企业应采用闭路电视监控仓储区的情况。

3. 有效的存货控制程序

(1)货物的合理安排。

库房内部货物的存放要有固定的位置,安排应合理,确保货物循环使用方便。常用物品要求安排在存取方便之处。

①存放位置固定。

所有的货物都应始终放在固定的位置,千万不要分放在不同的位置,否则容易被遗忘,发生变质,并易引起采购过量,且给每月盘点库存带来麻烦。新的同类货物到达后要注意存放在同一位置。若条件许可,不同类的货物应尽可能贮存在不同的贮存设备中。

酒水也应分类存放。比如将所有的白酒放在一起,所有的威士忌放在一起,不同商标的酒水要分开。由于许多洋酒的名字对员工和顾客来说是生疏的,所以最好将不同商标的酒水编号,以方便仓库管理和顾客订酒。

食品和饮料库房的门内最好贴一张标明各类物资贮存位置的平面图,这样便于管理员查找,特别便于新的管理员熟悉各种货物的存放位置。

②确保货物循环使用。

库房管理员应注意确保先到的货物比后到的先用,这种库存物资的循环使用方法叫"先进先出法"。为此管理员要把新进的货品放在先进的货品后面,这样先进的货品才能先使用。另外货品上要贴上或挂上货物标牌,而且货物标牌上要标有进货日期。管理员在发料时可参照进货日期。库房管理员在盘点库存物资时,发现贮存时间较长的物资应列在清单上,提醒主厨师长及时使用。

③按使用程度确保方便的贮存位置。

在安排货品的贮存位置时,要注意将最常用的货物放在尽可能接近出入口之处和方便拿取之处。重的、体积大的货物应放在低处并接近通道和出入口,这样能减少劳动量和节省搬运时间。

(2)采用货品库存卡制度。

为方便对货品的保管、盘存、补充,有必要对库房中贮存的每种货品建立库存卡。货品库存卡制度要求对每种货品的入库和发料正确地作好数量、金额的记录,记载各种货品的结存量。

货品库存卡的内容见表6-11,主要分为5大部分:

①货物进货信息。

货品库存卡上有货品进货的日期、数量、单价和金额以及账单号。这种信息可保证库房采购物资经验收后能及时入库和入账,防止丢失。一旦出现问题可通过账单号查找。

②货物发货信息。

货品库存卡上登记有发料的数量、单价和金额。每发出一笔料都要有发货日期以及相对应的领料单号。所以库房中所有已发放的货物都可以根据领料单查找到去向。

③结存量信息。

货品库存卡上记载着货品结存的数量、单价和金额。将库存卡上的结存数量核对实物数,便于控制货品的短缺。

④采购信息。

货品库存卡上还记录着各货品的标准贮量、订货点贮量、订货量和订货日。一般货品在规定的订货日定期采购,采购员可以根据库存卡上的结存数量将货物补充到标准贮量。如果在规定的采购日以前货物已减少到订货点贮量,则可根据库存卡上的订货量采购。这种信息为采购管理提供了方便。

⑤货品位置信息。

货品库存卡标明了货品的货架号和货位号,二者结合就是该货品的货号。这些号码标明货品贮存的位置,为库房管理员寻找货品和盘点库存物资提供了方便。

表 6-11 货品库存卡

		进项			发货				结存			库存盘点数日期
日期	账号单	数量	单价	金额	日期	领料单号	数量	单价	金额	数量	单价	金额	
1	1	01467	300 听	¥12.6	3780. 元	1	1256	26 听	¥12.8	332.8 元	52 听 326	¥12.8	665.6 元

标准贮量	订货点质量	单位	订货量	订货日	货架号	货位号	价格	货名
350	90	听	300	每月1日 10日 30日	A1-3	045		3#蘑菇罐头

(3) 使用货品标牌。

货品标牌是挂贴在贮存货品上的一种库房管理工具。货品标牌上提供了货品品名、进货日期、货品的数量或重量、货品的单价和金额。这些信息由验收员在货品进货时填写。

货品标牌主要有3大作用：

① 有利于迅速进行存货清点,可以简化货品清点的手续。

② 有利于按"先进先出"的原则使用货品。

③ 简化发料计价手续。

第四节 食品原料的发放管理

食品原料的发放控制与管理有3个目的,即保证厨房用料的及时、充分供应;控制厨房用料数量;正确记录厨房用料成本。

一、直接进料的发放管理

直接进料的发放是指食品原料经验收后,直接进入厨房用于生产,而不经过仓库储存这一环节。直接发放的原料大多是新鲜蔬菜、奶制品、面包等易坏性原料,而且在进货后的当天就基本上被消耗掉。这一部分原料的进货价格计入当日食品成本。成本管理人员在计算当日成本时,只需从验收日报表（或称进货日报表）中的直接发料中抄录数据即可。但在实际操作中,当天的直接进料不一定能完全消耗掉,有可能在第二天或第三天才能用完,但成本却计在第一天里,这样,第一天的成本就不太真实。所以,第一天的食品成本,必须对当日直接发放、仓库发放以及当日厨房剩余原料进行统计后才能求得。

二、仓库原料的发放管理

1. 定时发放

为使库管人员有充分的时间整理仓库,检查各种原料的库存情况,不致于因为忙于发料而耽误了其他工作,餐饮企业应规定每天固定的领料时间。有的酒店规定早晨两小时(8:00～10:00)和下午两小时(14:00～16:00)为仓库发料时间,其他时间除紧急情况外一般不予接受领料。还有的餐饮企业规定,领料部门应提前一天交领料单,以使库管人员有充分时间提前准备,避免和减少差错。这样既节省了领料人员的时间,也使厨房管理人员对次日的顾客流量能作出预测,计划好次日的生产。

2. 凭领料单发放

领料单是仓库发料的原始凭证,它准确地记录了仓库向厨房发放的原料数量和金额(见表6-12),具有3大作用:

(1)控制仓库的库存。

(2)核算各厨房的食品成本。

(3)控制领料量。领料单是领料的凭证。无领料单,任何人都不得从仓库取走原料。即使有领料单,也只能领取领料单上规定的原料种类和数量。

由此可见,领料单是仓库管理和餐饮成本控制的重要工具。

凭领料单发放原料的控制程序如下:

第一,领料人根据厨房生产需要,填写领料单的"品名"、"规格"、"单位"及"申请数量"等栏目。领料数量一般按日消耗量估计,并参考宴会预订单情况加以修改。

第二,领料人填完以上栏目后,签上自己的姓名,持单由行政总厨或餐饮经理审批签字。没有审批人员签字,任何食品原料都不可发出。审批人员应在领料单最后一项原料名称下划条斜线,防止领料者在审批人员签字后再行填写并领取其他原料。

第三,库管人员拿到领料单之后,按单上的数量进行组配,由于包装原因,实际发料数量和申请数量可能会有差异,所以发放数量应填写在"实发数量"栏中,并且填写金额栏,汇总全部金额。

第四,库管员将所有原料准备好后,签上自己的姓名,以证实领料单上的原料确已发出。

第五,领料单应一式三联,一联随原料交回领料部门,一联由库管人员交成本控制员,一联由仓库留存作为进货的依据。

表 6-12 领料单

贮藏_____ 领料部门_____ 日期_____ 编号_____						
品名	规格	单位	数量		单价	小计
^	^	^	申请数量	实发数量	^	^
合计						
审批(部门主管): 领料人: 库管员:						

3. 正确如实地记录原料的使用情况

厨房人员经常需要提前几日准备生产所需的原料。例如,一次大型宴会的菜品往往需要数天甚至更长的准备时间。因此,如果有的原料不在原料领取日使用,则必须在领料单上注明该原料的消耗日期,以便把该原料的价格计入其使用日的食品成本中。

三、内部原料调拨的处理

大型餐饮企业往往设有多个餐厅、酒吧等,因而会有多个厨房。餐厅之间、酒吧之间难免发生食品、饮料原料的互相调拨转让,而厨房之间的原料调拨转让则更为常见。为了使各自的成本核算更具准确性,餐饮企业内部原料调拨应使用"调拨单",以记录所有的调拨往来。调拨单应一式四联,原料调出、调入部门各一联,第三联送财务部,第四联由仓库记账,以使各部门的营业结果得到正确反映。见表6-13。

表 6-13　原料物资调拨单

原料物资调拨单							
调入部门：							
调出部门：				年　　月　　日　　NO.			
品名	规格	单位	数量		金额		
			请拨量	实拨量	单价	小计	
合计							
备注							
调入部门经手人：			主管：		库管员：		
调出部门经手人：			主管：				

第五节　食品原料的盘存

餐饮企业每月至少要对库存餐饮食品原料进行一次盘存清点。此工作一般在月末进行，因为月末是会计期结束的日子。盘存清点工作是一次全面彻底的核实清点仓库存货，检查原料的实际存货额是否与账面额相符，以便控制库存物资短缺的工作。通过库存清点，能计算和核实月末的库存额和餐饮成本消耗，为编制每月的资金平衡表和经营情况表提供依据。通过定期的存货盘点可以发现存货管理中的问题。第一，及时发现存货变动、毁损情况，真实核算利润；第二，发现存货管理中存在的制度漏洞；第三，检查储存设施是否存在问题；第四，考核保管人员是否称职。

盘存清点是库存控制的一种手段，必须由财务部派员与库管员一起进行。在盘存清点时，要对每一种库存物资都进行实地点数核对，检查其实际库存量是否与永续盘存表（卡）账面数字相符合，然后记入存货清单（见表6-14）。如果实际库存数字与账面数字有出入，则要重新清点、复查并查明原因。倘若差错原因无法找出，则应根据该原料的实际库存数修改账面数字，即以实际库存数记账代替账面数字计算出的各种原料价值和库存原料总额，作为月末原料库存额。

月末库存额自然结成下月初的库存额。月末实际库存额与账面的差额计入资金平衡表的流动资金占用项：''待处理流动资产损失''，数量不大的金额直接打入餐饮成本。

表6-14　存货清单

货号	品名	单位	数量	单价(元)	金额(元)	备注
G2-7	3#西红柿酱罐头	箱	14.5	29.00	420.50	
G2-8	2#金针菇罐头	箱	3.25	28.00	91.00	
G2-9	1#蘑菇罐头	箱	5.1	30.00	153.00	
G2-10	2#青豆罐头	听	30	2.30	69.00	

经手人＿＿＿＿　主管＿＿＿＿　合计：

一、期末库存原料的计价

盘存清点结束后即应计算各种库存原料的价值和库存原料的总额，作为本期原料的期末结余（也自然成为下期的期初结余）。但由于每一种原料往往以不同价格购进，也因为同一原料的市价在一个会计期内往往有涨有落，因此计算各种原料价值时，如何决定各种原料的单价常常是清点工作的关键。下面介绍一些计价方法，供参考使用。

1. 实际进价法

大型餐饮企业一般都在库存的原料上粘贴或挂上货物标牌，标牌上写有进货的单价，这样采用实际进价来计算库存原料的单价就比较简单，也最为合理。

例如：上述酒店5月底结存30听青豆罐头，根据货物标牌，它们的进价分别为：

5月1日进货剩余 10听×2.3元/听＝23元
5月10日进货剩余 10听×2.5元/听＝25元
5月20日进货剩余 10听×2.6元/听＝26元
合计：74元

2. 先进先出法（新近价格法）

除采用实际进价法外还可以采用先进先出的方法，即以原料的新近价格来决定库存原料的价值。我们假设：原料发放是以先进先出为原则的，即先购进的价格，在发料时先计价发出，而期末剩余的原料都是最近进货，即以最近价格计价。在上例中若以先进先出法计价，那么青豆罐头的月末的价值应为：

20听×2.6元/听＝52元
10听×2.5元/听＝25元
合计：77元

3. 后进先出法

由于市场价格呈增长趋势，采用后进先出法可使记入成本的原料价值较高，而已入库存存货的价值较低。按此办法，期末青豆罐头库存的价值应为：

20听×2.2元/听＝44元
10听×2.3元/听＝23元
合计：67元

采用后进先出法计算，在实际发料时，还是坚持将先进的货先发出去，只是价值的计算采用后进先出法。

4. 最后进价法

如果餐饮企业进货记录不全，那么不妨采用最后进价法来估计期末库存原料的价值。最后进价法是一律以最后一次进货的价格来计算库存原料的方法。这种方法最为简单，但计算的价格不太精确，往往会偏高或偏低。采用这种方法，30听青豆罐头存货的价值则为：

30听×2.6元/听＝78元

5. 平均价格法

平均价格法是将全月可动用的原料的总价值除以总数量从而计算出单价，或将全月每次进货单价取平均价格。采用此方法时，30 听青豆罐头存货的价值则为：

$$30 \text{ 听} \times 2.46 \text{ 元/听} = 73.8 \text{ 元}$$

用上述 5 种方法计价，会使月末库存原料的价值不一。因此，餐饮企业必须遵照有关财务制度规定，选定一种计价方法，并统一按该计价方法计算，不得随意改变，否则会引起财务报告的前后不一致。在通货膨胀时期，采用后进先出法，对企业有利，避免虚增资产和利润；在通货紧缩阶段，采用先进先出法对企业有利。另外需要特别说明的是，不管采用何种计价方法，只是会计方法不同，对利润的影响是暂时的，并没有从根本上改变企业的经营状况。

二、仓库库存短缺率的控制

为控制实际库存额的短缺，需要将实际库存额与账面库存额进行比较，这样就可以按照食品原料实际盘存清点的数量和一定的计价方法计算出仓库期末原料的实际存额。

期末账面存额＝期初库存额＋本期采购额－本期仓库发料总额

库存短缺额＝账面库存额－实际库存额

$$\text{库存短缺率} = \frac{\text{库存短缺额}}{\text{发料总额}} \times 100\%$$

根据国际惯例，库存短缺率不应超过 1%，否则为不正常短缺，必须查明原因。

期初库存额的数据是从期末库存额转结而来。本期仓库采购额的数据是从本期验收日报表的仓库采购原料的总额汇总而来。本期仓库发料总额的数据是从本期领料单上的领料总额汇总而来。

在理想的条件下，账面库存额和实际库存额应该相同。但在大多数情况下二者会有差异，这种差异产生于多种原因，有的是合理的原因，有的是不合理的原因。

第一，领料单统计的发料额和月末盘存清点的库存额不是完全按实际进价计价，从而造成人为的金额之差。

第二,原料发放时,因为允许的干耗范围而失重。

第三,有些原料会因管理不善而造成损失。主要包括:

①库管人员工作疏忽。在对某些部门或个人发料时,不凭领料单或不记入领料单,或者发放的原料量与领料记录不一致。

②管理不善,食品变质腐败或饮料包装碎烂流失。

③管理不严,致使原料丢失,被盗或私自挪用。

如果库存短缺率超过1%,库管员有责任调查原因和被追查责任,以采取改进措施。

三、库外存货盘存

库外存货又称公开存货、厨房存货是与仓库存货相对的一个概念。任何餐饮企业,每天总会有一部分直接进料和仓库进料进入厨房后未完全消耗掉,每天也或多或少总有些备用汤料、汁料以及某些正处在烹调使用阶段的食品和未售完的成品。所有这些原料都属于库外存货,应被视作食品原料库存的一部分,如果对这些原料不加清点,财务报表上反映的资产状况、经营状况和成本消耗情况就会失真。

库外存货与库内存货的盘存略有不同,原因之一是库外(如厨房)没有库存记录统计制度,没有登记货品的库存卡,货品的计价难以精确;二是库外存货的种类多,数量少,盘存比较困难;三是作为库外存货的物品使用频繁,没有使用和消耗的记录,所以计算库外存货的原料短缺率比较困难。

对库外存货进行盘存清点时,只对价值大的主要原料进行逐一计数、称重计算出其价值。对类别多,价值小的原料、调料只需毛估一下即可。具体办法是:

首先,要累计需精确盘点的主要原料和价值小的原料的数量、金额,计算出准备重点盘点的主要原料(鱼、肉、禽)的价值占全部原料价值(总库存额)的百分比,除每个期末盘点主要原料的价值,通过它们的价值算出库外存货即原料库存额的估计值:

$$库外存货总额 = \frac{主要原料价值}{主要原料占总库存额的百分比}$$

例如：某餐饮企业经数月统计得出肉、鱼、禽类原料占库外全部存货价值的 48%，五月份对上述几类原料盘点得出该三项原料的价值为 6500 元。那么五月份库外存货总额为：

$$\frac{6500}{48\%}=13541 元$$

四、库存周转率

虽然原料储藏的主要目的是保证原料物资的充足供应，但储藏过多会引起腐败变质、资金积压、管理费用增加、偷盗等损失。同时，由于餐饮企业有营业淡季和旺季，需要不同的原料储藏以满足不同营业量。所以，尽管不能一成不变地规定库存原料的种类和数量，但餐饮企业还是应该制定符合自身特点的原料储藏量。

库存周转率的计算公式如下：

$$库存周转率=\frac{每月食品成本额}{平均库存额}$$

$$=\frac{期初存额+期内进货-期末库存}{(期初库存额+期末库存额)\div 2}$$

以某餐馆为例，假如某月库存原料的期初库存额为 1.5 万元，期内进货 4.8 万元，月末库存额为 1.65 万元，那么，该餐馆当月的库存周转率如下：

$$\frac{15\,000 元+48\,000 元-16\,500 元}{(15\,000 元+16\,500 元)\div 2}=2.95 次$$

对大多数餐饮企业来说，正常的库存量应以维持 1~2 周的营业为限，也就是说每月的存货周转应在 2~4 次之间。当然，这只是平均值，不是所有的原料都以同样的速度周转，有些鲜活原料每天周转一次，而有些干货类原料则数周或数月才周转一次。

库存周转率大，说明每月库存周转次数多。检查库存周转率正常与否，重要的是注意它的变化。假如某酒店的库存正常周转率为每月 2 次，而某月周转率增加或降低很多，就要查明原因。库存周转率太高，有时原料会供不应求,而库存周转率太低,又会积压资金。因此,餐饮企业应根据自身情况确定标准周转率。

思考题

1. 标准采购规格包括哪些内容?它对餐饮的采购和验收有什么作用?
2. 如何通过验收工作控制采购原料的数量、质量和价格?
3. 储存餐饮原料通常有哪些类别的库房?各类库房各需要什么样的储存条件?
4. 某餐厅8月份库房库存额统计如下:

   月初库房库存额￥15 000元
   本月库房采购额￥46 000元
   本月库房发料总额￥43 780元
   月末实际盘点库存额￥16 730元

  请计算该餐厅该月库存的短缺率是否属于正常范围,并计算其实际库存周转率为多少?

第七章 厨房生产管理

学习目的

　　通过本章的学习，应当掌握厨房生产管理的主要环节和具体内容，学会如何控制厨房生产过程中食品的质量及提高厨房生产效率。

主要内容

- 厨房行政管理

  厨房主要岗位分工和职责　厨房文件资料管理　厨房管理制度　厨房与其他部门的协调

- 厨房生产的标准化控制

  标准量器　标准菜谱　标准菜品制作

- 厨房生产的质量控制

  质量控制的概念　质量控制的基本要求　食品的质量标准控制

- 厨房生产折损的控制

  一料一用原料加工切配折损　一料多用加工切配折损　烹调折损　净料成本系数

- 厨房生产的效率管理

  厨房生产效率的概念　影响厨房生产效率的因素　提高厨房生产效率的方法

教学指导

　　要求聘请一位大型餐饮企业的行政总厨与学生就厨房生产管理的一些问题进行交流、座谈。

第一节　厨房行政管理

厨房是向客人提供餐饮产品的生产部门,厨房生产管理是餐饮管理的重要组成部分。厨房生产影响到经营的效益,厨房生产对餐饮经营至关重要。因为不仅产品质量直接关系餐饮的特色和形象,而且产品的成本和盈利很大程度上受生产的支配。因此良好的管理是厨房生产获得成功的基本保障。

厨房的生产是通过一定的组织形式和行政管理来实现的。厨房行政管理水平的高低不仅影响其生产能力,而且关系到厨房产品质量及与餐厅的关系。

一、厨房主要岗位分工和职责

1. 餐饮企业厨房岗位分工

大中型餐饮企业的特点是企业中餐厅类型多,与之配套的厨房种类多,餐饮产品生产管理复杂,其厨房管理的组织形式一般是设行政总厨,再分设各个厨房厨师长、主厨等不同的岗位。负责生产管理和菜点制作。餐饮部同时还可设管事部,负责财产保管、原料领用、洗盘洗碗、清洁卫生等工作。各餐饮企业厨房管理的具体组织形式区别较大,需要根据各自的实际情况确定,一般大中型餐饮企业的厨房组织形式可参阅图7-1。

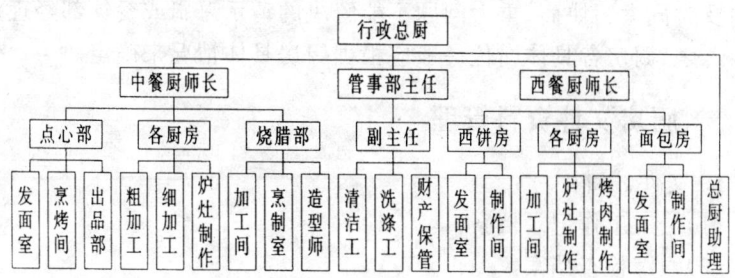

图7-1　大中型餐饮企业厨房组织形式

2. 厨房岗位职责

厨房岗位分工主要是根据厨房生产管理的需要设置的。下面以大中型厨房为例,说明其岗位及分工。

(1)行政总厨。

全面负责各厨房生产管理组织工作。做好厨师调配工作,根据厨师技术专长,合理安排技术岗位,协调和餐厅、宴会部、采购部的密切联系,保证食品质量,保证餐厅供应,熟悉和掌握货源情况,监督货源请购计划,抓好厨师管理和技术培训,不断研制新菜式,创出餐饮风味特点。

(2)总厨助理。

协助行政总厨开展工作,负责各厨房日常管理和技术管理。做好劳动力安排、检查各厨房生产组织安排,生产流程和产品质量。经常与餐厅和宴会部保持密切联系,听取宾客意见。不断改进厨房生产管理,保证满足客人需求。

(3)大厨。

全面负责一个厨房的日常生产管理和技术管理,根据分管的热菜厨房、冷荤厨房、面点厨房或宴会厨房性质不同,安排本厨房的技术力量,分派工作任务,组织厨房热菜、冷荤或面点产品的生产,及时提出货源请购计划和签发领料单;检查粗加工、细加工和炉灶制作,保证产品质量;掌握本厨房食品原材料出料率标准,控制成本消耗。

(4)主厨。

在大厨领导下,负责本班组日常管理工作。每天分派工作任务,监督本班日常生产任务的完成情况,对厨师做好考核登记,上报大厨。有问题及时同大厨协商,重大问题不能解决的请示总厨或餐饮部经理。

总之,厨房各具体岗位一般应根据厨房具体情况来确定。

二、厨房文件资料管理

1. 文件、资料
(1)员工工作记录档案。
(2)跟踪检查档案。
(3)假日/休假安排表。

(4)培训计划簿。
(5)餐饮资料存档。
(6)宴会活动档案。
(7)维修/保养计划。
(8)每周餐厅餐具损耗记录簿。
(9)预算/运转设备档案。
(10)请购单、采购单活页夹(等待到货验收单)以及请购单、采购单和验收单合订簿。
(11)各种外来公司所提供的服务报告。
(12)清洁、保养日程表和检查表。
2.厨房日常生产活动控制表格
(1)每天宴会活动单。
(2)来往通告、备忘夹(1个)。
(3)检查表(1个)。
(4)超时工作夹(1个)。
(5)每周表格(1个)。

三、厨房管理制度

厨房的各项管理制度主要应包括以下几个方面的内容:
1. 厨房的工作制度

厨房的工作制度是每一位厨房工作人员在生产中必须遵守和执行的基本规则。它的主要内容有:厨房人员的工作时间、工作态度、工作纪律、仪表仪容、上下班签到以及员工用餐等方面的规定,另外还有各岗位操作规范制度。

2. 厨房的值班制度

厨房的值班人员必须遵守值班制度,如准时到岗,准时离岗,认真填写值班记录,当遇到不能解决的问题要及时向值班经理汇报,应妥善处理各种突发问题。值班的日记应一班交一班,要明确值班职责、值班时间,值班地点等,并承担值班的责任。

3. 厨房的卫生制度

厨房卫生是厨房生产的头等大事。卫生制度应依据国家颁发的《食品卫生法》和食品卫生方面的其他条例,根据当地政府和本餐饮企业所规定的卫生要求来制定。卫生制度的具体内容应包括如下几个方面:

(1)卫生要求。

(2)卫生标准,有日常卫生标准、周期卫生标准等。

(3)卫生内容,主要有个人卫生、食品卫生、环境卫生、设备卫生等方面。

4. 更衣室管理制度

更衣室是提供给员工更换工作服的场所,更衣室的橱柜是存放衣物和工具的,因此,要求员工在更衣室的橱柜中不得存放个人的贵重物品以及不属于个人所有的其他物品等。厨房人员还必须遵守更衣室的其他有关规定。

5. 安全制度

厨房安全制度应包括:

(1)食品在生产制作过程中的安全。

(2)设备在使用过程中的安全。

(3)人员在工作中的安全。

(4)厨房的环境安全。

(5)厨房内食品仓库的安全。

(6)厨房及仓库钥匙的安全管理等内容。

6. 激励制度

为了促进物质文明和精神文明建设,造就一支高素质的厨师队伍,肯定和鼓励先进,调动员工积极性,使厨房管理工作更有成效,奖励制度应明文规定奖励目的、奖励条件、奖励程序、奖励方法等内容。

7. 纪律检查制度

纪律检查制度主要有两方面:一是纪律处分,二是工作检查。工作检查应包括:管理性质的检查、自身工作的检查以及相互监督检查等内容。

8. 其他制度

如会议制度、原料进出制度等等。

四、厨房与其他部门的协调

厨房为了向客人及时地提供各种优质产品,保证满足客人的合理需求,必须得到各方面的支持和配合。厨房生产通常与下列部门发生联系。

1. 与采购部的联系

菜肴制作所需的优质原料是由采购部提供的,因此,厨房需要和采购部门进行工作联系,共同商量制订食品采购规格和库存量;向采购部门定期提出采购要求,提出原料的品种和数量要求,提出需求原料的时间,并对采购的质量提出建议。厨房应重视采购部关于库存方面的信息,协助加快库存食品的周转,帮助推销积压食品。

2. 与餐厅的联系

餐厅是服务现场,作为前台,直接而频繁地接触客人,满足客人的饮食需求。厨房是后台,必须保证前台服务工作的顺利进行。厨房要保质保量地提供菜品,做到及时出菜,认真排菜,准确无误地上菜。特别注意来自前台客人的需求信息,无论是上菜的速度方面,还是烹饪技术方面的要求,都应尽量给予满足,千方百计配合餐厅完成销售任务。厨房往往要求餐厅帮助推销特色菜肴或过剩菜肴,还要及时通报哪些菜式已供应完毕,使点菜服务员能向客人做好解释工作。

3. 与宴会部的联系

厨房必须密切配合宴会部的工作,掌握有关信息,包括宴会的规格、宴会菜单、菜肴需求量、用餐日期及时间等。宴会前要做好原料订购、进货、粗细加工、配菜等准备工作。宴会举办之际,厨房需要配备精良厨师队伍,分工合作,对菜肴质量及其艺术性进行富有创造性的生产。另外,还要留心上菜的次序及合理控制出菜速度。总之,要全力配合宴会部搞好工作,厨房还应该经常向宴会部了解客人对宴会菜肴的满意程度,并不断提高烹饪技艺,创新菜肴。

4. 与管事部的联系

厨房应经常与管事部取得联系,要求管事部能按时提供足够数量的洁净的厨房盛器、餐具及其他用具物品。厨房需向管事部报告厨房物品、餐具等使用情况,并及时申请需要添置的物品。当厨房需要高档餐具时,要尽早通知管事部,以便做好餐具的清洁、擦亮、消毒等准备工作。厨房发现垃圾堆积或环境污染时,应向管事部门报告,同时,要求厨房的全体员工不要随手丢弃餐具用品、纸屑或空食品罐等物品,并完成自己份内的卫生工作,协助管事部门搞好物品管理及环境卫生。

第二节　厨房生产的标准化控制

建立标准就是对生产质量、产品成本、制作规格进行数量化,并用于检查指导生产的全过程,随时消除一切生产性误差,确保食品质量,并使督导有标准,检查有依据。

一、标准量器

标准量器是指用标准的用量单位来衡量配料。标准量器使厨房实现标准化生产成为现实。标准配方中对一些原料尤其是配料、调料,如果采用5克、15克等计量单位,在实际操作过程中使用称重的方法来衡量其用量是困难且不现实的,只能导致用目测方法衡量(凭经验用少许量)的不精确结果。使用标准容器是实现标准化操作的第一步。西餐中的标准容器可供我们借鉴和参考。

1. 标准用杯

杯是一个容量单位。一般为玻璃或塑料制成,上面有 $\frac{1}{2}$ 杯、1 杯、$1\frac{1}{2}$ 杯、2 杯等刻度,用来量取需要量比较大的原料,如面粉、糖、水、汤、油等。

一杯的液体重量为 8 盎司,相当于 240 克(约合半斤)。

2. 餐匙和茶匙

1 餐匙(table spoon)相当于 $\frac{1}{2}$ 盎司(15 克)。一般规格有 2 餐匙,1

餐匙。1茶匙(tea spoon)相当于$\frac{1}{2}$餐匙或$\frac{1}{4}$盎司。一般有1茶匙、$\frac{1}{2}$茶匙、$\frac{1}{4}$茶匙、$\frac{1}{6}$茶匙、$\frac{1}{12}$茶匙的不同规格,用来量取各标准配方中的调料如盐、糖、胡椒粉等。目前国内厨具市场中已有整套的餐匙和茶匙容器出售。

3. 电子计量器

电子计量器由电脑控制。标准配方中的主料或大件原料用电子计量器来称重。这种计量器量度精确,操作简便,在厨房中使用频率较高。

二、标准菜谱

为保证菜单上各菜品的质量达到规定的标准,并使质量具有一定的稳定性,同时为了有效地进行餐饮成本控制,有必要对餐饮生产进行标准化控制。为此,要对固定菜单上的各菜品制定标准菜谱。标准菜谱就是指厨房针对每一个菜品制定的标准化的制作程序,包括菜肴的名称、菜肴的标准份额、菜品的烹制份数、标准的原料搭配及其用量、标准的生产程序以及每份菜的标准成本。标准菜谱是食品质量和成本控制的工具,同时也反映了一个餐饮企业的餐饮风格。一般来说,标准菜谱应包括以下4种标准:

1. 份额标准

在厨房中,有的菜品只适宜一份一份地单独烹制,有的则可以或必须数份甚至数十份一起烹制,因此菜谱对该菜品的烹制份数必须明确规定,才能正确计算标准配料量、标准份额和每份菜的标准成本。

标准的份额是某菜品以一定价格销售给顾客的规定的数量。每份菜品每次出售给顾客的数量必须一致。比如一份小盘酱牛肉的份量是200克,那么每次向顾客销售时,其份量应该保持一致,必须达到规定的标准份额。规定和保持标准份额具有下述两大作用。

(1)减少顾客不满。

确定和坚持执行标准的份额,使餐厅每次提供的菜品和饮料数量相同,消除顾客间相互比较或前后比较时,觉得自己的数量少而感到吃亏、不满或觉得受骗的情绪。每次供应的菜品数量稳定,会使顾客产生公平感,从而增加回头客。

(2)防止成本超额。

如果菜品饮料的份额不同,则产品所涉及的原料消耗的成本也不同,这样往往会引起成本超额。一份盐水鸭如果份额为 250 克,则其成本为 4 元钱,若是 300 克成本就需要 4.8 元。份额不标准,难以进行成本控制,往往会导致成本超额。由于销售价格并不会因为菜品的份额控制不准而发生变化,因此会引起餐厅利润的波动。

因而,餐饮管理人员对餐厅中供应的每一份菜和饮料都要规定标准份额。每份菜的标准份额确定后,必须要使烹调人员了解,有些餐厅将每份菜的标准份额贴在墙上,使生产人员能按标准加工烹调,出菜检查员要检查厨师生产的成品量是否符合标准的份额。

2. 配料量标准

厨房生产的另一个控制环节是,要规定生产某菜肴所需的各种主料、配料和调味品的数量,即标准配料量。在确定标准生产规程以前,首先要确定生产一份标准份额的菜品需要哪些配料,每种配料需要多大用量,每种配料的成本单价和金额是多少。

确定各项配料的成本单价有时比较困难,如果某份菜需要 3 个洋葱,则必须从很多洋葱中找出一个中等的洋葱,经称重定出一个洋葱的价格。各种菜会有加工切配折损,价值低的蔬菜打上一定的折损率就行,价值较高的菜如肉、家禽和鱼要作折损试验,定出标准折损率。有些肉及家禽还有烧煮、烧烤折损。由于配料原料的市场价格经常发生变化,成本也要不断调整,在配料卡中要多设几格填写调整后的单价和金额。成本调整的次数取决于市场价格的波动情况。如果市场价格波动不大,一般可 3～4 个月计算一次。

调味品也是菜品的组成部分,其成本也应计算在标准成本之内。有的菜品所需调味品的用量和价值甚少,比如只需要一点酱油、盐等,不值得特意定价,只要在配料上象征性地记上少量金额即可。但有的菜品的调味品成本比重很大,因此,必须根据其用量和原料单位成本,逐一计算各项调味品的成本。烹制份数多的菜品,调味品用量必然较多,算出总生产量所需的调味品成本再除以份数,便可较精确地算出每份菜的调味品成本。

3. 烹调程序标准

在标准菜谱上还应规定菜品的标准烹调方法和操作步骤。标准烹调程序要详细、具体地规定食品烹调需要什么炊具、工具,原料加工切配的方法、加料的数量和次序,烹调的方法、烹调的温度和时间,同时还要规定菜肴盛装的餐具,菜品的拼摆方法。

标准份额、烹制份数和烹调程序一般由每个厨房各自编制,但不能通过一次烹饪就作规定,而必须经过多次试验或实践,并不断地改进,直至生产出的产品色、香、味、形俱佳,得到顾客欢迎为止。这时产品的份额、配料的项目、各配料的用量和烹调程序才能作为生产的标准规定下来。标准配料和标准生产规程必须记录在卡片上,供生产人员使用。

4. 每份菜的成本标准

标准菜谱上同样也规定了每份菜的标准成本。确定每种菜肴的标准成本并不太容易,首先要通过试验,将各种菜肴的每份份额、菜肴的配料及其用量以及烹调方法固定下来,制定出标准。然后将各种配料的金额相加,汇总出菜品生产的总成本额,再除以烹制份数,得出每份菜的标准成本。每份菜的标准成本是控制成本的工具,也是菜品定价的基础。它的计算公式如下:

$$每份菜的标准成本 = \frac{\sum 各种配料成本单价 \times 各配料用量}{烹调份数}$$

每份菜的标准成本率是标准成本额占菜肴售价的比例:

$$每份菜的标准成本率 = \frac{标准成本额}{售价}$$

另外,标准菜谱卡必须耐用,应能防水防油脂。许多餐厅为节省成本将标准配料、标准份额和标准生产规程记录在一张卡片上,并注明每份菜的标准成本。为便于质量控制,有些餐饮企业在卡片上还配上一张成品图或彩色照片。

标准菜谱卡实例(见表 7-1)在餐饮管理上具有以下作用:

(1)保证产品质量标准。

采用标准的配料和标准生产规程,可保证菜品每次的生产质量保持一致,使菜品的口味、外观和顾客欢迎度保持稳定。因为标准的配料和配合量、标准的烹调方法是质量控制的有效工具,即使在员工换岗率高的情况下也容易保持质量稳定,稳定的质量有利于增加回头客。

表 7-1　标准配料及标准菜谱卡

菜品名 <u>纽堡海鲜</u>　　　菜单类别 <u>午晚餐</u>　　　　　售价 <u>＄5.00</u>
烹调份数 <u>10 份</u>　　　　标准份额 <u>4 盎司海鲜＋汤汁</u>　成本 <u>＄1.99</u>
　　　　　　　　　　制表日期 <u>1988.7.22</u>　　　　　成本率 <u>39.8%</u>

配料名称	用量	日期 88.7.22		日期		日期	
		单价	金额	单价	金额	单价	金额
龙虾肉	1 磅	＄11.25	＄11.25				
河虾	1/2 磅	3.75	1.88				
扇贝肉	1/2 磅	4.75	2.38				
鲷鱼片	1/2 磅	3.50	1.75				
重奶油	1 夸脱	1.80	0.45				
奶油汁	3 杯		0.75				
黄油	1/2 磅	0.80	0.40				
盐和胡椒			0.05				
红辣椒	1 包		0.10				
雪利葡萄酒	9 盎司		0.45				
蛋黄	6 个		0.42				
成本总额		＄19.88					

生产规程:
　　在平底锅放上黄油,加热融化,将海鲜肉倒入锅内,搅匀,加入雪利酒。小火煨直至雪利酒被全部吸收为止。加入红辣椒和奶油汁,搅和,煨炖。将蛋黄和奶油打碎,慢慢地加入平底锅,搅匀。调味后,倒入上菜的碟子中,加入雪利酒。

照片或图片

(2)便于控制菜肴的生产成本。

规定每份菜的标准配料、用量和价格,便于计算出每份菜的标准成本。有了每份菜的标准成本和各菜品的销售量,便可算出菜肴生产的总标准成本,有了它便可控制菜品生产的实际成本。此外,有了标准配料量,厨师在生产过程中就不会盲目配料,减少原料的浪费和损失。

(3)有助于确定菜肴的价格。

由于菜品定价的主要方法都是以成本作为基础,在菜谱上规定了每份菜的标准成本,管理人员就可据此确定各菜肴的价格。在菜谱上要对不同日期配料的价格变动留出空格,如果配料成本单价有变动,就能很快调整每份菜的标准成本和销售价格。

三、标准菜品制作

1. 加工标准,制定原料用料的数量、质量标准、涨透的程度等。制定出《原料净标准》、《刀工处理标准》、《干货涨发标准》。

2. 配制标准,制定菜肴制作的用料品种、数量标准及按人所需营养成份,进行原料配制。

3. 烹调标准,对加工、配制好的半成品加热成菜,规定调味品的比例,以达到色、香、味、形俱全的菜肴。

4. 标准菜肴,制定统一标准、统一制作程序、统一器材规格和装盘形式,标明质量要求、用餐人数、成本、利润率和售价的菜谱。

第三节 厨房生产的质量控制

厨房的基本职能是生产优质的餐饮产品满足顾客需求,餐饮产品的质量将直接影响到餐饮企业的社会声誉和经济效益。餐饮产品的质量是衡量厨房管理水平的重要标志,是厨房各项工作质量的集中体现。要加强厨房生产的质量控制,就必须努力提高厨房人员的素质,把质量控制贯穿于厨房生产活动的全过程。

一、质量控制的概念

质量是指产品或工作的优劣程度。厨房生产的质量,它包含着两个方面,一是餐饮产品的质量;二是厨房生产工作的质量。厨房生产的质量控制就是要对餐饮产品及其生产全过程进行控制,以达到厨房生产管理的目标。

1. **餐饮产品的质量特征**

(1)功能性。

功能就是事物发挥的作用和效能。餐饮产品的功能是营养保健、适用可口,这是餐饮产品最基本的功能。只有美味可口、富有营养的餐饮产品才能称得上有质量。

(2)经济性。

经济性是指宾客为得到所需的餐饮产品而付出的价格是否合理。在餐饮消费上,宾客往往以价格来衡量餐饮产品的质量,因此,菜点的质量与菜点的价格必须合理结合。所谓合理,是指菜肴质量与价格相符,既使宾客感到实惠,又使餐饮企业有合理的赢利。

(3)安全性。

餐饮产品的安全性是指厨房生产的菜点要符合各项卫生指标,保证宾客在进餐中没有任何有害物质及影响健康的物质存在。餐饮产品的安全性包括两个方面:一是菜点本身的卫生,二是环境的卫生。只有抓好这两个方面的卫生,才能确保餐饮产品具有安全性。

(4)时间性。

厨房要能准时地给宾客提供优质的菜点,这是厨房生产管理的基本要求。因为宾客是在有限时间内用餐,厨房要在有限的时间内生产出更多、更好的菜肴,只有抓住有限的生产时间,才有可能获得更多的利润。

(5)美观性。

餐饮产品的"美"包含着两层含义,一是菜点的形态美、装盘美,二是进餐的环境美。因为宾客在用餐时,不仅要满足生理上的需求,而且还需要在精神上得到满足。餐饮产品的"美"也就是为了满足宾客精神上的需求,所以特别强调菜点的美观性和艺术性。

2. 影响厨房生产工作质量的因素

在生产餐饮产品时,需要做大量的工作,这些工作的好坏直接影响到餐饮产品的质量,也就是说这些工作也有个质量问题,我们称之为厨房生产质量。

厨房生产工作的质量往往会受到诸多因素的影响,主要因素有以下几方面:

(1)人。

厨房生产不同于其他工作,是人员密集的手工操作,人员素质的高低直接关系到工作质量和产品质量。所以,注重人员素质的培养、技能的提高,是厨房管理的主要内容之一。

(2)设施、设备。

无论生产哪一种菜肴,都需要有一定的厨房设备,比如,制作烤鸭需要烤炉,制作蒸菜需要蒸灶……总之,厨房生产离不开必需的生产设施和设备,而厨房的设施和设备在很大程度上影响着厨房生产的工作质量。

(3)原材料。

品质优良的烹饪原材料是烹制精美菜点的首要物质基础。如果原料质量不符合标准,那么即使厨师的技艺再高,菜点成品的质量仍然得不到保证。因此,餐饮产品质量控制中首先要抓好食品原料的质量控制。

(4)方法。

正确掌握各种烹制方法是制作优质菜点的前提,要让每一位员工都能熟练地掌握烹饪技术,还需要有一套完整的管理程序和方法来规范员工的行为,以保证厨房生产工作的质量。

(5)环境。

厨房生产的环境对餐饮产品的生产也起着很大的作用。比如,厨房的温度过高,就会加快消耗厨房生产人员的体能,导致疲劳无力,在这样的情况下,就会影响到产品质量。同时,由于厨房温度过高,烹饪原料极易腐败变质,如果缺乏良好的保藏设施和管理,就会使得产品质量下降。由此可见,环境的优劣对厨房的生产质量及餐饮产品的质量都会带来很大的影响。

总之,餐饮产品的质量与厨房生产的工作质量是紧密相连的。要使餐饮产品符合质量要求,就必须注重厨房生产工作的质量,只有把厨房生产的工作质量抓上去,才有可能生产出既满足宾客生理需要,又满足宾客心理需要的优质菜点。

二、质量控制的基本要求

实行厨房生产的质量控制,必须制定相关的质量标准,并对影响菜点质量的各种因素进行分析研究和全面系统的综合性控制。为此,必须做到以下几点:

1. 制定菜点生产的操作规程和质量标准

合理的操作程序是创造优质餐饮产品的重要保证,具体的菜点质量标准,是达到优质菜点的条件。在制定菜点质量标准和菜点操作规程时,要根据各餐厅、各厨房的现状及生产特点,制定出从菜点的制作过程到销售过程的每一个环节的操作程序和质量标准,尤其是从原料的购进、加工、切配至烹调每道工序的具体质量标准,做到厨房生产的菜点保质保量,不粗制滥造,不以次充好,凡不符合质量标准的成品一律禁止进入餐厅销售。

2. 提高厨房人员的技术水平

不断提高厨房生产人员的业务知识和技术水平,是提高餐饮产品质量的关键。要提高餐饮产品的质量,就必须要进行多层次、多类型、多途径的技术培训。多层次,是指初、中、高等级的厨师培训都要进行,要有目的地培养,使厨师队伍的技术力量形成一定的梯队,这样有利于厨房的管理。多类型,是指厨房各岗位、各工种的专业人员的技术培训要同步进行,提高整体素质。多途径,是指厨房应采用多种方式方法提高专业技术。只有这样,才能使厨房生产出来的产品质量保持稳定。

3. 建立餐饮产品质量检查制度

质量检查是优质餐饮产品生产的重要保证。为了确保产品质量,必须建立餐饮产品质量检查制度,成立质量检查小组,设立专职的质量检查人员,把住菜肴生产和出品的质量关。质量检查的方式有:全面检查、单项检查、互查、抽样检查、突击性检查、重点检查、集中检查等,还有一种是上级主管机构的人员以客人的身份进行明察暗访的质量检查形式。

4. 加强生产设备管理

厨房生产需要一定的设备。先进、优良的厨房设备是厨房生产质量的保证。为了使设备经常处于良好的技术状态,就必须进行有效的设备管理。

三、食品的质量标准控制

1. 原料质量控制

食品生产要达到标准的质量,首先要对生产原料进行控制。食品原料质量的控制涉及餐饮经营的各个环节,包括原料的采购、验收、贮存、发放、加工和烹调。厨房生产中选择原料的质量通常包括原料的食用价值、原料的成熟度、原料的卫生状况和原料的新鲜度 4 项内容。

(1)原料的营养成分和质地优劣等。一般由原料的品种、产地、收获季节以及动物性原料的年龄、性别等自然因素决定。

(2)原料的成熟度。原料的成熟度一般通过色泽、形状和质地的软硬显示出来。

(3)原料的卫生控制。保证食品原料从采购、保管到生产及贮藏各环节不受污染源的污染。尤其是控制贮存条件,在时间和温度上做好控制。

(4)原料的新鲜度。原料的新鲜度下降可从其外观上反映出来。

①形状。原料越新鲜,其形状则越自然、完整,反之形状必然变形、走样。

②色泽。每一种原料都有天然的色彩和光泽。凡原料失去天然的色泽而变灰、暗、黑或其他不应有的色泽时,说明新鲜度已有降低。

③水份和重量。新鲜的原料有正常的含水量。含水量丰富的蔬菜和水果,若水分蒸发和重量减轻,说明其新鲜度已降低。粮食等干货类原料,吸湿受潮、水分增加、重量增加,也说明新鲜度已降低。

④质地。新鲜原料的质地大都坚实饱满,富有弹性和韧性。随着新鲜度降低,原料质地就会变得松软或干燥而无弹性,或产生其他分解物,表皮发粘、发滑。

⑤气味。新鲜的原料具有特有的气味,凡丧失特有气味而出现异味、怪味,说明其新鲜度已经降低。

2. 加工烹调的质量控制

按厨房生产流程,从加工、配制到烹调3个程序中,每道工序的最终点为程序控制点,每道工序的终点的生产者为质量控制者,这样使每个人在生产过程中都受到监控。

(1)食品粗细加工控制。

大多数原料必须经过加工切配才能用于烹调。粗加工不合格,原料不干净,不仅会影响菜品的成品质量,而且还会损害就餐者的身体健康。

粗加工是指对原料的切制成形。在这个过程中应对加工折损率、加工质量和数量加以严格控制。餐饮管理人员应规定各种折损指标,特别要把昂贵食品的加工作为检查控制的重点。具体措施是要求对原料和成品分别进行计重、记录,以便抽查,判断是否能够控制在标准折损率之内,如果超过标准折损率,就要查明原因。如果是技术问题造成的,要采取有效的改进措施。另外,还可经常检查下脚料和垃圾桶,检查是否还有可以利用的原料,要使员工对折损率高度重视。

加工质量影响菜肴的色、香、味、形,要严格控制原料的成形规格,不合规格的不能进入下道工序,可重新处理另作他用。加工任务的分工要细,这一方面有利于分清责任,另一方面可以提高厨师专项技术的熟练程度,有效地保证加工质量。加工数量应以销售预测为依据,以满足需要为前提,并留出适量的贮存周转量。要避免加工过量而影响质量,并根据剩余量不断调整每天的加工量。

(2)配份控制。

配份是保护成品质量的重要环节,也是控制菜肴标准份额和生产成本的关键。管理人员要经常核实配份中是否执行了标准配料量,是否使用了称量、计数和计量等控制工具。即使是最熟练的配菜厨师如果不进行称量也很难做到精确。常用的方法是在配二三份菜后称量一次,如果配制分量合格可接着配,若配量不准,以后的配制要继续称量。配份控制的另一关键是要凭单配发,配菜厨师只有接到餐厅客人的订菜账单副本或其他有关的正式通知单(如宴会或团体用餐)才能配制,保证配制的每份菜都有凭据。在配份过程中要杜绝各种失误,如重复、遗漏、错配等。

(3)烹调控制。

餐饮成品的色、香、味、形、质量好坏的关键是烹调。烹调过程中要对厨师的操作规程、制作数量、出菜速度、成菜温度、剩余食品等5个环节加以控制。管理人员要督导厨师严格地执行标准菜谱和操作烹调程序,要制止那些图方便的违规做法。其次要严格控制每次烹调的生产量,这是保证菜肴质量的基本条件,少量多次地烹调应成为烹调制作的座右铭。在开餐时要有专人对出菜的速度、菜肴的温度、装盘规格保持经常的督导。可在厨房中设一个出菜检查员,在成品向餐厅送出前进行检查,严格把关,质量不合格的菜,不能端出厨房。出菜检查员要十分熟悉各种菜品的质量标准。剩余食品即使被搭配到其他菜肴中或制成另一种菜,成品的质量也会降低,必然造成浪费,因而在生产过程中要尽可能减少和消除剩余食品。

3. 成品放置的质量控制

优质的食品、饮料要求凉的要凉,热的要热。食品及其外观的质量是脆弱的,大多数食品、饮料在刚制作完成时达到质量最高峰点。如果烹调后放置时间过长或放置条件不宜,质量会迅速下降。如牛排、烤肉等食品在刚烹调出来时是外脆里嫩,服务员应尽量趁热送至客人桌上。啤酒要凉,客人喝起来才爽口,服务员应趁凉尽快送给客人。成品在烹调后的放置必须注意以下几点:

(1)尽量缩短放置时间。

菜品在烹调后,有时由于人手关系,需要放置一段时间,有时为提高服务效率需要将某些菜品预先烹调好。一般的菜品要尽量缩短放置时间。为此生产点和服务点要接近,通道要通畅,要培训员工采用最短的服务路线,不走来回路线,以提高服务效率。

(2)放置温度要合适。

为保持食品的质量,食品烹调后放置的温度要合适。有些食品的放置温度不宜太高,如烤嫩牛肉、鸡蛋等放置温度高了,质量会下降。有些食品的放置温度要求较高,送给客人时应该是烫的。下面是一些食品的最佳放置温度:

  肉类(烤)   59℃～64℃(烤嫩肉不超过59℃)
  汤、咖啡及其他液态食品 85℃～90℃
  沙拉及冷盆   4℃～7℃
  冷冻食品(如冰淇淋)   －13℃～－9℃

(3)放置的湿度要合适。

食品烹调后要保持新鲜漂亮的外表就应保持适当的湿度,以防止颜色消退。肉类放置后若失去水份,其颜色会变暗,所以烧好的大块肉要盖好,现吃现切保持肉的新鲜色彩。蔬菜烧好后要放在潮湿的容器里,干燥后会失去新鲜自然的颜色。而有些食品,如炸鱼、炸肉、炸土豆条等脆的食品,遇潮后质量会下降,可使用红外灯将它们进行干燥。同时食品的存放要注意选用合适的盛具。

4. 厨房生产过程的卫生控制

(1)加工食品。

①要确保干净、安全、无异物。

②放置于卫生清洁处。

③避免任何污染和意想不到的杂物掉入。

④罐头的使用。开启前应清洁表面,再使用专用开启刀打开,切忌使用其他工具。

⑤蛋、贝类的加工去壳,要注意不能使表面的污物沾染食物。

⑥容易腐坏的食品加工要尽量缩短清洗加工时间。

⑦大批量加工应逐步分批从冷藏库中取出,以免最后加工的食品在自然环境中放久而降低质量。

⑧加工的环境温度不能过高,以免食品在加工中变质,加工后的成品应及时冷藏。

(2)配制食品。

①盛器要清洁并且是专用的,切忌用餐具作为生料配菜盘。
②配制后不能及时烹调的要立即冷藏,需要时再取出。
③配制要尽量接近烹调时间。
(3)烹调加热食品。
加热制作食品要充分杀灭细菌,盛装时餐具要洁净。
(4)冷菜生产的卫生控制。
①在布局、设备、用具方面应同生菜制作分开。
②切配食品应使用专用的刀、砧墩和抹布,切忌生熟交叉使用,这些用具要定期进行消毒。
③操作时要尽量简化制作手法。
④装盘不可过早,装盘后不能立即上桌服务的应用保鲜纸封闭,并要进行冷藏。
⑤生产中的剩余食品应及时收藏,并尽早用掉。

第四节　厨房生产折损的控制

菜品配料的成本往往是以净料的用量标准为基础而确定的。如果炒肉丝需要200克瘦肉,这200克是指加工后的净瘦肉。而厨房进货的原料大多是毛料,一般要经过拣洗、涨发、宰杀、拆卸等加工处理才能得到净料,然后投入使用。一些熟菜在烧煮和烧烤过程中还会发生折损,原料的净成本和价格要根据熟食成本而定。为了便于成本控制,合理利用原料,必须对食品生产过程中的加工切配折损和烧煮折损进行控制。

一、一料一用原料加工切配折损

一料一用原料加工切配折损率是指原料在加工切配过程中的折损量与毛料量的比例,其计算公式如下:

$$折损率 = 1 - \frac{净料重量}{毛料重量} kg \times 100\%$$

例如某餐馆经过试验,50公斤活鸡,经过宰杀、去毛、清内脏后,得净料重量为35公斤,那么鸡的折损率为:

$$1-\frac{35\text{kg}}{50\text{kg}}\times 100\%=30\%$$

经过反复试验,可定为标准折损率。使用标准折损率,可以在计算原料的标准净料量时与实得净料作比较。

如果活鲤鱼的标准折损率是20%,餐馆进料30公斤鲤鱼,应得鲤鱼净料的标准是:

$$30\text{kg}\times(1-20\%)=24\text{kg}$$

通过标准折损率,还可计算菜谱中各配料的净料成本金额。

如果冬笋的标准折损率是40%,餐馆进料冬笋毛料价格为3元/公斤,则冬笋净料的价格为:

$$\text{净料成本}=\frac{\text{毛料成本}}{1-\text{标准折损率}}=\frac{¥3/\text{kg}}{1-40\%}=¥5/\text{kg}$$

二、一料多用加工切配折损

有时餐馆购买整块的肉、鱼和家禽,经过加工切配后,原料必须分成各个档次,有的部位不能利用,只能扔掉,有的可另作处理,有的可作次级原料,净料成本的计算方法如下:

$$\text{净料成本}=\frac{\text{毛料总价值}-\text{其他档次价值总和}}{\text{净料重量}}$$

例如某餐馆购进一级猪肉50公斤,每公斤价格为7元,其中皮为3公斤,处理价为每公斤1元,肥膘为10公斤,处理价为每公斤1.5元,小排骨为12公斤,作次级原料,折合价格为每公斤5.5元,剩下的净瘦肉的每公斤成本价为:

$$\frac{¥7\times 50-¥1\times 3-¥1.5\times 10-¥5.5\times 12}{50-3-10-12}=¥10.64$$

一料多用的加工切配折损也需要通过试验来确定净料成本。在试验时,把购进的整块原料请加工切配员整切,把能使用的与不能使用的料分开,能使用的再切成烹调所需的形状和大小,然后分别加以称重,将不能使用部分的重量、加工切配损失的重量和能使用的重量分别记在加工切配试验卡上。有些下脚料可处理给其他企业,有些其他档次的原料可制作其他菜品,加以综合利用,次级原料也要确定价值。其他档次原料的价值总和为:($\sum$各档次原料重量×成本单价)

加工切配试验卡的实例见表7-2

表7-2 加工切配试验卡

原材料名 牛肉　　　　级别 二级　　　　建卡时间 1991.3.21
块数 _____　　　　重量 9kg　　　　平均重量 _____
总成本额 ¥54　　　　单价 ¥6/kg　　　供应商名称 肉类批发公司

原料档次分类	重量(kg)	占总重量的比例	每kg价值	总价值	成本		成本系数	
					每kg价值	每份价值	每kg	每份
肥膘	2.5	27.8%	¥1.20	¥3				
切配损失	0.8	8.9%	0	0				
净料	5.7	63.3%	¥8.95	¥51	¥8.95	¥3.58	1.492	0.597
每份重量 400g					每份成本系数 0.597			

为了提高净料成本计算的精确性,加工切配试验不能只做一次,即使原料按标准采购规格购买,进行一次试验也是不可靠的。最好多做几块原料的加工切配试验,从得到的数据中求得平均值,作为标准净料成本。

三、烹调折损

加工切配试验能帮助计算许多原料的每公斤净料价格和每份菜的净料价格,但是餐厅中有许多菜在烧煮后或烧烤后会损失重量,而菜肴的份额量是根据烧煮或烧烤后的量计算的,菜品成本和价格也是根据烹调后的原料计算的。例如,餐厅中的烤牛肉、盐水鸭、酱牛肉、白斩鸡等必须计算烹调后的成本,在销售时也是按烹调后的成本定价的。对餐厅中的许多菜必须确定原料的标准烹调折损率,为此必须进行烹调折损试验。在烹调过程中烧煮和烧烤会失重,在烹调后的切割装盘过程中还必须除去一些骨头、筋、肥肉等。切割下来的骨头、肥膘往往无价值,这些重量也应扣除后才能计算净料价格。在试验过程中,烹调前后的重量和切割前后的重量应该分别称重,将这些数据记录在烹调折损试验卡上。(见表7-3)

表7-3　烹调折损试验卡

原料品名 羊腿　　　烹调时间 10分钟　　　烹调温度 196℃
烹调块数 ＿＿＿　　烹调方法 烤　　　　　日期 1990.3.23

折损类别	重量(kg)	占总重量比例	每kg价值	总价值	净料成本(每kg)	每份额	成本系数
毛料总重量	8.5	100.0%	￥6	￥51			
加工切配后重量	6.5	76.5%	￥7.85	￥51			
加工切配折损量	2	23.5%	0	0			
烹调后重量	5.5	64.7%	￥9.27	￥51			
烹调折损量	1	11.8%	0	0			
烹调后切割折损量	1.5	17.6%	0	0			
可销售重量	4	47.1%	￥12.75	￥51	￥12.75	250g ￥3.19	2.125　0.531

如果购进的羊腿毛重为8.5公斤,价格为每公斤6元,总价值为51元,加工切配除去过量的羊油膘、筋骨后的重量为6.5公斤,那么,加工切配折损率为:

$$加工切配折损率 = 1 - \frac{6.5 \text{kg}}{8.5 \text{kg}} = 23.5\%$$

经过烹调后称重为5.5公斤,切割后称重为4公斤,烹调折损率和烹调后切割折损率分别用以下方法计算：

$$烹调折损率 = \frac{烹调前重量 - 烹调后重量}{毛料总重量} \times 100\%$$

$$= \frac{6.5\text{kg} - 5.5\text{kg}}{8.5\text{kg}} \times 100\% = 11.8\%$$

$$烹调后切割折损率 = \frac{切割前总量 - 切割后重量}{毛料总重量} \times 100\%$$

$$= \frac{5.5\text{kg} - 4\text{kg}}{8.5\text{kg}} \times 100\% = 17.6\%$$

若利用上述折损率作标准，可以计算从毛料中应得到的净料的标准重量。净料标准重量的计算公式如下：

$$\frac{标准净}{料重量} = \frac{毛料总}{重量} \times (1 - \frac{标准加工切}{配折损率} - \frac{标准烹调}{折损率} - \frac{标准烹调后}{切割折损率})$$

在上例中标准的净料重量为：

$$8.5\text{kg} \times (1 - 23.5\% - 11.8\% - 17.6\%) = 4\text{kg}$$

由于下脚料没有价值，净料成本为：

$$\frac{¥51 - 0}{4\text{kg}} = ¥12.75/\text{kg}$$

由于每份菜的标准份额是 250g，因而每份菜的成本为：

$$\frac{¥12.75 \times 250}{1000} = ¥3.19/份$$

总之，在生产过程中控制折损率具有以下作用：

(1)便于对原料的采购和验收进行控制。

计算从不同供应商购买的原料的加工切配折损率，可帮助确定哪家供应商的原料质量最佳，以便选择供应商。并且根据标准折损率控制各批原料，可了解采购、验收的原料质量是否稳定，因此标准折损率也是控制采购验收的工具。

(2)控制加工切配技术和方法。

以标准折损率计算的标准净料量控制实得净料量，还能控制加工切配中是否注意不浪费原料和加工方法是否得当。例如，1斤梅花海参如果涨发得好能出 4 斤发好的海参,如果涨发技术不好只能出 3~3.5 斤海参,这样,成本又高而且不好吃。

(3) 控制原料的综合利用效果。

以标准净料成本控制实际净料成本,对一料多用的综合利用是有效的控制,可减少食品生产原料的用量,减少生产成本。

(4) 计算原料的确切标准成本便于确定菜肴的价格。

许多菜品的定价是以原料成本为基础,而且许多菜是按净料重量销售,只有根据标准折损率算出净料成本才能确定菜肴的价格。例如酱牛肉等按熟肉净料分份,而根据每份的成本来确定价格,因而只有计算出标准折损率才能准确制订价格。

(5) 利于菜品创新。综合利用辅料可为餐厅提高原料利用率,创造新菜,增加花色品种,增加菜单吸引力。

四、净料成本系数

许多菜品原料的成本价格是不稳定的,有些原料可能每月发生变化,也可能每周发生变化。当市场价格发生变化时,每公斤净料的成本和每份菜的成本的价格也会发生变化,为了便于计算和避免在市场价格变化后又重新进行加工切配和烹调试验,可以使用成本系数来调整每公斤净料的成本和每份菜的成本。成本系数的计算方法如下:

$$每公斤成本系数 = \frac{净料每 kg 成本}{毛料每 kg 价格}$$

$$每份菜成本系数 = \frac{每份菜成本}{毛料每 kg 价格}$$

以上述的例子计算两种成本系数,分别为:

$$每公斤成本系数 = \frac{¥12.75}{¥6} = 2.125$$

$$每份菜成本系数 = \frac{¥3.19}{¥6} = 0.531$$

利用成本系数,能很容易地算出价格调整后每公斤净料的成本和每份菜的成本:

$$\text{价格调整后每公斤净料成本} = \text{每公斤毛料的新价格} \times \text{每公斤成本系数}$$

$$\text{价格调整后每份菜净料成本} = \text{每公斤毛料新价格} \times \text{每份菜成本系数}$$

以上述的例子计算，如果羊腿毛料价格调到 7 元/公斤，则调整后的净料成本分别为：

$$\text{价格调整后每公斤净料成本} = ¥7 \times 2.125 = ¥14.875$$

$$\text{价格调整后每份菜净料成本} = ¥7 \times 0.531 = ¥3.717$$

成本系数的使用能简便净料成本的计算。在原料的进货单价发生变化后，利用成本系数无须再计算折损率，便可直接算出净料的新成本额，这样能迅速调整菜单所供应的菜品的售价。

第五节 厨房生产的效率管理

生产效率是衡量厨房生产组织的合理性、生产技术的先进性和员工劳动积极性的标志之一，它直接关系到厨房生产管理的成功与否。要提高厨房生产的效率，就必须掌握提高厨房生产效率的方法。

一、厨房生产效率的概念

厨房生产效率可以解释为餐饮企业利用现有资源生产食物和提供服务的能力。它表示实物产品和服务产品的产出总量与实际的总投入量两者之间的关系。厨房生产效率实际上是指厨房人员将食品原料转变成餐饮产品的生产能力。

生产效率的基本要素是人员、设备、原材料和生产的方式和方法。其中最为重要的是人，尤其在厨房生产中就更为明显。在制造业和农业中，当机器代替了手工劳动，生产效率就大大提高。而厨房生产，尽管厨房的设备有了很大的改进，但菜点的烹制仍需要厨师手工操作，且技能性强,因此,要提高生产效率,就需要调整生产工序,改变生产方式,合理地编制人员班次,努力提高厨师的专业技能,这样才能真正提高厨房的生产效率。

二、影响厨房生产效率的因素

影响厨房生产效率的因素很多,归结起来可分为内在因素和外在因素两个方面。

1. 内在因素

一名员工的生产效率取决于若干相互联系的因素,其中主要是心理因素。它包括人的动机、情绪、与其他员工的关系以及与上级领导的关系等等。

造成厨房人员工作效率下降的内在因素主要有以下几点:

(1)岗位分工不当,造成员工对该岗位工作没有兴趣。

(2)员工在技术上无法胜任其岗位工作,因力不从心而产生厌烦情绪。

(3)自我感觉大材小用,不受领导重视。

(4)同事间人际关系紧张,造成情绪低落。

(5)有些客观困难得不到解决(如住房、小孩入托、家庭纠纷、经济拮据)等。

上述各种因素对员工的生产效率无疑有着直接的影响。因此,切不可忽视这些内在的因素。

2. 外在因素

(1)餐饮产品的销售量变化大,影响厨房的工作量。效率是指人力、物力的投入与相应的实际产出的关系。厨房在生产中,虽投入了一定的人力、物力,由于餐饮产品的销售量不稳定,会导致厨房的生产量忽高忽低,因而影响到生产效率。

(2)厨房生产的特殊性。一般的产品生产是先生产再销售,而餐饮产品的生产是先销售后生产,且生产时间短,在生产时间内忙闲不均;生产的产品品种多,且单个生产。要提高生产效率,就必须抓住这一生产特殊性。

(3)生产的工序不合理,传统的生产方式是各厨房都按生产工序分设初加工组、切配组、炉灶组、点心组、冷菜组等。一家饭店如有三个厨房,就设有三个初加工组、三个切配组、三个炉灶组等等。这样的生产方式,不仅工作效率低,各班组之间工作量不均衡,并且厨房的生产成本不易控制。

(4)厨房人员的技术力量不足,厨房设备不能满足厨房生产的需要,这也是影响生产效率的重要因素。厨师的技术高低和对某工种的熟练程度直接影响到生产效率。俗话说:"熟能生巧",熟练的技术可提高生产率。厨房的设备是否完备,设备是否能满足生产的需要,设备是否功能齐全等等,也都影响到生产效率。

(5)厨房的设计与布局。

三、提高厨房生产效率的方法

1. 改变厨房的生产方式

厨房的生产方式,是厨房生产所采取的一种组织形式。传统的厨房生产方式的缺点是工作效率低,工作量不均衡,生产的成本较难控制。改变厨房的生产方式能大大提高生产效率。目前,在一些大中型餐饮企业中,对厨房布局进行了改进,操作间相对集中,设备、工具布局便于操作。所有的食品原料的加工工作都在一个较集中的加工厨房内进行,它包括原料的初步加工,精细加工(刀工处理)以及初步熟处理等,它们将原料加工成能直接用于烹调的半成品,并进行保藏。其他各厨房如需要用料,可凭单来加工厨房领取。这种方法免除了所有厨房的加工工作量,减少了各厨房所需的生产面积,还节约了大量的劳动力,减少了原料浪费,统一了各厨房生产的标准,从而降低了食品的成本。

2. 购置和使用高效率的厨房设备

先进的机械化厨房设备能在很大程度上替代厨房的手工劳动,如厨房的一些加工设备切片机、粉碎机、搅拌机、锯骨机、去皮机等等。这些机械设备的运用,不仅节约了大量的人力,而且还保证了原料的加工质量,提高了生产效率。

(1)用机械设备来加工原料。切丝、切片、蒸、烤等都可用现代机器设备代替传统加工方法,如使用微波炉来完成烹调,将大大节约时间。

(2)用机械运送工具、器皿、原料。

(3)原料批量处理。对于大型餐饮企业,可对原料进行集中批量处理,如清洗、切分,甚至是配好料放入大小适应的容器,冷藏后分送到厨房。

(4)垃圾和废物的处理。先进的厨房设备在各个操作点安装废料粉碎机,将加工过程中的废物、废料经粉碎、脱水处理后,直接冲入下水道。

(5)使用电子设备。无论是点菜、记账、内部通讯和管理要尽量利用计算机等现代化设备来完成,将大大提高管理水平。

3. 简化工作程序,提高有效劳动

简化工作程序,是厨房提高生产效率的主要方法之一。简化工作程序实质上就是取消既不能增加产品价值又无利于生产的不必要的工作步骤。也就是说,要减少无效劳动,从而达到提高生产效率的目的。

在厨房生产中,时常会出现重复劳动和无效劳动。比如,厨师为使用某一用具,转弯抹角,东寻西找;还有的厨师一人要顶数个岗位,跑上跑下,结果生产效率降低,生产质量差。目前,在许多大中型厨房里,岗位分工较细,责任到人,各负其责,因而提高了生产效率。从很多实践中可以得出一个结论,提高生产效率,简化工作程序还与厨房设备、用具、设施的布局以及生产分工和操作程序的改变有很大的联系。

简化工作程序的 7 个步骤:

(1)选定需改进的工作项目或环节。

一般选择对劳动力和时间耗费明显太多,或对质量稳定性难以控制或者是成本费用较高的环节。总之,应是厨房当前工作中有明显缺点的环节和项目。

(2)分析现状。

仔细分析完成该工作每一个步骤所耗费的时间及劳动占用,如设备使用、职工占用、操作规程及员工的技术水平等。

(3)对现有工作步骤提出异议。

这一阶段侧重于在"什么"、"为什么"、"何时"、"怎样"、"何处"、"何人"等方面对现有方法进行分析。如对中餐厨房中的切配岗的分析:配菜不能取消,切菜是否可用机器完成,如切丝、切片、切块机器均可以做,可减少切配案台,增加保鲜柜,所有用机器切出的不同的原料放在保鲜柜中存放。只需要一名配菜员,根据客人点菜来配齐主副料及调料,将大大缩短准备时间及工时,同时还能保证质量。

(4)制定可选择方案。应考虑以下几个问题:

①工作程序是否安排得最好?某些工作步骤是否可以合并?

②流程中是否产生不必要的停顿?

③多余的细节是否已经删除?

④是否利用了机器操作?机器设备是否得到充分利用?

⑤人员和设备所承担的工作是否均匀?

(5)选择最佳方案。

(6)优化已选定的方案。

在选定工作程序之后,要做进一步的研究,设法改进细节,以便节约更多时间、空间和能源。

(7)推出新的工作程序并正确实施。

效率的最大敌人是旧习惯。对于新的程序应采取培训、鼓励、引导的方法让人们逐渐来适应。

简化工作程序,并不意味着简单、马虎地工作和随意地简化工作程序,而是在讲究产品质量、保证生产正常进行的前提下,减轻员工的疲劳,改善工作环境,提高生产效率。厨房实施工作简化,要对厨房的整个工作过程和每一步骤进行具体而又仔细的研究,详细记录贯穿于整个工作的程序,分辨哪部分工作对实际生产真正有用,哪部分工作是徒劳的,这样就可以为重新制定工作程序提供依据,以取消无效的劳动。

目前,有许多大中型餐饮企业对简化工作程序越来越重视,并已取得了明显的成效。厨房生产的标准化、规格化、程序化就是典型的例子。有些厨房在菜肴烹制上,将常用的复合味型调味汁在正式烹调前事先兑制好。这样做的结果是,不仅减少了厨师在烹调时的重复调味动作,更重要的是稳定了菜肴质量,加快了烹调速度。烹饪原料的集中加工也是简化工作程序,提高生产效率的典型例子。

思考题

1. 高效的厨房行政管理对提高厨房生产效率有什么作用?
2. 厨房生产的标准化控制包括哪些主要内容?
3. 食品生产的质量控制涉及哪些环节?
4. 如何控制食品原料质量?
5. 如何控制加工烹调质量?
6. 如何控制成品放置质量?
7. 如何计算一料一用和一料多用的加工切配后的净料成本?
8. 影响厨房生产效率的因素及提高厨房生产效率的方法是什么?

第八章 餐厅酒水管理

学习目的

通过本章的学习,不但可以了解酒水的基本知识和酒水服务的特点,帮助学员重视餐饮经营中的酒水销售及服务,而且还可以掌握各种酒水的服务程序,从而达到提高服务质量、增加客人满意度的效果。

主要内容

● 餐厅酒水管理的作用

酒水是人体营养成分的重要来源

酒水具有烘托用餐气氛的作用

酒水是餐饮营业收入的主要来源之一

● 佐餐酒知识与服务操作

葡萄酒 黄酒 啤酒 白酒

● 洋酒知识

威士忌 伏特加 白兰地

教学指导

本章可以采用实物教学和现场教学的方式,或对比分析中西餐饮酒习俗的差异来探讨酒水管理的特点。

第一节 餐厅酒水管理的作用

一、酒水是人体营养成分的重要来源

人的身体中75%是水分。饮料是人体水分的主要来源,加上饮料中的营养成分容易吸收,因此饮料在供应人体的营养中有着其他食品无法替代的作用。果汁、牛奶等软饮料的营养人们都比较熟悉,但酒的营养成分就陌生一些。酒是一种纯热能食品,在墨西哥世界营养食品会议上,酒类被正式列为营养食品。众所周知,无论什么样的酒都含有一定的营养成分,酒与食品一样能够满足人体对营养的需要。

酒的种类不同,所供应的营养成分也不同,适量饮酒,酒中的营养成分可以增进食欲,预防心血管疾病等。下面简单介绍常见的几种佐餐酒的营养成分。

1. 葡萄酒

葡萄酒是由葡萄汁(浆)经发酵酿制的饮料酒,葡萄酒类的酒精是通过发酵由糖分转化而成。发酵时间越长、糖分越少、酒精就越高;反之,糖分越高,酒精的含量也就越低。葡萄酒的干红或干白,就是指糖分"干"了,即无糖了。

研究证明,葡萄酒中含有200多种对人体有益的营养成分,其中包括糖、有机酸、氨基酸、维生素、多酚、无机盐等,这些成分都是人体所必需的,对于维持人体的正常生长、代谢是必不可少的。特别是葡萄酒中所含的酚类物质——白藜芦醇,它具有抗氧化、防衰老、预防冠心病、防癌抗癌的作用。葡萄酒中还含有丰富的矿物质和多种维生素。人体需要的微量元素、矿物质在葡萄酒里基本上都有。所含的维生素更是齐全,有维生素B_1、B_2、B_6、B_{12}、维生素C、维生素PP、维生素H、泛酸、叶酸及类维生素物质的肌醇、氨基苯甲酸、胆碱等,都是人体所需要的物质。其中维生素B_1每升酒平均含量在0.065微克,能促进红血细胞的成

熟。葡萄酒中菾酸的平均含量3.73克/升,此外还含有肌醇,每升在220～730毫克之间,肌醇或菾酸肌醇酯能降低血脂和软化血管。另外,干葡萄酒中含有氨基酸23种,其中人体内不能合成的"必需氨基酸"已知的一共有8种。葡萄酒中含有酒石酸、苹果酸、柠檬酸、琥珀酸、乳酸、醋酸、单宁酸等有机酸。可见经常适量地饮用葡萄酒,对人体健康是大有益处的。

2. 黄酒

黄酒具有很高的营养价值。黄酒营养成分主要表现在含有极其丰富的氨基酸。以营养价值而论,黄酒要比有"液体面包"之称的啤酒营养价值高得多。

黄酒中含有糖分、糊精,有机酸、氨基酸和各种维生素等,具有很高的营养价值。主要在于含有丰富的氨基酸(达20多种)。而且各种氨基酸的含量都远远超过其他酿造酒,特别是所含氨基酸的种类和数量都是其他酒所不能比拟的。如加饭黄酒含有17种氨基酸,其中有8种是人体必需而体内不能合成的氨基酸。

由于黄酒是以大米和黍米为原料,经过长时间的糖化、发酵,原料中的淀粉和蛋白质被酶分解成为低分子的糖类,易被人体消化吸收,因此人们把黄酒列为营养饮料酒。据分析检验,人体不能合成的8种必需氨基酸,在黄酒中含量最全、最丰富,居各酿造酒之首。黄酒中维生素含量也十分丰富,根据对绍兴黄酒的检验分析得知,包括维生素C、维生素B_2、维生素B_{12}、烟酰胺、维生素A,还有少量维生素D、K、E等。

黄酒的有机酸含量根据分析检验在0.003～0.005g/ml,主要由乳酸、柠檬酸、醋酸、酒石酸、苹果酸、延胡索酸、丁酸等组成。黄酒中的微量元素,经测定有18种之多,其中钙、镁、钾、铁、锌、铬、锗、铜、磷等含量较丰富,这些微量元素都是人体所必需的营养元素,在黄酒中,表现形式为生物活性物质,当它们一旦进入人体,极易被吸收,可以充分补充人体所缺乏的微量元素,起到调整人体生理机能、促进新陈代谢的功能。

另外,黄酒所含糖的种类也很多,其中以葡萄糖为主,还有麦芽糖、乳糖及多糖等多种糖类,它们都是由原料中的高分子淀粉被酶分解为低分子的物质,这些糖对人体有一定的营养价值,极易被人体所吸收,可以补充人体的热量。

3. 啤酒

啤酒含有丰富的糖类、维生素、氨基酸、无机盐和多种微量元素等营养成分,被人们称为"液体面包"。

每升啤酒中一般含有 50 克糖类物质,它们是原料中的淀粉经麦芽中含有的各种酶的催化下形成的产物。每升啤酒约有 3.5 克蛋白质的水解产物——肽和氨基酸,它们几乎可以 100% 被人体消化吸收和利用。啤酒中碳水化合物和蛋白质的比例约在 15∶1,最符合人类的营养平衡。每升啤酒还含有大约 35 克乙醇,是各类饮料酒中乙醇含量最低的。每升啤酒还有 50 克左右的 CO_2,可以协助人的胃肠运动,也有益人体解渴。啤酒从原料和优良酿造水中得到矿物质,如每升啤酒含有 20 毫克的钠和 80~100 毫克的钾、每升啤酒约含有 40 毫克的钙、100 毫克的镁及 0.2~0.4 毫克的锌。啤酒从原料和酵母代谢中得到丰富的水溶性维生素,每升啤酒中含有维生素 B_1 0.1~0.15 毫克,B_2 0.5~1.3 毫克,B_6 0.5~1.5 毫克,烟酰胺 5~20 毫克,泛酸 0.5~1.2 毫克,维生素 H 0.02 毫克,胆碱 100~200 毫克,叶酸 0.1~0.2 毫克。啤酒中的谷胱甘肽由于具有活性疏基,可消除人类的氧自由基,是人们公认的延缓衰老的有效物质。

1972 年 7 月在墨西哥召开的第九次世界营养食品会议上,啤酒被推荐为营养食品。啤酒是一种营养丰富的低酒精度的饮料酒,享有液体面包、液体维生素和液体蛋糕的美称。

4. 白酒

白酒的主要成分是水和酒精,酒精在体内吸收极快,氧化放热也很快,说明适量饮用白酒可以加快血液循环。酒精进入血液之后,其浓度大大超过生理酒精浓度时,则刺激心律加快、血管扩张,所以它有活血、增加吸氧量、促进新陈代谢的功能。同时,白酒中的微量成分亚油酸乙酯,具有降低胆固醇和血脂的作用,可以防治动脉粥样硬化;还有丙三醇,是一种泻药、渗透性利尿药,用于通便;而苯甲醇,医药上用作局麻药,有杀菌、止痒作用。

因此，亲朋好友相见，吃喝团圆之际，一定少不了美酒助兴。由于人们越来越理性，喝酒注重低度、营养、保健，所以，适量饮酒能增强血液循环，使人心情舒畅，摆脱疲劳，增加营养，对健康有益无害。但饮酒过量，酒会挤掉身体中的水分和其他营养成分，容易造成蛋白质、矿物质、维生素等的缺乏等。餐厅酒水管理的一项重要工作就是提醒人们适量饮酒。

二、酒水具有烘托用餐气氛的作用

随着生活质量的提高，外出就餐已成为饮食时尚，人们在饮食消费方面越来越重视情趣和品位。酒作为烘托气氛的佳品也受到越来越多的关注。因为酒精是一种不受消化系统影响的液体，进入人体后通过胃壁而不发生变化地进入血液。人的血液中平均含有 0.0003% 的酒精。少量饮酒令人兴奋，给人以一种快感。加上用餐常与商业聚会、宴请、公关等活动联系在一起。因而餐饮服务中，美酒佳酿能烘托用餐气氛，突出宴请的规格，融洽主客间的感情，增加愉悦、亲切、喜庆、浪漫等感受，为客人创造美好的用餐经历。特别是西餐服务中，高质量的酒水服务能增加浪漫的情调，提高用餐的品位，更能体现现代餐饮的休闲和社交目的。酒在某种程度上可以使人兴奋和愉快，减轻和解除我们在日常生活中的压力。酒水管理的另一项工作就是合理安排酒水与菜品的搭配，使酒水能突显餐饮的独特性。

三、酒水是餐饮营业收入的主要来源之一

在现代餐饮企业中，酒品和饮料的销售越来越显得重要。餐饮企业主要营业收入包括菜品收入和酒水收入，其中，酒水利润非常可观，通常占餐饮企业全部利润的 1/3 甚至是一半。一道成品菜包括菜本身的成本、均摊的营业费用、管理费用、厨师加工的费用以及服务人员的服务费用等等。而酒水则不同，酒水里面所含的只有原料成本和服务费两项。相比而言，酒水的利润要大于饭菜，一般比饭菜高出 70%。增加酒水的销售可以使客人增加消费，提高企业的经营效益。《中国旅游饭店行业规范》第 29 条明确规定："饭店可以谢绝消费者自带食品、酒水"。

如果自带酒水,酒店就要收取开瓶费,这从行业规范上,维护了餐饮市场的秩序,减少了小农经济的消费行为。餐厅酒水管理的最主要工作就是要增加餐厅的营业收入。

第二节　佐餐酒知识与服务操作

一、葡萄酒

1. 葡萄酒的类型

葡萄酒是西方人常用的佐餐饮料。葡萄酒的种类有多种划分方法,按色泽可分为红葡萄酒、粉红葡萄酒、白葡萄酒等;按品级可分为以原产地地名命名的葡萄酒、地方葡萄酒、餐桌葡萄酒;按用途又可分为开胃酒、佐餐酒(红、白、粉红酒)和庆典酒(香槟)等。用纯的、成熟的葡萄发酵酿制而成的酒,称为葡萄酒(Wine)。国际葡萄与葡萄酒组织(OIW)将葡萄酒分为两大类(1978),即餐桌葡萄酒和特殊葡萄酒。所谓餐桌葡萄酒,顾名思义是用于午餐和各种晚宴,总是备有丰富的菜肴。法国的波尔多红葡萄酒、阿尔萨斯地区的白葡萄酒都很出名。

具体而言,根据对葡萄酒不同的分类方法可再细分如下:

(1)按葡萄酒的颜色分类。

①红葡萄酒(亦称红餐酒或红酒:red table wine)。

以红色或紫色葡萄为原料,经破解后,果皮、果肉与果汁混在一起进行发酵,使果皮或果肉中的色素被浸出,然后再将发酵的酒与原料分离。此酒颜色呈紫红、深红宝石色、红色,酒体丰满醇厚,略带涩味,适宜与颜色深、口味浓重的菜肴配饮。

②桃红葡萄酒(亦称玫瑰红葡萄酒:rose wine)。

桃红葡萄酒用呈色较浅的原料或皮渣,浸泡的时间较短,酿造方法基本与红葡萄酒的方法相同,但其发酵汁与皮渣分离后的发酵过程则完全同于白葡萄酒。这种酒的颜色呈淡淡的玫瑰红色和粉红色,晶莹悦目。它既有白葡萄酒的芳香,又有红葡萄酒的和谐丰满,可以在宴席间与各种菜肴配饮。

③白葡萄酒(亦称白餐酒或白酒:white table wine)。

将葡萄原汁与皮渣分离后,单独发酵制成的葡萄酒。酒的颜色从深金黄色、浅禾杆色至近无色不等。外观清澈透明,果香芬芳,幽雅细腻,微酸,爽口。常与鱼虾、海鲜配饮。

(2)按葡萄酒中含糖多少分类。

①干葡萄酒。酒中含总糖(以葡萄糖计,下同)小于或等于4克/升,一般尝不出甜味。(英:dry,法:sec)

②半干葡萄酒。酒中糖含量为4.1克~12克/升,品尝时能辨别出微弱的甜味。(英:Semi dry 或 medium dry,法:Demi Sec)

③半甜葡萄酒。酒中含糖量为12.1克~50克/升,有明显的甜味。(英:Semi Sweet 或 medium sweet,法:Demi Doux)

④甜葡萄酒。酒中含糖量在50克/升以上,由于含有较多的糖分,使酒有特别浓厚的甜味。(英:Sweet,法:Doux)

(3)特殊葡萄酒。

①起泡葡萄酒(Sparkling wines)。起泡葡萄酒的气必须是发酵产生的二氧化碳。其气压在20℃的条件下≥0.35MPa。法国香槟酒属这一种类。

②加香葡萄酒(Aromatized / flavored wine)。以葡萄原酒为酒基,经浸泡芳香植物或加入芳香植物的浸出液(或蒸馏液)而制成的葡萄酒。

③加强葡萄酒(Fortified wines)。在葡萄酒发酵之前或发酵中加入部分白兰地或酒精,以提高酒度并抑止发酵,留下某种程度的自然糖分。这种酒不易变质,分干、甜两种,雪利酒(Sherry)、波特酒(Port)、玛德拉酒(Madeira)、玛尔萨拉酒(Marsala)是典型的代表。

2. 葡萄酒的保管

葡萄酒质量的好坏与窖藏、酒龄有密切关系。葡萄酒是有生命的酒品,因酒中酵母的活动,装瓶后酒仍会不断醇化。全世界3/4的葡萄酒,在装瓶后2~3年内,必须喝掉。根据葡萄酒专家研究,一般葡萄酒在装瓶前,已在地窖大桶中贮藏1~2年,但在装瓶后,实际上葡萄酒还是在瓶内变化,因此葡萄酒在桶中贮藏要计酒龄,装瓶以后,仍应计酒龄。所以,葡萄酒不能储藏时间过长,否则酒色会变深,味也变淡。葡萄酒的保管应注意以下几点:

(1)要存放在阴凉的地方,温度最好保持在10~13℃恒温状态下。因为温度过低会使葡萄酒的成熟过程停止,温度太高又会加快成熟速度,缩短酒的寿命。

(2)保持一定的湿度。如果空气过分干燥,酒瓶的软木塞会干缩,空气进入瓶内,酒质变坏,所以,存放在酒窖或酒柜内的葡萄酒,多是将酒瓶平放或倒立,以使酒液浸润软木塞,防止干缩。

(3)避免强光照射,尤其是阳光直射,光照会使白葡萄酒颜色改变。因此,通常用深棕色或绿色瓶来装酒。

(4)勿将葡萄酒与油漆、汽油、醋、蔬菜等在一起存放,因为,这些物品的气味很容易被葡萄酒吸收,破坏酒香。

(5)避免震动,防止酒液浑浊,损坏酒的质量。

3. 葡萄酒的服务

(1)葡萄酒杯。

葡萄酒杯通常是晶莹透亮、杯体厚实的高脚杯,高档葡萄酒杯还要求没有花纹和颜色。它有很多优点:首先,高脚杯便于用手握住杯柄部,不使手指玷污杯体;第二,高脚杯可以减少外来温度(手温)对酒的风格的干扰;第三,高脚杯便于对酒的风格进行品评;第四,高脚杯给人以典雅优美的观感。杯子应绝对清洁和无破损。白葡萄酒杯一般用7~8盎司容量的杯子,红葡萄酒杯的容量应在12盎司左右。每杯葡萄酒的服务量都为4盎司。

(2)葡萄酒的最佳饮用温度。

葡萄酒的种类不同,特点各异,它对饮用温度的要求也不尽相同,只有在最佳的饮用温度下,酒品才会在色、香、味、体诸方面达到最好效果。醇厚的红葡萄酒就该在18℃左右(室温)饮用,如果能在喝前半小时打开瓶塞,让它呼吸一下,可以增加酒香和醇味。干白葡萄酒、淡红葡萄酒应冷却至7~12℃时饮用,香槟酒、泡沫葡萄酒、甜白葡萄酒在

6 ℃~8 ℃时饮用最好。

(3)葡萄酒服务操作。

葡萄酒服务操作不仅需要一定的技术功底,而且需要相当的表演天赋,来创造热烈的饮酒气氛,使顾客得到精神上的满足。品饮葡萄酒实际上是在分享一种高贵的、内涵极为丰富的产品。

在餐厅中,顾客常点用整瓶酒。凡顾客点用的酒品,在开启之前都应让顾客过目、验酒。一是表示对顾客尊重;二是核实一下有无错误;三是证明酒品质量的可靠性。白葡萄酒置于冰桶内,放置于点酒客人餐桌旁。红葡萄酒放在美观别致的酒篮中。

红、白葡萄酒一般斟 4 盎司,即白葡萄酒杯的 1/2 杯,红葡萄酒杯的 1/3 杯。

(4)香槟酒的服务操作。

香槟酒是由优质白葡萄原酒再加糖,经过再次发酵才成为含气的、口味更为优美的特种葡萄酒。香槟酒常用于庆典场合,与快乐、欢笑、高兴同义,素来有"胜利之酒"、"吉祥之酒"等美称,它具有高贵和浪漫的色彩。

香槟(Champagne)是法国的一个地区,人们把这个地区盛产的葡萄汽酒称为香槟酒。这个称谓受知识工业产权的保护。根据甜度,香槟酒也可分为 5 种:标签上如果出现"Brut"字样,甜度(百分比)0.5 至 1.5,该酒几乎是不甜的(EXTRA SEC OR EXTRA DRY)。甜度 1.5 至 3.0,略甜(SEC OR DRY)。甜度 3.0 至 5.0(Demi—Sec),比较甜。甜度 5.0 至 7.0,则是带有一些甜味。"Sec" DOUX 甜度 7.0 以上,就更甜一些。有气泡的香槟酒,因为瓶内有气压,故软木塞的外面套有铁丝风帽以防止软木塞弹出。香槟酒饮用前,需冰镇,放在冰箱冷藏 45 分钟就够了。冰镇香槟酒有两点好处:一是改善味道,二是斟酒时可控制气体外溢。开瓶后瓶内的酒最好一次喝完,如想留下来,要用特制的瓶塞盖好,并放在阴凉的地方贮存。

对于起泡酒或香槟酒的斟酒服务,采用两次倒酒方法。初倒时,酒液会起很多泡,倒至杯的 1/3 处,待泡沫稍平息,再倒第二次。斟酒不能太快,切忌冲倒,这样会将酒中的二氧化碳冲起来,使泡沫不易控制而溢出杯子。待所有杯子斟满后,将酒放回冰桶中,以保持起泡酒的冷度,这样可防止发泡。

要注意的是香槟杯必须干燥,即"酒要冷,杯不冷",而且不能在香槟杯中加冰块。

二、黄酒

黄酒,也称为米酒(rice wine),是中国传统的佐餐酒品,在世界三大酿造酒(黄酒、葡萄酒和啤酒)中占有重要的一席,成为东方酿造界的典型代表和楷模。但需要指出的是黄酒无论从包装、还是与酒菜搭配的礼仪上还无法与日本的清酒相媲美。

1. 黄酒酿造原料

黄酒是用谷物作原料,用麦曲或小曲做糖化发酵剂制成的酿造酒。黄酒酒度一般为15度左右。在当代,黄酒是谷物酿造酒的统称,以粮食为原料的酿造酒(不包括蒸馏的烧酒),都可归于黄酒类。黄酒虽作为谷物酿造酒的统称,但民间有些地区对本地酿造、且局限于本地销售的酒仍保留了传统的称谓,如江西的水酒,陕西的稠酒,西藏的青稞酒。

2. 黄酒的国家标准分类

在最新的国家标准中,黄酒的定义是:以稻米、黍米、黑米、玉米、小麦等为原料,经过蒸料,拌以麦曲、米曲,进行糖化和发酵酿制而成的各类黄酒。按黄酒的含糖量将黄酒分为以下几类:

(1) 干黄酒。"干"表示酒中的含糖量少,糖分经发酵全部变成了酒精,故酒中的糖分含量最低,最新的国家标准中,其含糖量小于1%(以葡萄糖计 1 g/100 ml)。干黄酒的代表是"元红酒"。

(2) 半干黄酒。"半干"表示酒中的糖分还未全部发酵成酒精,还保留了一些糖分。酒的含糖量在1~3%之间。酒质厚浓,风味优良。可以长久贮藏。花雕酒、加饭酒是半干黄酒中的上品。

(3) 半甜黄酒。这种酒含糖 3~10%之间。酒香浓郁,酒度适中,味甘甜醇厚。善酿酒是半甜黄酒中的珍品,但这种酒不宜久存。

(4) 甜黄酒。这种酒,酒中的糖分含量达到 10~20g/100ml 之间。由于加入了米白酒,酒度也较高。封缸酒可常年生产。

(5)加香黄酒。这是以黄酒为酒基,加入芳香动植物的浸出液而制成的黄酒。

3. 黄酒的服务

黄酒的传统饮法是温饮,将盛酒器放入热水中烫热,或隔火加温。温饮的显著特点是酒香浓郁,酒味柔和。但加热时间不宜过久,否则酒精挥发掉了,反而淡而无味。一般在冬天盛行温饮。

现在黄酒多在常温下饮用。在香港和日本等地,也有加冰后饮用的习惯,即在玻璃杯中加入一些冰块,注入少量的黄酒,最后加水稀释饮用。有的也可放一片柠檬在杯内。

饮酒时,配以不同的菜,则更可领略黄酒的特有风味,以绍兴酒为例:

干型的元红酒,宜配蔬菜类、海蜇皮等冷盘。
半干型的加饭酒,宜配肉类、大闸蟹。
半甜型的善酿酒,宜配鸡鸭类。
甜型的香雪酒,宜配甜菜类。

三、啤酒

啤酒以大麦(少量其他谷物)、酒花和水为主要原料,经过原料糖化和酵母发酵等生产工序,而获得的一种酒精含量低的饮料。啤酒的酒精含量越高,酒质越好。啤酒瓶上的度数标志是指麦芽汁的含糖浓度。10°啤酒是每公升麦芽汁含糖100克。

1. 啤酒的分类。

按颜色分类

(1)淡色啤酒。俗称黄啤酒,根据深浅不同,又分为三类:
①淡黄色啤酒。酒液呈淡黄色,香气突出,口味优雅,清亮透明。
②金黄色啤酒。呈金黄色,口味清爽,香气突出。
③棕黄色啤酒。酒液大多是褐黄、草黄,口味稍苦,略带焦香。
(2)浓色啤酒:呈棕红或红褐色,原料为特殊麦芽,口味醇厚,苦味较小。
(3)黑色啤酒。酒液呈深红色,大多数红里透黑,故称黑色啤酒。

按麦汁浓度分类。

(1)低浓度啤酒。原麦汁浓度 6°～8°,酒精含量 2％左右。

(2)中浓度啤酒。原麦汁浓度 10°～12°,酒精含量 3.1％～3.8％,是中国各大型啤酒厂的主要产品。

(3)高浓度啤酒:原麦汁浓度 14°～20°,酒精含量在 4.9％～5.6％,属于高级啤酒。

国际上公认 12°以上的啤酒为高级啤酒,这种啤酒酿造周期长,耐贮存。

按是否经过杀菌处理分类。

(1)鲜啤酒。又称生啤、揸啤,是指在生产中未经杀菌的啤酒,但也在可以饮用的卫生标准之内。生啤酒的保存期是 3～7 天。随着无菌灌装设备的不断完善,现在已有能保存 3 个月左右的罐装、瓶装和大桶装的鲜啤酒。此酒口味鲜美,有较高的营养价值,但酒龄短,适于当地销售。

(2)熟啤酒。经过杀菌的啤酒,可防止酵母继续发酵和受微生物的影响,酒龄长,稳定性强,适于远销,但口味稍差,酒液颜色变深。

2. 啤酒的服务温度

啤酒中的二氧化碳是形成气泡的核心。二氧化碳的溶解度随温度的升高而降低。温度高时啤酒的二氧化碳的逸出量大,形成强烈泡腾,使二氧化碳和啤酒大量流失。温度过高,酒里的气会放出,变成野啤酒(Wild Beer)。温度低时,二氧化碳出量少,泡沫形成慢而少。但温度太低,酒会变味而混浊,气泡消失。啤酒的温度太高或太低都会影响啤酒的口感,一般啤酒的最佳饮用温度在 8～11 ℃左右,高级啤酒的饮用温度在 12 ℃左右。

啤酒的饮用时机可以是任何季节任何时间。啤酒的服务操作比人们想象的要复杂得多,一杯优质的啤酒通常应考虑 3 个方面的条件,即啤酒的温度、啤酒杯的洁净程度及倒酒的方式。

3. 啤酒杯

洁净的啤酒杯能让泡沫在酒杯中呈圆形,保持新鲜口感。洁净的啤酒杯必须没有油污、灰尘和其他杂物。油脂对泡沫形成极大的消蚀作用。任何油污无论能否看出,都会浮在酒的液面上,使浓郁而洁白的泡沫层受到影响,甚至会很快消失。不干净的杯子还会影响口感和味道。

啤酒要冰镇后饮用,最佳饮用温度在 8～10 ℃左右。啤酒所含二氧化碳的溶解度是随温度高低而变化的。

四、白酒

白酒是中国所特有的,是以曲类、酒母为糖化发酵剂,利用淀粉质(糖质)原料,经蒸煮、糖化、发酵、蒸馏、陈酿和勾兑而酿制成的。白酒是现代中餐最常见的酒类之一。中国白酒与法国白兰地、俄罗斯伏特加、苏格兰威士忌并称世界四大蒸馏酒,"白酒"也称"烧酒"。由于烧酒的主要特点是酒精浓度高,许多芳香成分在酒中的浓度是随着酒精度而提高的,酒的香气成分及其浓淡成了判断烧酒质量分类的标准之一。

1. 白酒的香型

白酒的香型就是由于生产工艺不同而产生的典型风味。目前,白酒的香型分为 5 种:酱香型、浓香型、清香型、米香型和其他香型。

(1)酱香型白酒。

酱香型白酒因有一种类似豆类发酵时的酱香味而得名。因源于茅台酒工艺,故又称茅香型。这种酒,优雅细腻,酒体醇厚、丰富,回味悠长。这种香味又分前香和后香。所谓前香,就是启瓶时,首先闻到幽雅而细腻的芬芳,主要是由低沸点的醇、酯、醛类组成。所谓后香,是由高沸点的酸性物质组成,饮后空杯仍有一股香兰素和玫瑰花的幽雅芳香,而且 5～7 天不会消失,被誉为空杯留香。酱香型酒的代表是茅台酒、四川的郎酒等。

(2)浓香型白酒。

浓香型白酒,香味浓郁,以四川泸州老窖酒为代表,又叫"泸香型"。酒中含有机酸,起协调口味的作用。浓香型白酒的有机酸以乙酸为主,其次是乳酸和己酸。白酒中还有醛类和高级醇。这种香型的白酒具有窖香浓郁,绵甜甘冽的特点。除泸州老窖外,五粮液、古井贡酒、双沟大曲、洋河大曲、剑南春、全兴大曲等都属于浓香型。

(3)清香型白酒。

清香型白酒是一种传统的老白干风格,以山西杏花村的汾酒为代表,又叫"汾香型"。其特点是:清香纯正,多味协调,余味爽净。它的主要香味成分是乙酸乙酯和乳酸乙酯。清香型酒的代表除汾酒外,还有宝丰酒、特制黄鹤楼酒。

(4)米香型白酒。

米香型白酒以桂林三花酒为代表,其特点是蜜香清雅,入口柔绵,落口爽净,回味怡畅。它的主体香味成分是β—苯乙醇和乳酸乙酯。

(5)其他香型酒。

除以上所介绍的几种香型以外,都属于其他香型,是一些因为工艺独特、风格独具而对其香型定义及主体香气成分有待进一步确定,或以一种香型为主兼有其他的香型的白酒。

2.白酒的饮用服务

由于客人的口味要求不同,因此,白酒类在饮用方法上也有不同的要求。有些顾客喜欢饮用加温的白酒,即用准备好的温酒器,按加温白酒方法和适宜温度予以加温,最好加热到40~50 ℃后饮用。大多数情况下,白酒在常温下饮用,夏季白酒可加冰饮用。

日常饮用白酒对菜肴是有要求的。不同香型的酒又有不同要求。如清香型白酒的风格是清雅、爽净,所以喝这种香型酒时,应配一些味道清淡菜肴,这样可以避免清雅的酒香为菜肴的味道所掩盖。浓香型白酒则相反,其风格是暴烈,香气大,入口就有一股浓香,所以喝这种香型的酒时,就应配味道重一些的菜肴。酱香型白酒的风格是协调、甘美,回味长,所以应吃一些味道鲜美、丰富的菜肴。总之,饮食要树立高蛋白、低热量、"适量饮酒"的健康饮酒理念。

第三节　洋酒知识

在就餐过程中,饮用洋酒按西方人的习惯,威士忌、伏特加等常用于餐前饮用,而白兰地则在餐后饮用。下面介绍最为常见的这几种洋酒的特征。

一、威士忌

威士忌是从英文 Whisky 或 Whiskey 直译过来的,名字的含义是"生命之水"。威士忌是以大麦、黑麦、燕麦、小麦、玉米等谷物为原料,经发酵、蒸馏后放入橡木桶中醇化而酿成的高酒度饮料酒,主要生产国大多是英语国家,最著名也最具代表性的威士忌分别是苏格兰威士忌、爱尔兰威士忌、美国威士忌和加拿大威士忌四大类。苏格兰、加大拿威士忌用 Whisky 一词。但美国、爱尔兰威士忌则用 Whiskey。其中苏格兰威士忌最负盛名。

1. 苏格兰威士忌(Scotch Whisky)

苏格兰威士忌酒具有独特的风格,它的色泽棕黄带红,清澈透明,气味焦香,在发酵过程中,要燃烧浓炭,使麦芽干燥,从而略有烟熏味,使人们感觉到浓厚的苏格兰乡土气息,口感干冽、醇厚、劲足、圆正、绵柔。衡量威士忌的主要标准是嗅觉感受,即酒香气味,苏格兰威士忌是世界上最好的威士忌。

苏格兰威士忌产于英国北部的苏格兰地区,主要在高地(Highland)和低地(Lowland),形成了威士忌走廊。其类型有纯麦芽威士忌(Pure Malt Whisky)、谷物威士忌(Grain whisky)和混合苏格兰威士忌(Blended Scotch whisky)。

(1)纯麦芽威士忌(Pure Malt Whisky)。

纯麦芽威士忌是以在露天泥煤上烘烤的大麦芽为原料,用罐式蒸馏器蒸馏后,入特制木桶中陈酿,装瓶前用水稀释。此酒烟熏味浓重。陈酿 5 年以上的酒可以饮用,陈酿 7~8 年为成品酒,陈酿 15~20 年者为最优质酒。贮存超过 20 年以上的陈酒,质量会下降。纯麦芽威士忌深受苏格兰人喜爱,由于味道过于浓烈,所以只有 10% 直接销售,约 90% 作为勾兑混合威士忌用。

名品有:格兰裴蒂切 Glenfiddich、兰利斐 Glenlivet、马加兰 Macallan、阿尔吉利 Argyli、高地公园 HighLand Park、卡尔都 Cardu、斯布林邦克 Springbank、纯麦皇牌 Glenmorangie Pure Malt、迪沃斯

Dewar's。

(2) 谷物威士忌 (Grain Whisky)。

它是采用多种谷物作为原料,比如荞麦、黑麦、小麦、玉米等,一次蒸馏而成的。主要是以不发芽的大麦作主料,用麦芽作糖化剂生产的。它的特点在于大部分大麦不发芽,不发芽就不会用泥煤烘烤,成酒后的泥炭香味也就少一些,主要是用于勾兑其他威士忌,很少在市场上零售。

(3) 混合威士忌 (Blended Scotch whisky)。

混合威士忌,是指用纯麦和各类威士忌勾兑而成的混合威士忌酒。勾兑是一门技术性很强的工作,是由专门的勾兑师来完成的。勾兑时,不仅要考虑到纯、杂粮酒液的比例,还要顾全各种勾兑酒液的年龄、产地、口味等其他特性。经过混合的威士忌,原有麦芽味已经冲淡,嗅觉上更吸引人,很受欢迎,畅销世界各地。平时,如果人们只提到威士忌,多半是指混合威士忌而言。

根据纯麦威士忌和谷物威士忌比例的多少,一般认为,纯麦威士忌用量在80%以上者,为高级混合威士忌;谷物威士忌仅为纯麦芽威士忌的33%左右,即为普通威士忌;混合威士忌含66%左右纯麦威士忌,混合威士忌在世界销售的品种最多,是苏格兰威士忌的精华所在。

主要的名牌产品有:黑方威士忌 Johnnie Walker Black Label、红方 Johnnie Walker Red Label、蓝方 Johnnie Walker Blue Label、芝华士 Chivas Regal Whisky、护照 Passport Whisky、老伯威 Old Parr、金铃 Bells、顺风牌 Cutty Sark、珍宝 J.&B.、白马 White Horse Whisky、高级海格 Haig Dimple、詹姆斯·布肯南 James Buchanan、皇家礼炮 Royal Salute Whisky、白龄坛 Ballantine、女王安妮威士忌 Queen Anne Whisky、威廉朗摩威士忌 Willan Longmore Whisky、风笛100威士忌 100 Pipers Whisky。

2. 爱尔兰威士忌 (Irish Whiskey)

爱尔兰制造威士忌至少有700年的历史了,有些专家认为威士忌的鼻祖是爱尔兰,以后才传至苏格兰。

爱尔兰威士忌是用大麦(约占80%)、小麦、黑麦等的麦芽作原料酿造而成的,经过 3 次蒸馏,然后入桶陈酿,一般需要 8~15 年,装瓶时不要混和掺水稀释。因原料不用泥煤烘烤,所以没有烟熏味,成熟度较高,口味绵柔长润,酒度为 40°,适合于制作混合酒或与其他饮料兑饮。风靡世界的爱尔兰咖啡(Irish Coffee)就是以此作基酒调配成的。

著名的品牌有:尊占臣 John Jameson Whiskey、吉姆逊父子 John Jameson & Son Whiskey、老布什米尔 Old Bushmills Whiskey、物拉莫尔露 Tullamore Dew Whiskey、帕蒂 Paddy、莫菲 Murphy's、鲍尔斯 Power's。

3. 美国威士忌(American Whiskey)

美国是世界上最大的威士忌生产国和消费国。美国成年人平均每人每年饮用 16 瓶威士忌。美国西部的宾州,肯塔基和田纳西地区是威士忌的制造中心,美国威士忌可分为 3 大类。

(1)单纯威士忌(Straight Whiskey)。

原料为玉米、黑麦、大麦或小麦,不混合其他威士忌或谷类中性酒精,制成后放在橡木桶中至少存 2 年。所谓纯威士忌,并不是像苏格兰纯麦威士忌那样,只用一种大麦芽制成,而是以某一种谷物为主(不得少于 51%),还可以加入其他原料。单纯威士忌又分为 4 种:

①波本威士忌(Bourbon Whiskey)。

波本(Bourbon)原是美国肯塔基州的一个地名(Kentucky),在波本生产的威士忌称作波本威士忌,1964 年根据美国联邦法律,国会通过将波本威士忌定义为"美国独特产品"。

波本威士忌的原料是玉米、大麦等。玉米至少占原料用量的 51%,最多不超过 75%,经过发酵蒸馏后,装入新橡木桶里存放 4 年,最多不超过 8 年,装瓶时要用蒸馏水稀释至 43.5°。酒液呈琥珀色,因其主要原料为玉米,香味浓郁,口感醇厚、绵柔,具有独特的清甜和爽快,特别适用于调制鸡尾酒。以肯塔基州的产品最有名,价格也最高。

名品有:四玫瑰 Four Roses、珍品 Jim Beam、老祖父 Old Grand Dad、野火鸡 Wild Turkey、积丹尼 Jack Daniel、秀康福 Southern Comfort、老皇冠 Old Grown、老太勤 Old Toylor、老处女 Old Virginia、沃克 Walker's。

②黑麦威士忌(Rye Whiskey)。

是用不少于 51% 的黑麦及其他谷物制成的,呈琥珀色,味道与前者不同。

③玉米威士忌(Corn Whiskey)。

是用不得少于 80% 的玉米和其他谷物制成的,用旧炭木桶陈酿。

④保税威士忌(Bottled in Bond)

它是一种纯威士忌,通常是波本或黑麦威士忌,但它是在美国政府监督下制成的,政府不保证它的质量,只要求至少存放 4 年,酒精纯度在装瓶时为 100proof。必须是一个酒厂所造,装瓶厂也为政府所监督。

(2)混合威士忌(Blended Whiskey)。

它是用一种以上的单一威士忌,以及 20% 的谷物中性酒精混合而成的,装瓶时,酒度为 40°,常用来作混合饮料的基酒,共分 3 种:

①肯塔基威士忌。是用该州所出的纯威士忌和谷类中性酒精混合而成的。

②纯混合威士忌。是用两种以上纯威士忌混合而成的,但不加谷类中性酒精。

③美国混合淡质威士忌。是美国的一个新酒种,用不多于 20% 的纯威士忌和 80% 的酒精纯度在 100proof 的淡质威士忌混合而成的。

(3)淡质威士忌(Light Whiskey)。

它是美国政府认可的一种新威士忌,蒸馏时酒精纯度高达 161～189proof,用旧桶陈酿。淡质威士忌所加的 100proof 的纯威士忌,不得超过 20%。除此之外,在美国还有一种称为 Sour—Mashwhiskey 的,这种酒是用老酵母(即先前发酵物中取出的)加入要发酵的原料里(新酵母与老酵母的比例为 1∶2)蒸馏而成的,用此种发酵法造酒酒液比较稳定,多用于波本酒。它是 1789 年由 Elija Craing 发明的。

4. 威士忌的服务操作

威士忌的服务用杯是 6～8 盎司古典杯,能表现出粗犷和豪放的风格。最常见的威士忌的饮用方法有以下 3 种:

(1)威士忌加冰块(whisky on the rocks)和水。

在古典杯中,先放入 2～3 个小冰块,再加入 40 毫升的威士忌。威士忌加矿泉水。

(2)威士忌的饮用。

在酒吧中,常用 Straight 或"↑"标号来表示威士忌的净饮。一般仍用古典杯,而美国人在净饮威士忌时,喜欢用容量1盎司的细长小杯。

(3)威士忌混合饮料。

威士忌可以作调制鸡尾酒的基酒,如威士忌酸(Whisky Sour)、曼哈顿(Manhatton)、古典(Old Fashioned)等著名的鸡尾酒就是用它作基酒调制的。

二、伏特加

Vodka 在俄语中有"水"之意,但在波兰文中的 Wodka 与 Vodka 的写法接近,也有"水酒"的含义。伏特加酒虽出自东欧,可近几十年来已变成国际性的重要酒精饮料,伏特加的消费大国除俄罗斯、波兰外,还有美国、英国、法国、芬兰等国家。

1. 俄罗斯伏特加

又译作俄得克酒。最早的用料是大麦,以后逐渐改用含淀粉的玉米、土豆。俄罗斯伏特加的酿造酒醪和蒸馏原酒过程,与其他蒸馏酒相比并无特殊之处,区别在于伏特加要进行高纯度的酒精提炼至190proof(相当于95°度),经两次蒸馏精炼后注入白桦活性炭过滤槽中,进行缓慢的过滤,使精馏液与活性炭分子充分接触而净化,将原酒中包含的酸类、醛类、醇类以及其他微量物质去除,便得到了纯粹的伏特加,它不需要陈酿。

经过以上工序处理的伏特加,酒液无色,清亮透明如晶体,除酒香外,几乎没有什么别的香味,口味不甜、不苦、不涩,只有烈焰般的刺激,劲大冲鼻,咽后腹暖,但饮后绝无上头的感觉。

著名的品牌有：莫斯科红牌 Moskovskaya、伏特加绿牌 Stolichnaya、波士伏特加 Bolskaya、柠檬那亚 Limonnaya、斯大卡 Starka、俄罗卡亚 Russkaya、斯刀罗伐亚 Stolovaya、伯特索夫卡 Pertsovka,其中质量最好的俄罗斯产伏特加是莫斯科红牌。

2. 波兰伏特加

波兰伏特加在世界上颇有名气,它的酿造工艺与俄罗斯伏特加相似,区别只是波兰人在酿造过程中,加入许多草卉、植物、果实等调香原料,所以波兰伏特加比俄罗斯伏特加香体丰富、更富韵味。

著名的品牌有:兰牛 Blue Bison、维波罗瓦 Wyborowa、朱波罗卡 Zubrowka。

如今,伏特加已不再是俄罗斯的专利产品,很多国家诸如美国、荷兰、法国、英国、瑞典等都生产与俄罗斯伏特加不相上下的产品,名品有:皇牌伏特加,又译斯米尔诺夫(英国)Smirnoff、西尔弗拉多(美国)Silverado、沙莫瓦(美国)Samovar、芬兰地亚(芬兰)Finlandia、瑞典伏特加(瑞典)Absolut Vodka、哥萨克(英国)Cossack、夫拉地法特(英国)Vladivat、弗劳斯卡亚(法国)Voloskaya、卡林斯卡亚(法国)Karinskaya、

3.伏特加的饮用与服务操作

伏特加酒的标准用量为每一份 40 毫升,可选用利口杯(净饮时)或古典杯(净饮或加冰块时),作为佐餐酒或餐后酒,以常温服侍。

单饮时,准备一杯凉开水。快饮(干杯)是单饮的主要饮用方式。

因伏特加是一种无臭无味又无香气的酒,非常适宜兑果汁汽水饮用,而且也可作鸡尾酒的基酒,著名的鸡尾酒,如螺丝钻(Screwdriver)、黑俄罗斯(Black Russian)、血红玛丽(Bloody Mary)、盐狗(Salty Dog)等,都是以伏特加作为基酒调制的。

三、白兰地

白兰地是一种以葡萄为原料经发酵、蒸馏而成的烈酒,有些白兰地也以苹果、樱桃、杏等为原料。世界最著名的白兰地绝大多数生产在法国,其中以法国南部科涅克(Cognac)地区所产的白兰地最醇、最好,被称为"白兰地之王"。

1.干邑的产区

干邑是指在法国 CHARENTE 河边的 COGNAC 古城,为生产干邑白兰地美酒的中心。因此这个法国字 COGNAC,已世界驰名。干邑的品质之所以超过其他的白兰地,不仅是因为该地区的特殊蒸馏技巧,

也是因为法国科涅克地区阳光、温度、气候、土壤极适于葡萄的甜酸度，用来蒸馏白兰地是最好的。干邑区又分6个小区，所产酒的品质也有高低，按顺序排列如下：

(1)GRANDE CHAMPAGNE 大香槟区。

它的范围包括科涅克整个地区，并一直到夏朗德滨海省的北部和夏朗德省的西南部。科涅克的葡萄不仅产量高，而且质量好。该区产的白兰地特点是老熟时间长，因此贮藏的时间也长。

(2)PETITE CHAMPAGNE 小香槟区。

它以围绕大香槟产区的南部地区种植的葡萄为原料。小香槟区产的白兰地，质量同大香槟区接近，其味稍淡一些。

(3)BORDERIES 波尔多。

栽培的地区在科涅克的西北部，夏朗德的右岸，这个区生产的白兰地质量极好。

(4)FINS BOIS 芳波瓦。

它围绕着大香槟区、小香槟区和波尔多的产区栽培。这个产区生产的白兰地不如大香槟的白兰地细致，其特点是成熟快。

(5)BONS BOIS 蓬波瓦。

栽种的葡萄围绕芳波瓦向西南部和南部延伸。蓬波瓦生产的白兰地，具有一种特有的、使人感到愉快的风味。

(6)BOIS ORDINAIRES 波瓦和乡土波瓦。

它在蓬波瓦的西北部。这个区生产的白兰地具有大西洋气候所特有的、似用海藻烟熏制食品的风味。

1909年5月1日，法国政府公布了一条关于法国国家名酒Cognac的法令。这条法令规定，只有在科涅克地区生产的白兰地才能称为国家名酒，并受到国家的保护。科涅克地区产的白兰地被称为干邑，马爹利、人头马、轩尼诗等都是极富盛名的干邑。干邑酒的特点十分独特，酒液是琥珀色，洁亮有光泽，酒体优雅健美，口味精细考究，风格豪壮英烈，酒度43°。有人说科涅克像夏朗得当地人一样，态度诚恳，性情稳健，自信干练。

2.干邑酒的天然条件

(1) 葡萄的品种。

法国政府规定,制造科涅克白兰地的主要葡萄品种有 3 个,都是白葡萄。它们是白玉霓(Ughi Bianc)、可伦巴(Colombard)、白疯女(Folle-blanche)。以上 3 个品种正符合生产科涅克白兰地的要求,即酸度大,酒精低。这也是科涅克生产优质白兰地的关键因素。

(2) 土壤。

科涅克地区存在不同类型的土壤,因此才产生不同类型的白兰地。香槟区白兰地,产地土壤中含钙极丰富;波尔多白兰地,它来源于科涅克的脱钙土壤;波瓦白兰地,这个地区的土壤经常是潮湿的。

(3) 气候。

科涅克地区的气候对白兰地的质量也有影响。夏朗德的气候属于大陆气候,大西洋和日龙得的海洋气候缓和了它邻近地区气候变化的温度,保持住大气中的一定湿度。每年 1 月和整个春季下雨的次数很多,动土播种葡萄以前,土壤中已积蓄了一定量的水分。6 月气温相当高,七八月份的气候很干燥,有利于葡萄成熟。葡萄采收的时间较晚,一般要拖至 10 月甚至 11 月初。这是一个断断续续充满阳光的季节。科涅克地区的西风和西北风对某些地区的土壤也起了一定的影响。

3. 干邑的酒龄

法国白兰地在商标上标有不同的英文缩写,来表示不同的酒质。

法国政府为使国际上对法国名酒白兰地在酒龄方面有一明确的认识,特作了如下规定(见表 8-1)。

实际上,好的白兰地是由多种不同酒龄的白兰地勾兑而成的。

三星干邑(Three Star)。法国法律规定,干邑作坊生产的最年轻的白兰地只需要 18 个月的酒龄,然而有许多进口白兰地的国家,包括英国要求白兰地的最低酒龄为 3 年。标记是三星或 VO。

VSOP 是陈年浅白高级干邑(Very Superior Old Pale)的开头字母的缩写。享有这种标志的干邑至少要有 4 年半的酒龄,然而许多作坊在调对时加入了更陈年的烈性酒。

表 8-1　法国科涅克白兰地代号及酒龄规定

标　记	英文全称	备注
Three Stars		三星,贮藏 3 年以上
V.S.O.P.	Very Superior Old Pale	非常优质的陈年浅色白兰地,至少贮藏 4 年半的白兰地,色较浅
V.S.O.D	Very Superior Old Dark	酒盛在木桶中,吸收木桶溶解出来的丹宁成份,使酒从无色变为褐色,时间愈久,酒色愈深,故名
Extra	Extra	特级
X.O	Extra Old	陈年特级不低于 5 年半
Cordon Blue		蓝饰带
V.S.E.P.	Very Superior Extra Pale	说明这是"极高档的蒸馏酒"常见于美国市场

其中的英文字母的含义如下:E——Especial 特别的;F——Fine 好;V——Very 非常的;O——Old 老的;S——Superior 上好的;P——Pale 淡色;X——Extra 格外的;C——Cognac 科涅克。

　　精品干邑(Luxury Cognac)。大多数作坊都生产质量卓越的干邑,它是由陈年的优质白兰地调兑而成的。这些干邑都带有享负盛名的名称,如陈年浅白非常高级干邑(VVSOP)、特别陈酿(Vielle Réserve)、高级陈酿(Grand Réserve)、拿破仑(Napoleon)、特别陈年干邑(XO)、特别陈年干邑(Extra)、手艺高明的女厨师(Cordon Bleu)、银色的细带(Cordon Argent)、天堂精品(Paradis)和古玩精品(Natique)。法国政府规定拿破仑、XO 的酒龄不低于 5 年半。至于拿破仑陈酿 40 年,XO 陈酿 50 年的说法,多半是酒商们的宣传。当然,这类酒至少要用少量陈酿这么久的白兰地来勾兑。

　　4.白兰地的酒龄与品质的关系

　　白兰地的酒龄决定了白兰地的价值,陈酿时间越久,质量越好。白兰地在老熟过程中,氧气从桶壁进入桶中影响白兰地而发生氧化过程,它在氧化过程中引起复杂的化学反应并发展酒香。另外,橡木桶的溶解物质和它的衍生物,对于白兰地老熟和产生酒香影响极大。

目前销售的白兰地多是混合的,而且需要在装瓶前几个月进行混合,混合时用酒精含量为40~43%的各种白兰地加上蒸馏水、色素,装在木桶中用搅拌器搅拌,就成为混合的白兰地,几个月后再装瓶出售。

5. 科涅克酒的名品有:百事吉 Bisquit、金花 Camus、拿破仑 Courvoisier、长颈 FOV、御鹿 Hine、轩尼诗 Hennessy、马爹利 Martell、人头马 Remy Martin、金象 Otard。

6. 白兰地服务操作规范

(1)白兰地酒杯。

白兰地酒杯是为了充分享用白兰地而特殊设计的专用杯(称球形杯或郁金香型杯)。窄口的设计是让酒的香味尽量长时间地留在杯内,以利于供人慢慢地"闻"和享受。白兰地的酒精含量在40°左右,散发较慢,杯的大肚用来加热以利酒香散发。喝酒时,手掌托杯,使温度传至酒中,使杯内的白兰地香气散发,同时又要晃动酒杯,以扩大酒与空气的接触面。

(2)白兰地的净饮方法。

白兰地主要作为餐后用酒,享用白兰地的最好方法是不加任何东西——净饮,特别高档的白兰地更要如此,这样才能品尝到白兰地的醇香。倒在杯子里的白兰地以1盎司为宜。

(3)用作混合饮料的配制。

因白兰地有浓郁的香味还被广泛用作鸡尾酒的基酒,白兰地常和各种利口酒一起调制鸡尾酒,调制方法大多采用摇壶摇混法。另外,也与果汁、碳酸饮料、奶、矿泉水等一起调制成混合饮料。

思考题

1. 酒水在餐饮企业经营中的作用是什么?
2. 葡萄酒、黄酒、啤酒等的服务特点是什么?
3. 白酒在佐餐饮用中应注意什么?
4. 威士忌酒的饮用特点是什么?
5. 白兰地的服务要求是什么?

6. 在餐饮服务中如何做好酒水推销工作？
7. 掌握上述酒水的名品。

第九章 宴会组织与管理

学习目的

通过本章的学习,应掌握宴会的销售、接待、服务等技巧以及对宴会活动的控制与管理。

主要内容

- 宴会预订

  宴会预订　宴会的特点及类型

- 宴会菜单设计

  宴会菜肴设计　宴会酒水设计

- 宴会台面设计

  餐台的种类　宴会台面设计的基本要求

  宴会座次安排

- 宴会管理

  宴会前的组织与协调工作

  宴会中的服务管理

  宴会客史档案的管理

教学指导

要求学生自己组织宴会或酒会,也可以安排到大型酒店参与宴会组织劳动。

第一节　宴会预订

宴会不同于一般散客就餐,它是一种有组织、有目的的大规模的聚餐方式,客人少则几十人,多则几千人甚至上万人,所以,餐饮企业应配合举办单位对宴会进行有效的组织和管理,围绕着宴会主题,使之能热闹而有序地进行。

一、宴会预订

规模较大的餐饮企业通常设有专门的宴会销售部来推销宴会和提供宴会的系列服务,使宴会的预订成功率提高。销售部更适合于承接提前较长时间如半年以上的宴会预订。销售部一般只负责预订和与其他部门联络协调,不直接参与宴会中的服务。规模不大的餐饮企业,餐饮部兼有推销职能,以服务带销售,这适合短期预订或小规模的宴会。有些餐饮企业餐饮部和销售部均有推销的功能,这就要做好二者之间的协调工作。不论哪种销售形式,宴会预订要立卷建档,把所有预订的宴会归在一起,按预订日期的顺序排列,建立包括宴会时间、宴会活动地点、宴会参加人数、具体要求等项的宴会预订卷。当宴会预订经过确认后,就要建立宴会执行卷,按预订合同的有关要求作准备。同时,对举办宴会的团体和单位建立有关宴会活动的资料卷,按团体名称的字母顺序或笔划先后排列,收集有关信息、资料,以备日后查用。

1. 预订的方式

宴会的预订常来自于当地饭店的住店客、本地区居民或企事业单位,另外还有过路客、外地或海外客人。所以从对方需要和便利出发,可以采用多种方式进行预订。具体的预订方式有:

（1）直接预订。私人或企业预订,有专人来店面洽,预订时交纳定金。

（2）间接预订。客人通过电话、传真、信函邮递或委托餐饮企业工作人员代为预订。

(3)政府有关部门的指令性安排。

2. 提供预订信息

餐饮企业宴会部应从客人预订的便利、减少随意性管理的弊端考虑,根据实际需要,编制一套预订时供客人询问、比较、选择用的书面或电脑资料。其内容应包括:

(1)中西餐宴会、酒会等总费用起点标准。

(2)宴会人均消费起点标准。

(3)各类宴会的菜单和可变换、替补的菜单。

(4)各类宴会可供选用的酒单。

(5)不同费用标准的宴会所提供的服务规格。

(6)不同费用标准的宴会中可享有的配套服务项目。

(7)宴会的场地布置、环境装饰和台型布置的实例图。

(8)主要菜点和酒品的介绍及实物彩色照片。

(9)宴会预订金的收取规定。

(10)提前、推迟、取消预订宴会的有关规定。

上述书面资料,应图文并茂、简明而完整。

3. 宴会预订文件(见表9-1.9-2)

表9-1 宴会预定单　　　　　　　　　　No.

预定日期		预定人姓名	
地　　址		电传·电话	
单　　位		饭店房号	
宴会名称		宴会类别	
预定人数		保证人桌数	
宴会消费标准		食品人均消费	
		酒水人均消费	

续表

具体要求	宴会菜单		酒水	
	宴会布置	台型 主桌型 场地 设备		
确认签字		结账方式		预收定金
备注				承办人：

表 9-2　宴会编排通知　　　　No.

年　　月　　日　星期　　（午）　（晚）　餐宴会安排

楼层	厅房	主办单位或主办人	人数和桌数	开宴时间	宴会管理
层	厅房 房				
层	厅房 房				
层	厅房 房				
制表人		审定			
分送部门					

4. 预订的程序

客人可以通过多种方式进行宴会预订,如面洽、电函等,预订的基本程序大致相同。

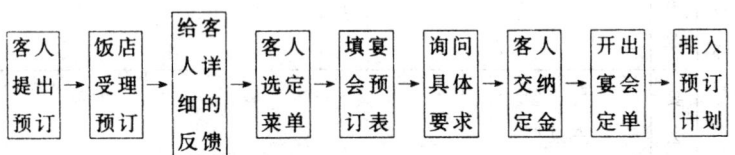

餐饮企业无论通过哪种方式接受客人预订,都要求餐饮企业的有关部门对宴会举办人的意图、要求、目的有详细的了解。接到预订后安全服务的具体工作如下:

(1)当接到客人的宴会活动预订后,预订员应立刻检查宴会厅的适用性和预订的可行性,并核查宴会预订卷中的有关记录。内容包括:

①宴会厅(室)是否在客人提出的日期和时间可用;

②宴会菜肴、饮料以及使用宴会厅的费用;

③宴会菜单提供;

④宴会活动安排能否满足客人要求;

⑤宴会厅的规模及设备是否适用等。

(2)如确定宴会预订可行,无论暂时性确认(可能被取消,也可能最后确定),还是确定性确认,都要一式两份填好宴会预订单,一份备存,一份送到销售部通知预订确认。如果预订涉及到其他部门如客房部,必须在这些部门确认后方能确定。

宴会预订单内容包括:宴会主办单位或个人名称;宴会主办单位负责人姓名及职务、地址、电话;宴会类型(庆祝宴会、招待宴会、表彰宴会、节日宴会、新闻发布会、欢迎欢送会、婚礼宴会和其他商业会议宴会);宴会日期及宴会开始、结束时间;出席人数(一般要求在双方规定时间内做最后确认);结算方式;预定金额;消费总额;宴会形式及餐厅布置;宴会菜单;预订人姓名;联系电话等。

(3)把经双方确认的菜单存放在预订卷内,并在卷首注明确定的日期,同时将宴会有关记录存放进宴会执行卷。

如客人要求取消宴会预订,在接受客人取消通知时,应询问取消宴会预订的原因,并记下取消预订的日期和要求、取消人的姓名及接受取消的预订员的姓名,在宴会预订单上注明"取消"字样,并通知有关部门将预订单从宴会预订卷中取出另存。

(4)把宴会预订确认单和根据对方要求制定的菜单一起交给对方,并将确定的预订单副本放进预订卷。

(5)在宴会举办前两周全部落实所有有关事项,并将落实情况分别存入宴会卷和预订卷。其间获得的有关信息存在宴会卷,这些信息包括宴会主办人的特殊要求和爱好、宴会目的、客人身份、菜式、饮料种类、宴会节目单及进行顺序、纪念礼品的种类、宴会司仪(主持人)的确定等。

(6)如遇有涉及重要领导安全和有重大社会影响的宴会,应将有关宴会活动的日期用备忘录形式通知公关部门及其他有关部门。

(7)检查全部记录,对空缺部分进行补充。宴会的每一个细节都不可忽视,必须认真收集全部资料。

二、宴会的特点及类型

1. 宴会的特点

(1)组织特点。

由于宴会是有组织进行的,所以宴会的用餐人数、时间、规格和标准都是可预计的。这种相对固定的特点为餐饮企业的菜单设计、原料制备、人员安排、会场布置等提供了方便条件。

(2)功能特点。

宴会具有社交性、聚餐式和规格化3个显著特点,具体表现为:

①宴会是一种重要的交际形式。

无论政府、企业还是个人,都可以利用宴会形式来实现表达欢迎、答谢、庆贺或其他目的。人们可以在就餐中进行交往,促进沟通,加深感情。

②宴会讲究规格和气氛。

宴会一般要求格调高,气氛热烈、讲排场,对服务工作要求周到细致。宴会的举办涉及到设计、布置、灯光、音响、前台、后台等多个部门的工作,需要宴会部、管事部、食品采购、餐厅、厨房、酒水部和电器技术人员通力合作。

③宴会的聚餐式。

宴会是一种聚餐方式,具体要根据顾客聚餐的类型和要求来确定采取何种形式。

(3)经营特点。

宴会区别于一般餐饮经营活动的特点表现为:

①宴会是整体活动中的一部分。

宴会常作为举办单位系列活动中的高潮部分,所以宴会往往与开(闭)幕式、各种洽谈会、学术讨论会、谈判或文艺演出等相结合组成整体活动。宴会的这种特点决定了餐饮企业要根据举办单位的具体要求采取灵活多样的宴会形式。

②宴会可有多种档次。

宴会的档次综合体现在饮食原料、服务规格、人员配备、环境布置及餐具的档次等方面。不同档次的宴会要求餐饮企业进行相应的安排,做好环境布置、台型设计、座次安排、设备配置、菜单设计、人员配备等各方面的工作。

2. 宴会的作用

(1)宴会是餐饮企业营业收入的重要来源。

一方面,因为宴会的毛利率较高,有利于提高餐饮企业平均利润率。另一方面,宴会厅和多功能厅的面积约占餐饮企业总的就餐面积的35%～50%,宴会的收入直接影响到企业的整体收入水平。

(2)通过宴会可以发展烹调艺术,培养厨师力量。

宴会档次高,花色品种多,为厨师创制新产品、发挥烹调技术创造了机会,从而可以提高厨师技术水平。另外,宴会也为新菜品的推广创造了机会。

(3)提高管理人员的组织指挥能力和培训服务员的应变能力。

宴会要求较高,涉及面广,管理复杂。特别是大中型高档宴会,需要一系列专业组织活动,管理人员可以通过宴会组织提高他们的组织指挥协调能力,训练服务员队伍,提供优质服务,从而提高餐饮企业和宴会厅的形象和声誉,增强企业的市场竞争能力。

3. 宴会的类型

(1)按宴会的菜式划分。

按宴会的菜式划分,宴会可以分为中餐宴会和西餐宴会。

①中餐宴会。

中餐宴会是使用中国餐具、食用中国菜肴、采用中式服务的宴会。具有浓厚的中华民族特点,处处体现欢乐祥和的气氛,多用于招待外宾及重要客人,国内的宴会也多采取这种形式。

②西餐宴会。

西餐宴会是按西方礼仪举办的一种宴会形式,其特点是摆西餐台、吃西餐菜、使用各式西餐餐具,并按西方礼仪进行服务,席间经常放送轻音乐。西餐宴会根据菜式与服务方式的不同,可分成多种不同的宴会形式。

(2)按宴会的正式程度划分。

从宴会的目的、规格和隆重程度上,宴会可分为正式宴会和便宴。

①正式宴会。

正式宴会一般是指与相关的正式活动相结合而举行的十分讲究礼节程序而且气氛较隆重的大型宴会。正式宴会一般挂国旗、奏国歌以及安排乐队奏席间乐等。宾主按身份排位就座,而且还要按活动要求安排相关仪式,如致辞等。另外,要求处处体现高雅、庄重,如西方人对正式宴会的服饰极其讲究,往往从服饰规定来体现宴会的隆重程度。另外对餐具、酒水、菜肴道数、陈设以及服务员的装束、仪表都有相应要求。

②便宴。

便宴是非正式宴会,这类宴会形式简便,不拘规格,可以不排座位,不作正式讲话,菜肴道数亦可随客人需要酌量增减。

便宴的气氛较随便、亲切、轻松自由,宜用于日常友好交往。便宴的礼仪要求比较简单,没有特定的主题和较为重要的背景,只要与宴者达到心情舒畅即可。

(3)按宴会的主导产品来划分。

①风味式宴会。

风味式宴会就是将某些特色风味小吃,用宴会形式加以包装、改造,使其成为宴会的主导产品。

②冷餐酒会。

冷餐酒会是酒会的一种形式,与其他宴会形式相比较具有以下特点:

a. 举办地点比较随意。冷餐会既可在室内,又可在院子里,也可在花园里举行。

b. 举办形式。这种宴会形式的特点是不排席位,不设主宾席,也没有固定的座位,参加宴会者可随意走动。

c. 菜点形式。餐厅主要提供冷荤菜,一般事先把菜肴和点心摆放在餐台上,同时提供多种餐具供宾客自取。

d. 规格与规模。根据主客双方的身份,举办冷餐会的规格隆重程度可高可低,根据参加人数,规模有大有小。

冷餐酒会这种宴会形式,常用于庆祝各种节日,作为欢迎仪式,或用于各种开幕、闭幕典礼,文艺演出、体育比赛前后,国际、国内大型学术研讨会等。

③鸡尾酒会。

鸡尾酒会盛行于欧美,可以单独举办,也可以用于正式宴会之前。这种宴会的特点是:

a. 以酒水为主,配备小食品,如三明治、小串烧、炸薯片等。

b. 作为举行大型中西餐宴会、婚寿庆功宴会等的前奏活动。亦可用于举办记者招待会、新闻发布会、签字仪式等活动中。

c. 这种形式的宴会较为活泼,客人不拘于各自的座位限制,便于广泛接触交谈。

(4)按宴会的专题划分。

有些宴会是为某种专题活动而举办的。这类宴会往往有着明确的目的和意义,整个宴会都围绕某个专题进行,这类宴会通常叫做专题宴会。宴会按专题划分主要有以下几种:

①国宴。

国宴是国家元首或政府首脑或为国家庆典,或为外国元首以及政府首脑来访,以示欢迎而举行的正式宴会,是一种规格最高最为隆重的宴会形式。

国宴具有特殊礼仪及礼节形式,庄严隆重。国宴的礼仪既要体现民族的自尊心、自信心、自豪感、独立自主的尊严,又要体现国家或民族之间的平等、友好、和睦的气氛。国宴中要按照宾主相应的身份地位安排就座,与宴宾客和宴会工作人员都必须以庄严的风度、彬彬有礼的举止出现在宴会厅中。

②婚宴。

婚宴是新人在举行婚礼时,为宴请前来祝贺的宾朋和庆祝婚姻美满幸福而举办的喜庆宴席。所以婚宴要突出吉祥的喜庆气氛。

③生日宴。

生日宴是人们为纪念出生而举办的宴会,一般以老年人居多。

菜点形式上要突出祝寿之意。菜点质地上应以满足生日者的需要为主。如为老年人庆贺生日的宴会菜品要求松软等。另外生日宴会要举行相应的活动,如点蜡烛、吹蜡烛、唱生日歌、切生日蛋糕等,餐饮企业应为这些活动创造条件和准备工具。

④迎宾宴。

迎宾宴是指为迎接远道来的朋友、客人等而举办的宴会。这种宴会一般有以下要求:

a. 最好使用单独的 KTV,便于一起促膝叙谈或倾诉一些心里话。

b. 通常情况下,主人为了显示自己的热情好客,常常会以当地的名菜名点来招待客人,希望服务人员将菜点特色逐一向客人介绍,使主人脸上生光,客人感到亲切热诚。

⑤纪念宴会。

纪念宴会是指为纪念某人、某事或某物而举办的宴会,要求有一种纪念、回顾的气氛。因此在宴会布置时有些特殊要求:

a. 突出纪念对象的会标。

b. 悬挂纪念对象的照片、文字或实物。

⑥商务宴会。

商务宴会是指专为洽谈商务、建立友谊、联络感情而举行的宴会。

商务性宴会的消费标准以中等偏上为多,多为提前数天预订。商务宴会要求:

a. 在预定时,要了解洽商双方的特点和爱好,并在设计布置时,符合双方共同的爱好。

b. 表现双方的友谊,使协商、洽谈在良好的气氛中进行。

⑦庆典宴会。

庆典宴会是指企事业单位为庆贺各种典礼活动而举办的宴会,如开业庆典、毕业庆典、开工庆典、复工庆典、获国际国内大奖等庆典宴会。这类宴会往往规模大,气氛热烈。事先要做充分的准备,服务程序以简洁为主。宴会要突出庆贺的主题,往往在开宴前致简短的贺词。

第二节 宴会菜单设计

宴会菜单的设计是一项复杂的工作,也是一项要求很高的创造性劳动。它要求设计者不仅熟练掌握烹饪学、营养学、美学等知识,还应了解顾客的消费心理,熟悉顾客团体所在地区、民族的饮食习俗等相关知识。

一、宴会菜肴设计

宴会菜肴设计涉及内容广泛,需要考虑的因素很多,但其核心就是尽最大努力满足顾客要求。因此,菜肴的设计要以顾客提出的宴会主题和参加宴会的客人的具体情况为依据,充分考虑宴会的各种因素,使整个宴会气氛达到理想水平,使参加宴会的客人都能得到最佳的物质享受和精神愉悦,提高客人的满意度。

1. 准确把握客人特征

出席宴会的客人各有不同的生活习惯,也有不同的口味爱好。准确把握客人特征是宴会菜肴设计工作的基础。具体了解宴请对象的口味爱好,有助于宴会菜肴种类的确定;了解客人的来源有助于菜系的选择；如果与宴者中有少数民族，还要照顾到少数民族的风俗习惯、宗教信仰。所以要准确掌握客人的特征，了解参加宴会人员的年龄、职业、性别、民族以及参加宴会的目的。

总之，在进行宴会菜肴设计时，应深入分析客人对宴会菜肴的文化色彩、风味特色、营养构成、服务过程等的具体需求。

2. 合理把握宴会菜肴数量

宴会菜肴的数量是指组成宴会的菜肴总数与每道菜肴的分量。宴会菜肴的数量是宴会菜肴设计的关键，数量合理令客人既满意又使其回味无穷，同时也为举办单位节省了不必要的费用，使其感到餐饮企业的真诚服务。

一般来说，宴会菜点的数量应与参加宴会的人数相一致，即每人平均能占有500克左右净料为原则。另外，把握菜肴的数量还应结合以下因素考虑。

(1) 菜肴的品种。

菜肴的品种是由宴会的规格确定的。根据宴会规格的高低，一般从12个到20个不等。要注意的是，菜肴品种少的宴会，每个菜肴的分量要大一些，而品种多的宴会，每个菜的分量可以减少些。

(2) 宴会的档次。

一般来说宴会的档次越高，菜肴总数量就越少，品种和形式就越丰富，制作方法越精巧，可谓是"少而精"。如果宴会档次较低，菜肴数量可以适当增加。

(3) 出席宴会者的特征。

如果出席宴会者来自异地，其参加宴会多是为了品尝风味菜肴，如接待国外旅游团，就需要增加菜肴品种，适当减少每道菜肴的分量。另外，还要根据客人年龄和性别来适当增减菜肴数量。

3. 明确宴会价格与菜肴质量的关系

任何宴会都有一定的价格标准，宴会价格标准的高低往往是反映宴会形式与菜式的依据，宴会价格标准的高低与宴会菜肴的质量也有着必然的联系。但价格标准的高低只能在原料使用档次上有所区别，宴会的效果不能受到影响，也就是在既定的标准之内，确定菜点的主料、辅料的不同搭配比例,使宾、主都满意,这是宴会菜肴设计的巧妙之处。

(1)宴会规格高的,应当使用高档原料、名贵原料或提高服务档次。宴会规格低的,可选用一般原料,且可增加辅料的用量,以降低成本。

(2)在设计宴会菜单时,应设计一道或数道体现档次的核心菜品,还应考虑一些花色菜、做工考究的菜品,这样可提高客人视觉效果。另外,搭配最能体现地方特色的菜品,还可满足客人的品尝心理。

(3)在口味设计与加工方法上,应体现粗菜细做、细菜精做的原则。

4. 宴会菜肴的营养搭配

对宴会菜肴的设计还要从人体对营养的需要出发,把握菜品中各种营养的结构和比例。

(1)宴会菜肴结构要合理。

人体需要的营养素包括蛋白质、脂肪、淀粉、维生素、粗纤维、矿物质、微量元素等。在设计菜品时应针对不同宴会客人的年龄特征准确把握好各种营养的均衡搭配,使宴会菜肴既美味又富有营养。

(2)宴会菜肴荤素搭配比例要适当。

无论是中餐宴会还是西餐宴会,菜肴都应进行科学的荤素营养搭配。动物性原料是高蛋白、高脂肪型的食品,蔬菜多富含纤维素和碳水化合物等营养素。在宴会菜肴设计时,应根据客源对象安排荤素比例。避免因为素菜多了而使人感到素淡无味,荤菜多了又会使人觉得倒胃,从而冲淡了宴会的气氛。

(3)宴会菜点的品种比例要合理。

宴会菜肴品种比例是指组成一套宴会菜品的各类菜肴和菜肴形式搭配要合理。如中餐宴会一般包括冷荤菜、热炒菜、大菜、素菜、甜菜(包括甜汤)、点心6大品种,有的还配置水果、冷饮。西餐宴会菜肴一般包括开胃品、汤、色拉、主菜、甜食等5大类。不管哪种形式的宴会都要求各类食品搭配合理。

5. 菜点要富于变化

(1)一套成功的宴会菜点,无论是在原料选择、烹调方法还是口味上都应富于变化,绝不能千篇一律,这样才能使菜肴口味多样化,从而满足宾主的美食要求。

(2)注重菜肴的色彩搭配。

一套宴会菜肴色彩运用的好坏是衡量菜肴品质的首要标准,因为一道菜肴最早让人接受的信息便是它的颜色。宴会菜肴色彩设计就是如何合理巧妙地利用原料和配料的颜色、外加的点缀物的颜色、器皿颜色,使菜肴的颜色愉人之目,令客人望之垂涎。

(3)注意菜肴质地的多样化。

菜肴质地是指菜肴的质感,即老、嫩、酥、软、脆、烂、硬、滑、爽、粗、细等特点。在设计菜肴中考虑菜点的质地问题时,应尽量设计质地丰富多样的系列菜肴组成宴会,同时根据客人的特点来设计菜肴质地以满足客人的不同需求。

6. 创造和突出宴会主题

宴会主题不同,宴会菜点的形式也不同。宴会菜点的形式是指构成宴会的菜点种类、特点、结构、造型、菜名以及服务方式。设计人员要根据宴会的主题设计宴会菜点,烘托并突出宴会主题。

7. 宴会菜肴要有独创性

宴会菜肴设计的独创性包括使用独特的原料、独特的烹饪方法、菜名的创新等。宴会菜肴设计必须显出特色,表现出本企业宴会设计的个性以及时代的特征。另外,宴会菜肴设计也要根据季节的变换来创新菜肴,使客人感到"常来常新",同时也增加了企业吸引力。

二、宴会酒水设计

1. 酒水与宴会的搭配原则

古语有"酒逢知己千杯少"、"对酒当歌",可见酒在人类宴会中自古就有着举足轻重的地位。因此,酒品与宴会的搭配科学合理才能助兴,同时有助于提升宴会气氛。首先介绍酒水与宴会的搭配原则。

(1)酒水的档次应与宴会的档次相一致。

宴会用酒水应与宴会的规格和档次相协调。如高档宴会,则其选用的酒品也应是高质量的。如在我国的国宴中,用酒往往选用茅台酒,因为茅台被称为我国的"国酒",其质量和价格在我国白酒中独占鳌头,其身价刚好与国宴相匹配。普通宴会则可选用档次一般的酒品。

(2)酒水的来源应与宴会席面的特色相一致。

一般来讲中餐宴会往往选用中国白酒,西餐宴会多选用葡萄酒,不同的席面在用酒上也应注重与其地域相匹配。如满汉全席应尽量选择中原地带的酒品,而在我国民间婚宴中则流行用"女儿红"、"状元红"。无论是中餐宴会还是西餐宴会,对于高度酒的选择一定要谨慎。

(3)酒水搭配应与宴会对象相一致。

宴会中如女士较多应多选用无酒精饮料或是低度酒,如啤酒、葡萄酒,如是南方客人也应多选用低度酒和饮料。

2. 酒水与菜肴的搭配原则

酒水与菜肴的搭配有一定的规律可循,这些规律的形成是千百年来人们通过不断实践摸索出的结果。酒水与菜肴搭配得恰当,不仅使客人的食饮相得益彰,而且还能突出菜品的美味。

西餐中酒水与菜肴的搭配强调"白酒配白肉,红酒配红肉",一般在每道菜中佐以不同的酒。

(1)餐前酒。用餐前可选用具有开胃功能的酒品,如味美思(Vermouth)、苦味酒(Bitter)、鸡尾酒(Cocktails)和软饮料(soft drinks)等。

(2)汤类。一般不用酒。如需要可配较深色的雪利葡萄酒(Sherry)或白葡萄酒(white wine)。

(3)开胃品。大都是些较清淡、易消化的食品,可选用低度、干型的白葡萄酒(dry whitewine),如德国的摩泽尔(Mosel)白葡萄酒、法国的勃艮地(Burgundy)白葡萄酒。

(4)海鲜。选用干白葡萄酒、玫瑰露酒,在饮用前一般需冷冻。如德国莱茵(Rhin)白葡萄酒、法国波尔多(Bordeaux)白葡萄酒等。

(5)肉、禽、野味。选用酒度为12~16度的干红葡萄酒。其中小牛肉、猪肉、鸡肉等白肉类最好用酒度不太高的干红葡萄酒。牛肉、羊肉、火鸡等红色、味浓、难以消化的肉类,则最好用酒度较高的红葡萄酒。

(6)奶酪类。食用奶酪时一般配较甜的葡萄酒,也可继续使用配主菜的酒品,有时也选用波特酒(Porte)。

(7)甜食类。选用甜葡萄酒或葡萄汽酒,如德国的莱茵(Rhin)红葡萄酒、法国的高夫(Graves)红葡萄酒和香槟酒以及德国的摩泽尔

(Mosel)白葡萄酒。

（8）餐后酒。用餐完后,可选用甜食酒、蒸馏酒和利乔酒等酒品,也可选用白兰地、爱尔兰咖啡等。香槟酒则在任何时候都可配任何菜肴饮用。

3. 酒与酒的搭配规律

酒与酒之间的搭配也有一定的规律可循,其复杂程度相对于酒与菜之间的搭配要小些。人们普遍认为,酒席间或宴会上如果备有多种酒品,一般的搭配方法参考如下：

（1）低度酒在先,高度酒在后。

（2）软饮在先,酒在后。

（3）有汽酒在先,无汽酒在后。

（4）新酒在先,陈酒在后。

（5）淡雅风格的酒在先,浓郁风格的酒在后。

（6）普通酒在先,名贵酒在后。

（7）干冽酒在先,甘甜酒在后。按照欧美人的饮食习惯,在进餐的最后才吃甜食,因为"甜"的味觉会影响到品尝其他的菜肴,所以,饮酒时,他们也往往把甜味酒排在最后饮用。

（8）白葡萄酒在先,红葡萄酒在后（甜型白葡萄酒例外）。

凡此种种,都是按照先抑后扬的艺术思想设计的,是为了使多种酒中每一种酒都能充分体现其特点,发挥其作用,目的在于使宴会由低潮逐步走向高潮,在完美中结束。

第三节　宴会台面设计

一、餐台的种类

按台面的用途划分为餐台、看台和花台。

1. 餐台

餐台也叫素台,在饮食服务行业中称为正摆式。此种宴会台面的餐具摆放都应按照就餐人数的多少、菜单的编排和宴会标准来配用。例如7件头、9件头、12件头等。餐台上的各种餐具、用具,要求间隔距离适当,清洁实用,美观大方,放在每位宾客的就餐席位前。各种装饰物品都必须整齐一致地摆放,而且要尽量相对集中。这种餐台多用于中档宴席,也可用于高档宴会的餐具摆放。

2. 看台

看台是指根据宴席的性质、内容,用各种小件餐具、小件物品和装饰物品摆设成各种图案,供宾客在就餐前观赏。在开宴上菜时,撤掉桌上的各种装饰物品,再把小件餐具分给各位宾客,供宾客进餐时使用,这种台面多用于民间宴席和风味宴席。

3. 花台

花台,顾名思义就是用鲜花、绢花、盆景、花篮以及各种工艺美术品和雕刻品等点缀构成各种新颖、别致、得体的台面。这种台面设计要符合宴席的内容,突出宴会主题。图案的造型要结合宴席的特点,具有一定的代表性,色彩要鲜艳醒目,造型要新颖、独特。

二、宴会台面设计的基本要求

要想成功地设计和摆放一张完美的宴会台面,必须预先做好充分的准备工作。既要进行周密、细致、精心、合理的构想,又要大胆借鉴和创新,但无论怎样构想与创新,都必须遵循宴会台面设计的一般规律和要求。

1. 根据顾客的用餐需要进行设计

餐具和其他物件的摆放位置,既要方便宾客用餐,又要便于席间服务,因此,要求对每位客人餐具的摆放紧凑、整齐和规范化。

2. 根据宴会主题进行设计

台面的造型要根据宴会的性质恰当安排,使台面图案所表达的意思和宴会的主题相称。例如,婚庆宴席就应摆"喜"字席、百鸟朝凤、蝴蝶戏花等台面;如果是接待外宾应摆设迎宾席、友谊席、和平席等。

3. 根据美观实用的要求进行设计

使用各种小件餐具进行造型设计时,既要设法使图案逼真美观,又要不使餐具过于散乱,宾客经常使用的餐具原则上要摆在宾客的席位上以便于席间取用。

4. 根据民族风格和饮食习惯进行设计

选用小件餐具,要符合各民族的用餐习惯,例如中餐和西餐所用的桌面和餐具都不一样,必须区别对待,中餐台面要放置筷子,西餐台面则要摆放餐刀、餐叉。安排餐台和席位要根据各国、各民族的传统习惯确定,设置座位花卉不能违反民族风俗和宗教信仰的禁忌。例如,日本人忌讳荷花,因而日本人用餐的台面就不能摆放荷花及有关的造型。

5. 根据宴会菜单和酒水特点进行设计

宴会台面设计要根据宴会菜单中的菜肴特点来确定小件餐具的品种、件数,即吃什么菜配什么餐具,喝什么酒配什么酒杯。不同档次的酒席还要配上不同品种、不同质量、不同件数的餐具。同时,根据台面的不同,摆放相应的筷子、汤匙、吃碟、酒杯,如较高档的宴席在摆放基本的筷子、汤匙、吃碟和酒杯外,还要根据需要摆卫生盘和各种酒杯(葡萄酒杯、白酒杯、啤酒杯等)。

6. 根据清洁卫生的要求进行设计。

摆台所用的台布、口布、小件餐具、调味瓶、牙签筒和其他各种装饰物品都要保持清洁。

三、宴会座次安排

1. 中餐座次安排礼节

中餐座次安排是以主人座位的设计为基础的。

(1) 主人座位确定有以下参考条件:

① 面对餐厅入口;

② 背后有宴会目的的横幅或标志;

③ 背后有餐厅内设计的图画等。

(2) 主人座位设计:

① 主人餐盘应处于台布折缝中央;

② 主人餐位应有明显不同的餐巾化标志;

③主人餐位应摆放菜单；
④主人座位应能环视整个宴会的其他餐台；
⑤主人座位可以用明显不同的座椅；
⑥主人背后不宜设置同一宴会的其他餐台；
⑦主人与主宾的餐位间距应略大一些。
（3）座次安排礼节。
中餐座次安排的基本礼仪是，主人居中，右为上，左为下，对面再次之。即主宾餐位原则上安排在主人右首第一个座位，主人的左侧则安排第二主宾。夫妇做东宴请时（接待外宾时常见），主人对面安排第二主人，主宾夫妇分坐在主人右侧。

主人座次的安排根据下列情形的礼仪需要，可以作适当调整：
①宴会中，有比主人身份更高的主方贵宾时，主人座位上应为身份更高的贵宾，主人应在贵宾左侧座位；
②宴会中，有比主人身份更高的客方贵宾时，主人座位上应为身份更高的贵宾，主人应坐在主宾的位置，即主人与主宾调换餐位，其他座位次序不变。

2.西餐座次安排礼节
（1）正式西餐座次安排。
在正式西餐宴会中，主人的位置总是放在面朝南方向、朝房厅中央、朝向门或这三个点兼顾的位置。主人的右边第一个位置是第一主宾，主人的对面是副主人的位置，第二主宾的位置可以放在主人左手第一个位置上。
（2）交际性西餐座次安排。
交际性西餐座次安排的礼节是，男主人右边的第一个位置是第一女主宾，男主人左边的第一个位置是第二女主宾，女主人右边的第一个位置是第一男主宾，左边的第一个位置是第二男主宾，其他客人男女交叉安排。
（3）其他一些西餐场合，充分体现女士优先的原则，女士居上座，当女士坐妥后男士方可入座，女士总是坐在男士的右边。

第四节　宴会管理

任何一次成功的宴会都离不开承办者的精心策划和所有工作人员的密切配合,并最终通过服务人员提供的优质服务来完成。可以说,基层服务人员为宾客所提供的服务便是宾客所接受的直接产品。因此,服务在整个宴会中起着重要的、不容忽视的作用。同时,由于宴会涉及到饭店的多个部门,与会者众多,社会影响大,所以要充分重视宴会的管理工作。宴会管理工作可分成宴会前的组织协调管理,宴会中的服务管理,宴会后的客史档案管理。

一、宴会前的组织与协调工作

宴会涉及到的部门较多,尤其是大型会议型宴会需要的设施也较多,要组织好宴会就需要宴会经理有直接协调各部门和组织宴会的权力与责任。宴会经理被授权直接与宴会有关的部门如前台、客房、餐饮部等联系沟通,同时宴会经理要有足够的权力来应付处理紧急事件,其迅速而有效的组织能力是宴会成功的保证。

宴会期间宴会经理需协调每一个阶段的各种活动,协助客人制定宴会活动程序、菜单选择等,并为宴会团体活动提供服务,保持饭店服务的声誉。宴会经理组织协调的范围包括:

1. 预订宴会并同销售部门协调;
2. 与宴会团体代表确定团体的详细活动内容;
3. 同有关部门共同协调,为宴会团体提供常规服务和特殊服务。饭店内部各部门对团体活动的详细信息进行沟通并明确各自任务;
4. 管理和协调后勤服务工作,诸如原料采购、准备、供应及其他后勤服务设施安装等环节;
5. 管理和协调宴会组织日常工作;
6. 协商确定菜单、价格、服务方式等餐饮服务内容;

7. 协调并分派工作,进行服务全过程的预演等;

8. 掌握全面的活动进程,控制时间进度和完善全面的服务功能;

9. 宴会开始前按(餐厅)宴会布置清单检查验收准备情况。

宴会厅内各项卫生是否达到要求;宴会厅的气氛是否按宴会目的要求安排设计;宴会所需各种设备是否按要求安排就绪,音响、照明等效果是否良好,空调运转是否正常;餐桌设计是否符合宴会主办单位的要求;座席卡是否已放在指定的位置上;摆台是否符合本次宴会服务方式的要求;餐具摆放数量是否恰当;纪念品、礼品是否备齐;服务员的服装是否符合要求;签到桌、笔、纸或签到簿是否备齐。

二、宴会中的服务管理

1. 宴会服务的作用

宴会服务的作用主要表现在以下几个方面:

(1)宴会服务质量的高低直接影响企业的声誉。

基层服务人员直接与宾客接触,他们的一举一动、一言一行都会在宾客的心目中留下深刻的印象,因此,宾客可以根据宴会部为他们提供的食品、饮料的种类、质量和分量及服务人员的服务态度和服务方式来判断服务质量的优劣和企业管理水平的高低。所以,宴会服务的好坏不仅直接关系到宴会部的客源和经济效益,也直接影响企业的声誉和形象。

(2)宴会服务质量的高低直接影响宴会的气氛。

不论是中餐宴会还是西餐宴会都非常讲究宴会的气氛,席间往往要有宾主讲话或致辞,有时还要有席间表演或席间乐。服务人员作为营造这种气氛的直接参与者,如果服务质量高,服务技巧娴熟,则起到锦上添花、画龙点睛的作用。如满汉全席的服务人员要求身着民族服装,步伐轻盈,整齐一致,间或有满族舞姿造型,配以民族音乐,使宾客在享受民族名贵佳肴的同时,领略民族风情和民族风采,定会使席间气氛欢愉融洽,使宴会掀起一个又一个高潮,从而促成宴会的成功。

(3)宴会服务水平的高低决定宴会经营的成效。

宴会的成功与否取决于诸多方面的原因。主办者举办宴会往往有其明显的目的,或表示友好,或答谢、或志庆等等。经验丰富的宴会工作人员往往在了解宴会主办者的目的之后,可以运用各种服务技巧加强宴会主题气氛的渲染,使气氛和谐统一,达到令主办者满意的效果,使宴会获得圆满成功。

(4)宴会服务水平的高低,直接体现宴会规格的高低。

不同规格的宴会对宴会厅的布局、摆台、座次的安排以及席间服务的要求是不同的。赴宴者有时可以根据服务人员的服务质量来评判宴会档次和规格的高低。为此,宴会工作人员要努力通过提高服务质量来提高宴会本身的规格。

2. 宴会服务的特点

宴会具有就餐人数多、消费标准高、菜点品种多、气氛隆重热烈、就餐时间长、接待服务讲究等特点。宴会一般要求格调高雅,在环境布置及台面布置上既要舒适、干净,又要突出隆重、热烈的气氛。在菜点选配上有一定的格式和质量要求,按一定的顺序和礼节递送上台,讲究色、香、味、形、器,注重菜式的季节性,用拼图及雕刻等形式烘托喜庆、热烈的气氛。在接待服务上强调周到细致,讲究礼节和礼貌,讲究服务技艺和服务规格。从这个意义上讲,宴会服务具有以下几个特点。

(1)宴会服务的系统化。

宴会服务并不是仅指宴会服务员在宴请时为客人提供的服务,它同时还包括从客人问询开始到预订、筹办、组织实施、实际接待以及跟踪、反馈等环节,是宴会部各个部门全体员工共同努力、密切配合、共同完成的工作。因此,宴会服务是一项系统性很强的工作,每一个环节既自成一体,又属于整体规划的一部分。要求宴会部经理做好宏观控制,因为任何一个环节的服务不到位都将影响到整个宴会的正常运转。

(2)宴会服务的程序化。

宴会部各个岗位工作人员的工作应该是和谐统一的。不同的岗位对客人所提供的服务是有先后顺序的,也就是说,各个岗位的工作是按照一定的程序进行的。这个程序被各个岗位和部门所遵守,不能有先后的颠倒,更不能有中断,要求每个环节互相紧密衔接。

(3)宴会服务的标准化。

每一项宴会服务工作都有一定的标准,要求服务人员严格遵循。比如预订,要求预订人员严格按预订程序操作,填写指定的单据。再如席间服务,要求按规定的顺序和操作规范上菜、斟酒。这些操作规范和服务程序将是服务人员工作的准则,不允许有任何背离和疏漏。

三、宴会客史档案的管理

宴会客史档案是餐饮企业的财富和资源。它可为企业领导的决策提供科学依据,为企业开展公关、提高知名度提供翔实资料,为宴会组织管理提供丰富经验,还可为新员工上岗培训提供生动、具体、真实的教材。

宴会客史档案是餐饮企业档案室的业务资料,应具体详实。加强宴会客史档案的管理,是餐饮企业宴会管理进入现代化的一个明显标志。

1. 内容

宴会客史档案因对象不同,宴会规模差异,客史档案内容也有几种情况:

(1)客史档案内容较少。有的仅保存订户姓名、宴会日期、人(桌)数、费用、菜单等记录。

(2)除预订记录外,还有菜单、活动计划等资料。

(3)承接贵宾(VIP)宴会的餐饮部门,设专人负责餐饮档案资料,进行现代化管理,能为餐饮经营提供国内外新资料。此类宴会客史档案的特点是详细、具体、完整,是宴会客史档案的整套复印和部门宴会活动记录的总和,档案内容更多、更详尽。如:

①私人或企业团体的宴会预订表;
②客人预订宴会的电话记录稿、书信复印件、传真;
③政府指令性预订宴会的机密文件、资料;
④贵宾(VIP)客人的有关资料;
⑤团体客(VIP 的随行人员)每人的名单和简况;
⑥大型宴会或高级宴会的领导小组成员,会议简报;
⑦高级宴会的组织机构和岗位全员名单;
⑧参与高级宴会活动的各部门所制定的活动计划;

⑨宴会厅的布置计划和需求的物资用品清单；

⑩整套的宴会菜单（包括宴会前会客、记者招待会、签字仪式、鸡尾酒会所需的茶水、饮料、小食品，还有随行、陪同、司机桌的菜单）；

⑪宴会现场偶发事件和应急处理的情况记录；

⑫参与高级宴会的各部门所撰写的宴会活动总结；

⑬受表彰的宴会管理人员和服务人员名单以及先进事迹；

⑭宴会演奏的国歌乐谱、受鼓掌欢迎的乐曲名称；

⑮宴会主桌上主人、主宾等宾客位置和名单；

⑯账单；

⑰客人对宴会赞誉题词和馈赠、答谢的资料；

⑱客人对宴会的投诉复印件；

⑲宾、主对餐饮食品的反映；

⑳接待贵宾（VIP）（各国元首、领导人、国际著名人士、国内重要客人及其主要亲属）宴会的档案资料；

㉑宴会活动拍摄的录像、照片资料；

㉒宴会前、宴会中配套活动（如文艺演出节目单、服装表演、国画、书法当众表演）的资料；

㉓宴会服务班组的工作汇报总结资料。

2. 信息来源

餐饮企业为搞好宴会，甚至仅仅为了开好一张菜单，或安排主桌中主、宾的座席，都要倾全力去收集信息，以满足宴会来宾的需求。如某饭店为迎接由政府邀请来我国进行国事访问的某国总统，就是通过美国电视台节目主持人和好莱坞电影导演了解到该总统的生活习惯。根据总统习惯特点，首先安排他登上平台，居高一览宴会厅全貌，然后再步入宴会厅。当总统在平台上看到宴会厅布置得富丽堂皇，独具匠心；服务员穿着色彩鲜艳，左右上下各排成一条直线；50桌餐桌上摆设的鲜花构成一条条直线呈辐射状从中心向外绽开；加上乐队演奏总统喜爱的曲子，使总统感到兴奋、满意，因而感染、影响了整个宴会的气氛，此次宴会最终获得了极大的成功。通过此例可以说明，重视信息是确保宴会成功的关键。

信息的收集可从两个方面获得：

(1)外部输入。

①通过饭店行业、旅游系统来提供。

②通过企业团体获取。

③政府有关部门向餐饮企业提供宴会准备的重要信息。

④从近阶段电视、新闻报道、重要客人的新闻中收集。

⑤去有关档案资料馆和研究人员处咨询。

⑥从国内外发行的书报杂志上去找信息资料。

⑦通过贵宾(VIP)的至亲好友或司机、厨师、秘书、保姆等渠道打听。

(2)内部输入。

①餐饮企业为组织好重要宴会，可通过销售部、公关部提供有关信息。

②去找企业老经理、离退休老服务员、老厨师了解历史情况。

③从宴会档案室查资料，从已有的资料中去取得信息。

3. 管理方法

宴会客史档案的管理，在国内餐饮企业中还处于起步阶段。要想让宴会客史档案从书面资料转化为促进餐饮销售的活动，还需企业进行人力、财力投资。餐饮部经理应做到：

(1)设置餐饮档案管理岗位(如档案管理员或宴会预订秘书)，配置符合条件的人员。

(2)购置必要的档案文件柜等物资，设有专门的办公场地。

(3)加强资料汇总。

(4)开展资料整理。

(5)对档案内容进行检查、分析、归类。

(6)建立保管和查阅等管理制度。

(7)建立班组、管理人员、宴会负责人记录管理网。

(8)运用先进方法和现代化手段，将文字、图片、摄录像资料归类、编号、入档，及时补充新资料。设电脑终端，及时将档案资料输入电脑，以便于进行检索和资料输出。

思考题

1. 宴会销售与宴会预订之间有何关系？
2. 设计宴会菜单应考虑哪些因素？
3. 如何做好宴会台面设计？
4. 宴会服务的特点有哪些？
5. 如何加强宴会客史档案的管理？

第十章 餐饮服务管理

学习目的

通过本章学习,掌握餐饮服务的基本内容,理解餐饮服务与效率、质量之间的关系,顾客满意与服务质量之间的关系以及如何进行餐饮服务质量管理。

主要内容

● 餐饮服务内容

"顾客服务"的理念 餐饮服务卫生 餐饮服务安全 餐饮服务的工作范围 餐饮服务的方式 餐饮服务程序

● 餐饮服务管理

餐饮服务质量与企业效益 餐饮服务质量三要素 餐饮服务质量管理的途径 餐饮服务质量的控制 餐饮服务过程管理

教学指导

本章教学要结合案例和演示进行。

第一节　餐饮服务的内容

一、"顾客服务"的理念

餐饮企业的服务对象是顾客。因餐饮业的顾客一般具有多样化、流行化的消费习性,故餐饮企业不易留住忠诚顾客,加上传统餐饮业者对顾客资料的收集管理不够,不能系统掌握顾客消费资料,不能充分了解顾客需求,从而造成顾客流失。树立为顾客服务的理念,就是树立"以顾客为中心"的服务思想,企业要想方设法使顾客满意。顾客满意是评价服务质量的重要标准。顾客对服务的感受包括多方面的因素,如环境、设施、菜品、服务及员工的精神面貌等。对每一个餐饮企业来说,不只是向顾客提供基本的菜品,还要向顾客提供一系列的服务,满足顾客多方面的要求,从而获得竞争优势。顾客总是期望享受到快速舒适的服务和令人愉快的用餐体验。他们对餐饮质量的评价已从只注重食品的味道和数量逐渐转向对服务的高标准要求。餐饮企业无论是在菜品、服务的改进方面,还是在餐厅的环境、桌椅的布置以及服务原则和方法的确定方面,都要以顾客满意为原则。

要使顾客满意就是要使菜品和服务的质量超越顾客的期望值。超越顾客期望值的服务,能使顾客感受到企业对他们的重视、尊重和关怀,这样顾客的忠诚度就会增加。满足顾客的期望值可以大大提升回头客率,并产生良好的市场积聚效应从而吸引新顾客。麦当劳成功的重要因素,就是它始终重视顾客。它的整体价值观念是质量、服务、卫生和价值。40多年来,这种价值观从未改变。正因为如此,麦当劳迅速将自己的经营范围扩大到全球各个角落。"顾客服务"要求服务员热情、及时、周到地提供服务。热情款待顾客,使顾客有宾至如归之感,使每一位新顾客就像老朋友一样自然;及时服务,环环紧扣,不能因延误让顾客有被冷落之感,同时又不能让顾客觉得有被催促之嫌;周到照顾,是要给客人以最大的方便,无论是上菜、倒酒、撤盘都要尽量少打扰顾客,根据顾客的不同习惯来满足其不同需要。只有树立了"顾客服务"的观念,才能使服务达到完美的境界。

首先,要明确顾客是企业最重要的资源。顾客可以不依赖于我们企业,但企业必须依赖顾客才能生存。如何让顾客对我们的餐馆有良好的印象,关系企业的生存和发展。如果餐馆在消费者、公众中的口碑好,一传十,十传百,就会给餐馆带来源源不断的客源和蓬勃发展的生机。

其次,顾客是有情感和主见的人。我们必须根据顾客的个人爱好、习俗等出色完成服务工作。现代餐饮以其精美的食品、高雅的环境和豪华的服务来满足人们对餐饮的物质和精神的享受。

第三,顾客光顾我们的餐厅是对我们企业的特定产品和服务寄予一定的期望。所以,应积极主动地告诉顾客,我们可以做什么,顾客可以享用什么,从而促成顾客参与的积极性。

第四,让服务超越顾客的期望值。服务人员要保持愉快的心情,向顾客展示你最好的状态,像关心家人一样关心顾客。

第五,顾客服务是一个互动过程。顾客所享受的服务直接依赖于服务者,所以,我们必须以热情诚恳的态度和熟练的技能,为顾客提供无忧虑服务,让顾客受到真诚热情的接待和亲切的微笑。通过每次互动来提高企业的价值和信誉。

总之,顾客服务就是企业在充分了解顾客期望的基础上,在服务过程中使顾客达到100%满意的尝试和努力。尽管100%满意是难以达到的,但这些努力对改进服务工作、完善工作流程是完全必要的。

二、餐饮服务卫生

餐饮企业在进行餐饮经营和服务时,要自觉遵守国家颁布的《食品卫生法》、《餐饮业食品卫生管理办法》、《全国餐饮业职业道德规范》等有关法律法规。饮食卫生被视为餐饮服务最重要的一部分。餐饮企业必须提供给人们安全、卫生的饮食,这不仅关系到餐饮服务的好坏和餐厅的信誉,更主要的是直接影响到顾客的健康。餐饮企业在追求食品的色、香、味、型时,决不能忽视食品安全及环境卫生。顾客在评价餐饮服务质量时首先是评价餐饮卫生。

1. 对餐饮服务的基本卫生要求

(1) 手的卫生。在服务操作过程中,服务人员的手是最有可能传播细菌的,因此要求服务人员在操作时应带上一次性的服务手套,握杯不能碰杯口,在托、拿银器和盘碟、端菜的过程中,手指不能触到食品。

(2) 口的卫生。原则上要求服务人员带口罩。食品在服务前要加盖,避免打喷嚏或咳嗽带出的唾液飞沫飞落到食品上,传播细菌。

(3) 防止熟食品接触带菌的生食品。

(4) 避免不卫生的设备、容器、工具的表面接触食品。

(5) 在餐饮服务的各个环节都要把食品和食品原料保存在 7 ℃ 以下或 60 ℃ 以上的空间,做到热食品热服务,冷食品凉服务。7 ℃~60 ℃ 是细菌最易繁殖的危险区域。

2. 食品准备过程的卫生

食品的准备过程通常是在常温下进行的,这很利于细菌的繁殖与传播。所以,在准备食品时应注意以下几点:

(1) 购进的食品应当新鲜、干净,符合食品卫生要求。

(2) 取用食品时要尽可能用夹子或其他工具,尽可能少用手接触食品。用干净、卫生的工具设备进行操作。

(3) 加工生的家禽、肉、鱼和鸡蛋所使用的设备事先要清洗和消毒,用后也应立即清洗和消毒。餐厅应尽量避免宰杀活的动物。

(4) 生菜和水果要洗干净。

(5) 冷藏的食品应在加工、使用前一小时取出。

(6) 剩余的汤和其他食品在使用前要煮开。

(7) 不要将剩余食品和新鲜食品混放在一起。

(8) 烹调所有肉类食品的温度至少应在 65 ℃ 以上。

(9) 对一些乳、奶等易变质食品应尽快地盛放进卫生的容器中,密封后冷藏。

3. 餐具的清洗卫生程序

(1) 刮和预洗:将剩余物刮掉并扔进垃圾桶后,再用水冲洗。

(2) 洗:在 43 ℃~49 ℃ 的温水中用清洗剂和刷子刷掉表面的油

污。

(3) 冲：用干净的 49 ℃~60 ℃的温水冲掉清洗剂。

(4) 消毒：把容器、餐具浸泡在 77 ℃的热水中持续 30 秒钟消毒，若使用机器洗涤，则需把水温升至 82 ℃以上。

(5) 空干：洗净的容器和器皿不要用布或其他物品擦干，应使其表面的水自行沥干或空干，以减少细菌传播的机会。

4. 环境卫生

餐饮环境是餐饮服务卫生中最基本的部分。客人对餐厅抱怨最多的是卫生太差。餐厅的卫生如果不好，即使有美味佳肴也不会赢得好名声。所以干净、整洁的卫生环境不仅增添餐厅就餐的气氛，而且也能使客人心情舒畅。餐厅环境卫生包括桌椅、柜等家具表面、天花板、窗帘、墙壁、地面、更衣室及卫生间、垃圾处理设施和厨房设备及餐具卫生等 7 个方面。

三、餐饮服务安全

安全操作是餐饮企业生产优质菜品、饮品，进行高质量服务的重要前提。安全操作包括一系列操作流程。现代餐饮企业要在严格执行餐饮业相关法规的基础上，结合实际制定出一系列安全操作的规范程序。这些流程既可对员工操作作出明确指导，又可以明确安全责任。餐饮企业的操作规范可包括：安全服务规范，设备安全使用规范，突发事件处理程序等。将安全操作流程书面化，建立起完善的安全操作制度体系，使安全操作有章可循，从而降低员工的出错机率。

1. 跌伤的防止

在餐饮服务中跌伤事故的发生最为频繁。预防措施如下：

(1) 要求地面始终保持清洁和干燥。对于洒落地上的物品要立即擦掉。

(2) 厨师的工作鞋要具有防滑性能。服务人员要穿平底鞋，鞋带要系紧，以防滑跤。

(3) 行走的路线要明确，避免交叉碰撞，禁止在厨房和餐厅里跑跳。

(4) 室内的地面不得有障碍物。

(5) 发现地面的砖块有松动,应立即修理。
(6) 入口处不得有积水、积渣。
(7) 安全门要畅通无阻、无障碍物。
(8) 在高处取物时,要用结实的梯子,并小心使用。

2. 扭伤的防止

扭伤通常是引起厨房事故的又一原因,多数是因为搬运超负荷的物品和搬运方法不当而引起。预防措施有:
(1) 教会员工掌握正确的搬运方法,搬运重物前,要先把脚站稳,并保持背挺直。
(2) 从地面取物要弯曲膝盖,搬起时重心应在腿部肌肉上。
(3) 搬物时不要超负荷,尽量使用推车搬运。

3. 烫伤的防止

烫伤多发生在厨房炉灶区,防范措施有:
(1) 要求员工在使用任何烹调设备或点燃煤气设备时,必须遵守操作规程。
(2) 使用蒸锅或蒸汽烤箱时,应首先关闭阀门,再背向揭开蒸盖;在开启烤箱或烤炉门时,严禁人的面部直接面对炉门。
(3) 煮锅中搅拌食物要用长柄勺,防止汤汁溅出烫伤。
(4) 容器中盛装热油或热汤要适量,端起时要用垫布,并提醒别人注意,不要碰撞。
(5) 一切锅、壶等餐具的手柄不得放置在繁忙拥挤的通道、走廊方向。
(6) 开启热水龙头要非常小心。
(7) 清洁设备时要冷却后再进行,拿取放在热源附近的金属用具时应用干垫布,潮湿的垫布会产生蒸汽烫伤。
(8) 食品要沥干后再放进热油里炸,并从靠近自己的一侧将食品慢慢滑下,避免油溅到身上。
(9) 当火警铃响时,如有时间应关掉所有煤气、电源开关。
(10) 灭火用的盐、苏打放在煤气灶头附近,灭火用布放在油锅附近,以防万一。

4.刀伤的防止

刀伤是厨房和餐厅服务过程中经常遇到的,主要是由对一些锋利的工具使用保管不当所造成的。预防刀伤的措施有以下几方面:

(1)按照安全操作程序使用刀具,使用刀具时要注意力集中。

(2)保持刀刃的锋利,刀刃越钝,越容易引起事故。

(3)清洗刀具时应分开洗,切勿将刀具沉浸在放满水的洗池内。

(4)刀具要妥善保管,不使用时应挂放在餐具架上或专用的抽屉内,不能随意放置。

(5)清洗设备时,须先拔去插头,切断电源。

(6)在清洗玻璃器皿时,要注意防止碎玻璃划手。

(7)要按用途使用不同刀具。

5.电击伤的防止

厨房中的电器设备极易造成事故,预防措施有:

(1)设备的安装和电源的安置要符合厨房操作的安全,不安全的应立即改正。

(2)未经许可,不得任意加粗保险丝,避免电路过载。

(3)所有电源设备必须有安全的接地线。

(4)培训员工学会设备的操作。

(5)在使用前应对设备的安全状况进行检查。

(6)使用中如果发现故障,应立即切断电源,不得带故障使用。

(7)手湿或人站在水中切勿接触电源插座和电气设备,清洁设备时要切断电源。

(8)设备按使用要求开启和关上,机器工作时不要试图接触里面的食品。

(9)厨房人员不得对电源和设备擅自进行拆卸维修,发现设备故障要及时提出维修,发现漏电设备要立即取走,维修后再用。

6.厨房设备的安全操作

设备的使用是为了提高工作效率,但使用不当会直接影响餐饮企业财产和员工生命的安全。厨房是餐饮服务过程中最繁忙、最容易出操作事故和卫生事故的区域。各种机器设备、服务操作工具、水电煤气等潜在的危险因素都集中在那里,时刻都应小心,应严格按安全要求操作。

现代餐饮企业大都应用电气化的设备,要实现餐饮的安全卫生操作,关键在提高员工的素质,对他们实行定期的培训,从而确保餐饮企业的安全符合标准,保证员工有一个安全的工作环境,使顾客安全满意地享受优质的餐饮服务。

四、餐饮服务的工作范围

餐饮服务的工作范围包括餐前的准备工作、就餐过程中的服务工作和餐后的清理工作。

1. 餐前的准备工作

(1)卫生清扫。

营业前清扫墙壁、窗帘和室内用具,擦亮玻璃和玻璃杯架,清扫地板和吸尘等。清扫范围应包括大门外面和停车区的小道,这些是客人最先接触到的地方。室外清扫最好使用扫帚,应特别注意碎纸、石块、金属片和其他路面障碍物的清理。打扫走廊和道旁每周至少一次,并根据需要尽可能多做。

营业前的工作还包括杯、盘等餐具的清洗。其他服务用具如服务车、容器和调味品盒等,也要在营业前再清洗。桌椅、柜台表面和柜架等要清理检查,桌、椅要摆放平稳。

(2)检查设施。

通过检查及时发现某些不安全因素和设备故障,如松动的楼梯扶手和有跌落危险的墙壁装饰物,这些都需要及时修补、加固、纠正。同时还要防止室内温度和光线等方面对餐饮服务可能产生的不利影响。

为了帮助并提醒员工注意这些问题,提高对可能发生的问题的认识,可以使用安全检查一览表,逐项检查核对。此外还有必要进行卫生方面的检查,包括检查餐厅和公共场所是否已经清洁过,餐桌、椅子是否干净等。这就要求员工用顾客的眼光来观察餐厅内的一切,力求餐厅及其周围环境对顾客有吸引力。

(3)确定餐桌服务员的岗位。

确定餐桌服务员的岗位责任,必须在就餐前完成,使每个服务员明确自己的职责。为餐桌服务员指定服务餐桌的根据是:

①座位的数量。

②座位的周转率。

③餐桌服务员的经验。

④离厨房的距离。

⑤规定就餐时间内服务员的人数。

服务员的岗位要经常轮换,以避免某些服务员每次当班总做同样的工作。

(4)召开餐桌服务班组会议。

餐厅在开始营业前召集一次餐桌服务班组会,一是利用这段时间检查一下工作;二是说明当天有关重要客人的服务要求并回答有关问题,尽量减少经营管理方面的问题,核对菜单价格及有关计划;三是对特色菜、新菜进行品评,培养餐桌服务员利用菜单进行推销的能力。

(5)准备工作在营业开始前完成。

营业前的准备工作:一是设备的开启,包括接通电源,照明灯和其他常用电器设备(如咖啡炉和烤面包炉)以及煤气设备的检查调试,通风系统要调到适宜温度。二是餐厅服务台的准备。服务台应备有盘、碟、杯等餐具和其他容器及餐巾、亚麻布、毛巾、托盘、调味品、账单盘等。所有的餐具和用具都要整洁有秩序地摆放在柜子表面。完备的服务台能节省由餐厅到厨房的来回时间。三是对保温台的检查,保证其正常工作。四是正式服务开始前应准备好所需的食品项目,冰桶加满冰块,准备咖啡,加满调味瓶。

2. 就餐过程中的服务工作

(1)按程序和要求提供食品和饮料方面的服务。

服务包括:一是要求对整块的食品如整条鱼、烤鸭等进行切分,以展示服务的技巧和人情味。二是经常检查服务台上食品的供应情况。服务台任何时候都必须保持干净、整洁。三是一些菜品要求在餐桌边加热或完成最后烹调。

(2)安排顾客就座。

按照顾客提出的对餐桌位置的特殊要求,服务员有责任为他们提供最满意的餐桌。顾客一般都不喜欢坐在靠近走廊、厨房门和服务台旁的餐桌。如果不是满座的话这些座位通常是不使用的。

(3)平均分配工作量。

餐厅负责人应与服务员密切合作,以保证工作量不集中在个别服务员身上。如果能将服务员的工作量分配得均匀,就能使餐桌均衡地交替使用,就能使所有的餐桌服务员都有机会得到锻炼,并能为顾客提供优质的服务。

(4)避免餐具破损。

如果餐饮企业服务中的餐具破损率很高,会使餐厅增加额外支出。为了减少破损,可以培训服务员,使他们学会如何堆放脏碟子(可以使用餐具箱),在洗涤区采用有助于减少碟子破损的系统。

(5)强调辅助工作的重要性。

装饰、摆台和清洁工作,通常称为"辅助工作"。餐饮业的员工一般都知道这些工作是必须做的,但做这种工作没有小费,因此,这些辅助工作最好由服务员轮流来做。

3. 餐饮服务结束后的清理工作

服务结束后的工作范围:一是餐桌上的用品要清理干净,盐瓶、胡椒瓶、糖罐和其他调味品容器应收拾在一起擦干净并加满调料。二是清理用具,烟灰缸、咖啡壶、咖啡炉和牛奶容器等应洗干净,清洗后的盘、碟、杯子等按要求消毒贮放。鲜花应贮藏在冰箱中。三是清理餐具柜、服务台。电和煤气的开关应关好。剩余的火柴、牙签和一次性餐巾以及其他餐具等物品应按规定贮藏好。四是餐厅中比较繁重的清扫工作应放在营业结束后安排专人负责,包括地板的打扫、墙壁、窗户的清扫和垃圾的清理,以及餐桌的布置、特殊展示的安排等。

五、餐饮服务的方式

1. 美式服务

服务员根据客人的点菜在厨房将菜肴装盘并加以简单装饰,然后用托盘端到餐厅送上客人餐桌。美式服务是一种迅速、经济的餐饮服务方式,一个服务员可以同时为很多客人服务,因此成本较低。美式服务是餐饮服务中最普遍、最有效的服务方式之一。

美式服务的一般原则如下:

(1)所有食品用左手从客人左侧上;

(2)所有饮料用右手从客人右侧上;

(3)用过的餐具和杯子必须在上下一道菜之前先撤掉。用右手从客人的右侧收拾餐具及盘碟。

2. 法式服务

法式服务也称为"理兹服务"(Service a la Ritz),因为这是凯撒·理兹(Cesar Ritz)于20世纪初创立的豪华服务标准。

在法式服务里,食物是在厨房进行半加工之后送到餐厅,由首席服务员在客人餐桌边的手推车上进行最后的加热和烹调,广泛地使用银器,并由助理服务员为客人服务。手推车高度与餐桌基本相同,放在靠近客人餐桌处。两名服务员虽各有分工,但必要时要求互相协作。首席服务员的职责是:

(1)请客人点菜并作记录。

(2)为客人供应所需的酒类及饮料。

(3)完成菜肴及点心的最后烹饪工作。

(4)给客人送账单及结账收款。

助理服务员的职责是:

(1)把首席服务员所记录的点菜单送到厨房。

(2)在厨房按菜单要求准备好菜肴,用托盘把菜肴端进餐厅,放在旁桌或手推车上。

(3)将首席服务员烹调好的菜肴服务给客人。

(4)清理脏盘。

(5)在自己可能的范围内协助首席服务员。

3. 俄式服务

在俄式服务中,食物全部在厨房准备好,并整齐地将它们摆在大银盘里,然后由服务员把大银盘端进餐厅,从主人左边开始,逆时针方向为客人服务。银盘中剩余食品退回厨房。中餐分菜服务类似此服务方式。

俄式服务的基本原则如下：

(1)摆空盘子时,服务员从客人右边按顺时针方向沿桌子进行服务;用银盘上菜时,要从左侧按逆时针方向进行。

(2)在食品送上之前,把餐盘呈现于用餐者之前,这是一个很有礼貌的举动。这就给客人传递了一个厨师正在餐盘上安排菜肴的信息。如果食物造型是精心设计且色泽美观,则往往能刺激客人的食欲。

(3)在食品服务过程中,服务员对食物的量要留有一些余地。如果能多给客人一些他想要的菜,那是会使客人高兴的。所有在大餐盘中未分出给客人的食品应直接送回厨房。

(4)由于所有的服务工作可由一个服务员来承担,故俄式服务是一种优雅且档次较高的服务。

4.英式服务

英式服务是一种非正式的、用于餐厅单间里的、由主人在服务员的协助下完成的餐饮服务方式。在讲英语的国家里,这是一种广为熟悉的家庭服务方式,也称为主人服务。

英式服务的特点：

(1)食品和配菜都是盛在方盘中或大碗中送到餐桌上,由男主人从大方盘中把菜肴分到客人的餐盘里,然后递给站在主人左边的服务员,再服务给女主人、声望高的客人及其他客人。如果进餐过程中大方盘中的食品不够时,可将剩菜盘撤下并换上盛满食品的另一个盘子,或直接拿大方盘去添满食品,然后再送到餐桌上。

(2)盛满食品的餐盘可由服务员递给每一个客人挑选,也可由客人自己拿取后再挑选自己喜爱的菜。肉是由男主人切分后放在餐盘里,蔬菜和其他配菜是由女主人分到盛有肉菜的餐盘里。

(3)甜点由女主人分好,服务员进行装饰后再递给客人。

(4)所有饮料都是由男主人来调制和服务。

英式服务总是从右边开始,而清理盘碗却是从左边开始。

六、餐饮服务程序

餐饮服务从迎客到送客整个过程都是按照一定的程序来进行的。在整个程序中,每个员工从始至终都应树立 5 个观念。第一,关心顾客。餐饮企业的每一个员工及整个服务程序都是在致力于帮助顾客。第二,自主性。员工要愿意和随时主动地接近顾客,关心他们的问题。第三,解决问题。员工应有一种责任感,并按照标准去操作,设法满足顾客的需要。第四,补救复原。即如果有事做错了,应有人随时作出特殊的努力来处理这些事情。第五,预测顾客的服务趋势,建立顾客资料的数据库,捕捉商业先机和强化顾客满意度。

1. 招呼客人

对于初次见面的客人,应以对待常客的真诚态度去迎接。所有的顾客都应是"朋友",要用礼貌语言愉快地打招呼,争取他们的光顾,并使他们感觉到真正受到尊重和欢迎。

2. 引客入座

服务员根据客人预订情况引领客人入座。如有预订,应查阅预订单或预订记录,将客人引领到其所订的餐桌。如果客人没有预订,应根据客人人数的多少及餐厅就座情况安排客人入座。此时领班应手持菜单并说:"请这边来",在客人之前先到餐桌。如果桌子需要另加餐具、椅子时,尽可能在客人入席之前布置妥善。不必要的餐具及多余的椅子应及时撤走。为儿童准备特别的椅子、餐巾、餐具等也应在这个时候完成。

客人到餐桌边时,为女士选择位置并帮助其入座。在大的团体里,则先为年长者领座,需要时再帮助女士入座。

3. 呈递菜单

客人入座后,领班把菜单递给他们。在递菜单前可以根据客人的需要提供餐巾。菜单应从客人的左边递给客人。递菜单时应先递给女士,如果是团体,则先递给主人右边的第一位客人,然后沿餐桌逆时针方向依次递给客人。

4. 解释菜单内容

服务员应对菜单上顾客有可能问及到的问题有所准备。对每一道菜的特点要能予以准确的答复和描述：哪些菜是特色菜，每道菜需要准备的时间以及菜的装饰，菜的销售情况等等。

菜单上每道菜都是由菜名、价格和描述3部分组成，而每部分都有其独特的含义。特别要解释如下内容：

(1)数量含义。

食品和饮料服务都有一个量的概念。菜单上食品的分量有用大、中、小表示的，如大杯可乐；有用具体数表示的，如3块炸鸡，7寸盘；有用器皿表示的，如1碗汤、1茶杯；有用重量表示的，如公斤、克等等。菜单上所有数量的表示都要符合人们的习惯，要具体清楚，不要给客人错误的信息。

(2)质量含义。

食品和饮料的质量要符合国家的卫生标准。菜单上质量的表示应准确，尤其对各道菜中有关肉、鱼、禽、蔬菜等品种的部位特征要明确解释，不能弄虚作假。

(3)价格表示。

价格在菜单上比较明了，但如包含服务费、小费、包间费及其他费用时要加以说明，让顾客了解。

(4)商标名称表示。

菜单上列有著名商标的食品和饮料，应保证供应。避免将相似名称的物品混用。

(5)原料来源地。

菜单上对原料的来源都是根据其产地、商标和有关资料来描述的，如"中国对虾"，"美国佛罗里达桔汁"等等。提供服务的方式和菜肴准备的方法也在注明之列，如俄式调料、法式烤面包、美式服务等。

(6)食品种类表示。

菜单上各类食品的包装是不同的，有罐装、瓶装或冷冻等。因包装不同对保质期等要求也不同，对这类食品的描述要准确，冷冻桔汁绝不同于鲜桔汁，瓶装果汁绝不同于罐装果汁。

(7)食品烹调方法。

菜单上食品的烹调方法是顾客决定是否选择此菜的原因之一，所以对炸、炒、烤、烘、煮、煎等方法的表述一定要正确并准确解释。

(8)文字与图片表示。

菜单上有时既用文字表述又用图片表示,这就要求图文一致。

(9)推销用语解释。

菜单上有时用很多推销性词语来描述,如特制汤、时令菜、免费赠送等,对这些词服务员要明确其含义。

(10)营养成份声明表示。

菜单上有时用"不含糖"、"无盐"、"低热量"等等有关食品营养成分的声明,要求注明特定的日期和所指的菜品。对每道菜的主要营养成分、营养价值要准确解释。

菜单是餐厅的服务指南,服务员必须准确了解菜单中每一词语的含义,才能形象而准确无误地向顾客解释。

5. 点菜和取菜服务

(1)点菜服务。

点菜服务是餐饮服务中一道重要程序。客人一般在看菜单时或进餐前,都希望享受一杯餐前饮料(鸡尾酒或茶水)。服务员在给客人服务鸡尾酒(茶水)后,就可以接受客人点菜了。如果是团体客人进餐,主人会为其他客人点菜,或主人请每一位客人自己点菜,再由服务员记录下来。当客人分别点菜时,服务员从坐在主人右侧的第一位客人开始记录。

在客人点菜时,服务员应机敏地观察了解客人是否在赶时间,然后判断是否把菜单立刻送到厨房去准备,或是为这一桌的客人再上一次酒(茶)。西餐中客人还在喝酒时不要忙于把菜端出来,除非客人表示他们在赶时间。

(2)记录客人点菜的方法。

为使服务工作顺利完成,在客人点菜时,服务员必须认真系统地把客人点的菜记录下来。如果没有一个明确系统的记录点菜方式,在记录团体客人点菜时便会发生混淆。服务员在确信点菜已经记录完之前不得离开餐桌。如有疑问应再度询问清楚,以免遗漏或错记。注意记清每位客人点的菜,每道菜要求烹制的程度,用何种原料及其配菜等。服务员应记住各种菜、汤的烹调时间,并告知客人。

(3)点菜记录单的放置。

点菜单在厨房如何放置,不仅关系到厨师对食品的准备,而且对整个服务效果有很大影响。每个餐厅都应制定一套行之有效的方法,传递信息必须准确清楚。服务员写完点菜记录单后应立刻送到厨房,放在点菜记录单呈放架上。放置点菜单时,要特别注意双层的点菜记录单,防止在匆忙中被忽略。

当用同一点菜单的客人要求分开账单时,就需要通知厨房准备。在账单上用一些特殊的记号和缩写来标明,会使手续快捷。

(4)取菜,服务上桌。

在大多数餐厅,都有特殊的呼叫系统来通知服务员菜已准备好了。如果没有这样的系统,服务员需要通过已掌握的基本烹调知识来估计准备好菜的大概时间。应尽可能在菜烹调好时就取走,以保证正常的服务温度。目前大多数餐饮企业设有专门的传菜员来完成此项工作。

取菜时,服务员常需要配备调料、装饰物、服务用具。

所有点菜都要按标准分量和相应烹调方法准备。优秀的烹调厨师是绝不会在顾客点菜的用料上短斤少两或偷工减料的。这不仅会影响到菜的质量,而且更主要的是厨师的声誉会受到严重的影响。

6. 送客出门

对即将离店的客人说一声"再见,欢迎下次光临",这与问候到餐厅来的客人同等重要。

领班帮助客人取来帽子和大衣,可得以有机会知道顾客对用过的饭菜是否满意、服务是否周到以及是否发生了误会。假如有什么令顾客不满意之处,应向顾客解释致歉并表示将竭诚改善。这样餐厅与顾客之间的感情便自然地建立起来了。

服务工作是非常辛苦的。服务员对自己的每次行动都必须仔细计划:这次行动需要完成哪些工作,来回时需要携带些什么。要做到这一步,必须知道本职工作范围和怎样才能快速准确地完成每一项工作。只有将准备工作在服务时间前完成,才能把注意力集中在顾客身上,把更多的有效时间用来为顾客服务。保持工作节奏,要尽量做到用最少的时间服务最多的客人,走最短的路线以节省时间,最大限度地满足顾客的需要。

第二节 餐饮服务管理

一、餐饮服务质量与企业效益

1. 服务质量影响产品销售量

餐饮企业经营的直接目的是取得最大的经济效益。消费者需求的满足程度是随服务质量优劣而上下波动的。服务质量优异,顾客需求的满足程度就会提高,餐饮企业的产品和品牌对顾客就有吸引力,顾客回顾的频率会随之提高,企业的产品销售量增加,其市场占有率必然上升,由于消费者处在一定的社会群体中,一个顾客对餐饮产品和服务的评价会影响到周围的人,正如国外一份研究报告中所说,一个满意的顾客会对三个人说好,一个不满意的顾客会对十个人说不好。因此,一个提供优质服务的餐饮企业,会因顾客的宣传而使客源增多,销售量增大,企业利润也会随之而增加。反之,生意清淡,利润下降。

2. 优质服务有利于降低耗费

美国经济学家阿曼德·V.菲根保将为提高产品质量而投入的物质资料和活劳动称为质量成本,一般来说,凡能创优质产品的员工,不仅技术水平高而且责任心强,他们对工作一丝不苟,精益求精,既能创造优质产品,而且能创造较高的劳动生产率,促进企业降低成本,创造更高的经济效益。

3. 服务质量影响餐饮产品的价格

产品的价格是以产品的价值为基础的。价值是一种经济关系,人们看不见,摸不着。在具体确定某企业餐饮产品的价格时,当供求状况已定,人们就要比较产品的质量,从而质量成为产品销售价格的决定因素。在市场经济条件下,餐饮企业的现代化设备投放、原材料质量、加工手段以及用餐环境设施越来越接近的情况下,服务质量优劣直接影响价格的确定。优质优价是服务企业指定价格的基本原则,优质高价,劣质低价,企业的经济效益也因之高低有别。

4. 服务质量影响企业形象

优质服务能提高顾客满意度,企业的信誉也会随服务质量的提高而不断上升。相反,服务质量差,消费者不满意,企业信誉将随之不断下降。在市场经济条件下,企业的形象是企业的无形资产,企业信誉越高,形象越好,其市场价值也越高。因此,优质服务是提高企业形象、创造企业品牌的基础。

5. 服务质量具有一定社会效益

对顾客来说,餐饮服务质量关系着人们的健康与安全。如果餐厅食品不卫生,服务人员服务态度差,不仅影响企业经营,而且会对行业和社会产品产生负面影响。相反,一个餐饮企业服务质量优异,不仅使顾客的物质、精神需求得到满足,使企业利润不断增加,而且能带动同行创服务新风,促进全行业服务水平的整体提高。

二、餐饮服务质量的三要素

构成餐饮服务质量的要素有物质的、精神的和时效的三种要素。

1. 物质要素

餐饮产品的物质内容是影响服务质量的第一要素,人们对服务质量方面的要求是第一位的。首先,食品如菜肴、面点、饮料等的质量是满足消费者需要的主要物质要素,它们的品质——色、香、味、数量和营养是否符合顾客的需要,是餐饮服务质量的决定因素。其次,餐饮企业为顾客提供的设施设备、餐具以及用餐环境能否使顾客满意,也直接影响服务质量。第三,在餐饮服务过程中,服务程序也是服务质量的物质内容,服务程序不合理,也会引起顾客的不满。所以,餐饮服务质量管理要重视产品的物质内容。

2. 精神要素

餐饮产品的物质内容在一定程度上影响着顾客的心理,如光顾高级餐厅的顾客会得到一种显示高贵地位的心理满足。但在市场经济条件下,人们更重视在人际交往中是否受到尊重与礼遇。在餐饮经营过程中由于生产者与消费者是同处于一个生产过程并在相互交往中完成的,生产者与消费者之间能否愉快、和谐地交往非常重要。而服务人员能否与顾客保持良好的交往关系,取决于服务人员的服务态度、礼仪礼貌、服务技能、交流能力。

3.时效要素

高质量的餐饮服务要求服务人员准确、迅速、有效地为顾客提供服务。首先,保证餐饮服务产品享用的有效时间。餐饮产品的特征是要求提供即时服务,如时间过长、热菜变凉、凉菜变温都会影响餐饮产品的服务质量。无形服务产品也有使用的有效时间。消费者应在规定时间内得到有效服务。顾客购买服务、消费服务都有一定的时间要求。随着市场经济的完善,人们面临的是社会化的大生产,要求高效率、快节奏,时间观念大大增强,因此在寻找时间、等候时间、服务时间、结账时间等方面耗费的时间应越短越好,如麦当劳规定顾客等候的时间不超过30秒。一些中餐厅规定顾客等候时间不超过15分钟等。

构成服务质量的物质、精神、时效三要素是彼此联系、互为条件的。服务产品的物质内容不佳,其他方面做得再好,也不能令客人满意。相反,如果高档餐厅的物质内容一流,但如果"店大欺客",服务人员态度差,服务等候时间长,时效性差,也难以有好的服务质量。因此,服务质量的三要素不能顾此失彼,要三者兼顾,才能创造出优质服务。

三、餐饮服务质量管理的途径

1.以顾客需要为核心设计服务质量标准

餐饮企业员工都应在符合消费需要的前提下,创造自己的优质服务。质量不仅由管理决定,还取决于消费者的需要和期望。也就是说,质量不仅是对服务产品的客观衡量,而且还是消费者对服务产品和服务过程的主观感觉。餐饮服务质量的管理需要从了解需求、进行设计、指导消费3个阶段来完成。

(1)了解需求。需求主要受消费者购买力水平的制约,顾客对服务的购买力水平可分高、中、低三个层次,服务质量也有高、中、低之别,价格也有高低之分,即优质优价,低质低价。另外,不同的消费者有不同的需求。年龄、性别、文化素质、地域情况等影响人们生活方式的因素,也都会影响顾客对服务质量的要求。由此,对消费者的质量需求必须作出分析。一方面要区分合理的需求与不合理的需求,创造条件,满足其合理需求;另一方面,要区分一般需求和特殊需求,以便分别满足消费者的不同需要。总之,了解消费者的需求,是提供符合消费者需要的服务质量的第一步,也是满足消费者对服务质量需求的基础。

(2)服务质量设计。对服务质量的设计分两部分,即规范化设计和个性化设计。规范化设计是基本的、主要的服务质量设计。它由餐饮企业根据消费者的一般需求——多数人的共同需求进行设计,提出具体的服务质量标准。员工按照企业或所属部门制定的服务质量标准对消费者提供服务,称作规范化服务或标准化服务。无形服务产品的质量标准,是对服务人员的劳动活动提出具体要求,即行为规范。所以,餐饮企业对员工的行为方式作出具体规定,也就是对服务质量作出具体规定,并成为检查服务质量高低的标准。在标准化服务中,除制定员工的行为规范标准外,还需提出相应的数量指标要求,以便从数量方面反映服务质量,如人均接待客次、座位利用率、人均劳动生产率、上座率、原材料损耗率、顾客投诉表扬次数等。规范化服务既可以满足多数消费者对服务质量的共同要求,也是对员工服务工作主要方面的具体规定,应当说后者的意义更重要。至于个性化服务,它是满足顾客的特殊需求而提供的服务活动。这要由员工临时根据顾客的要求特殊设计。个性化服务越好,服务质量就越高。总之,服务活动要一般和特殊相结合,规范化服务与个性化服务相结合,才能使质量达到较高的水平。服务质量标准应该是公开的,使企业、员工和消费者对服务质量标准都有了解,消费者能知道自己的需求将如何得到满足,企业和员工都明白怎样去满足顾客的需求。两相结合,既是压力,又是动力,从而促进餐饮企业服务水平的不断提高。

(3)指导消费。服务质量标准设计是重要的,但更重要的还是质量提供,再好的质量标准,如果不付诸实践,就是一张废纸。顾客的需求在员工提供服务的时候才能得到满足。在双方交易中存在许多"关键时刻"和机遇,它们是顾客感受服务质量的关键因素。质量是在买者和卖者的交易过程中创造的,消费者接触员工,感受服务,需要在员工指导下,更好地得到服务。企业员工应当在提供服务中给顾客以指导,使消费者的需求能够获得最大程度的满足。因此,企业全体员工都对提高服务质量承担着重要的责任。如果某个员工在直接或间接与消费者接触中没有做好工作,就会影响整体服务质量。

2. 实施全面质量管理

质量管理是需要由餐饮企业的全体员工,在经营的全过程实行的全面质量管理,因此,在质量生产的每一环节上,都必须加以监测和保证,即实施全面质量管理(Total Quality Control)。这里所指的全面包括下列三方面的含义:一是全方位,它是指餐饮企业的每一岗位都要参与质量管理;二是全过程,它是指餐饮企业的每一项工作从开始到结束都要进行质量管理;三是全体人员,它是指餐饮企业的每一岗位从事每一项工作的员工都要参加质量管理。

(1)保证质量好的最优办法是事先预防错误的发生。维也纳马里奥特宾馆员工人手一册的《质量手册》,封面上的第一句话就是:"我们在第一次做事的时候就把事情做好。"为了防止错误发生,一般要采取下列措施:

①员工要进行上岗前和岗位变动前的培训,知道应该如何做好工作。

②每一位老员工都有义务用示范方式指导新员工做好工作。

③每一位员工对自己做的工作进行自查,每一位主管要对员工工作进行全面检查,做到有备无患。

④为了确保质量,设立巡回检查制度。

(2)开展无缺点活动。为了帮助每位员工养成做好工作、不发生差错的习惯,餐饮企业可开展无缺点活动,使员工逐渐养成无缺点工作的习惯。

(3)确立质量成本与受益意识。全体员工一定要认识到,质量的好与坏都是要付出代价的。坏的质量代价(即成本)是,由于服务不好,需要立即纠正、重新服务,这样,就增加了额外的服务成本,包括产品原材料、员工服务时间的浪费,以及因服务不好导致顾客流失而带来的经济损失。争取好的质量也是需要支付代价(即成本)的,这一成本包括员工培训、事故预防所支付的费用等。当然,好的质量会给饭店带来许多收益,如餐饮企业可以增加回头客,增加收益,员工可以得到小费等。

四、餐饮服务质量的控制

1. 服务质量的概念性模型

1985~1988年间,西方一些学者设计了一种"差距分析模型"(如图10-1),此模型用于分析质量问题的起源,能够帮助管理者了解如何改进服务质量。

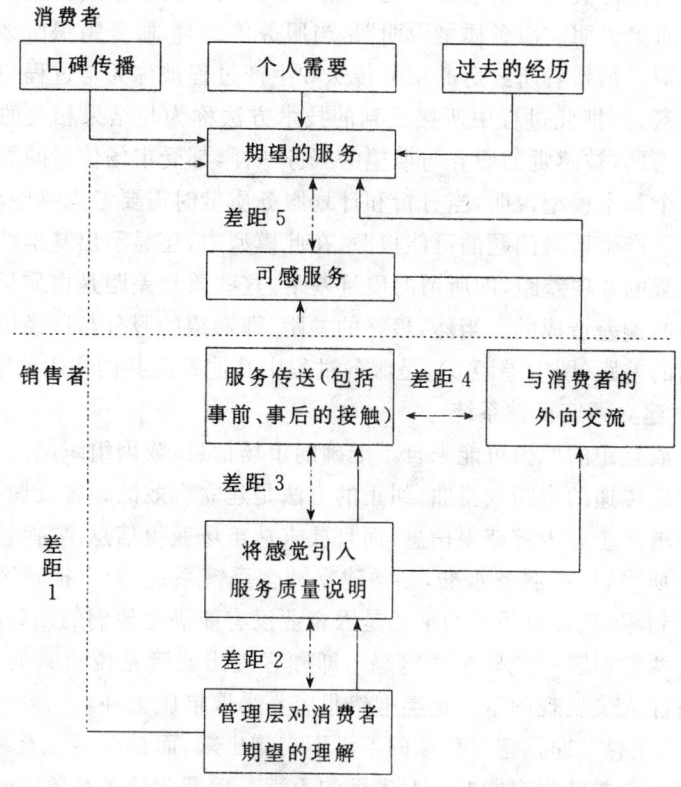

图10-1 服务质量的概念性模型——差距分析模型

资料来源:韩经纶,《服务营销》,天津人民出版社1997年12月版。

首先，该模型说明了顾客的期望是餐饮服务和顾客满意的关键。顾客的期望是由顾客的需求、情境、过去的经验、人格特质、预先设立的立场及企业在市场中的口碑所形成的。在服务过程中出现的矛盾和冲突，往往是由企业没有达到顾客的期望而引起的，即服务的差距所造成的。所以，餐饮服务中如何满足顾客的期望，就成为是否能让顾客满意的关键。在市场营销学中有这样的规律——"二八原则"，即企业80%的利润来自于20%最满意的顾客。

另一方面，所经历的服务——在此模型中被称为"可感服务"——是一系列内部决策和活动的产物。管理层根据对消费者期望的理解制定服务质量说明。"服务质量说明"是当服务传送时，服务组织所必须遵循的原则。消费者所经历的服务传送和生产过程被称为与过程相关的质量因素，而把此过程中所接受到的技术方法称为与结果相关的质量因素。当然，被感觉的服务与期望的服务一样，都受市场传播的影响。

这个基本模型说明，当分析和计划服务质量时需要考虑哪些步骤，并探明了产生质量问题的可能根源。在此模型中，还显示出基本结构中不同因素的5项差距，即所谓的质量差距。这些质量差距是由质量管理过程中的偏差造成的。当然，最终的差距，即期望的服务与所经历的服务之间的差距（图中差距5），是服务过程中其他差距共同作用的结果。

2. 建立顾客反馈系统

造成差距的原因可能来自不准确的市场信息，或因组织层次过多，造成信息传递的中断或歪曲。纠正的方法是建立有效的顾客反馈系统，不仅要求从企业内部获得信息，而且要求从市场获得信息。要保持稳定的服务质量，提高服务水准，必须建立顾客反馈系统，力争把顾客的抱怨减少到零。顾客对服务的抱怨是因企业没有能满足他们的期望所致。抱怨有两种，其一是"显在的抱怨"，即顾客提出或者是说出来的不满，或被餐厅人员发现的事。这类抱怨很容易采取措施去补救。另一种是"潜在的抱怨"，即顾客对餐厅的不满不表露出来，而是以不再光顾或以"口传"的方式转告亲朋好友对餐厅的不满。大部分顾客对餐厅的不满都表现为"潜在抱怨"，这是造成餐饮企业失去顾客的主要原因。所以要建立一套行之有效的顾客反馈系统，以检查餐饮服务的执行和完成情况,找出服务工作在准备阶段和执行阶段的不足,采取措施加强预先控制和现场控制。

顾客信息的反馈,其一来自于餐厅内部系统即服务人员和经理。因此每餐结束后应召开简短的检讨会,以对工作进行总结,有不足迅速改进。现在很多餐厅经理暗中挑选顾客到餐厅用餐来发现餐饮服务中的问题所在。其二是来自餐厅外部系统即来自顾客,应首先征求顾客对用餐过程的意见和建议;其次可通过旅行社及其他途径来反馈顾客的投诉情况。顾客的意见是餐饮服务的一面镜子,应随时以此为鉴。

总之,餐饮服务质量管理要从建立标准化、规范化的作业程序开始,努力把服务活动标准化,以此来训练和提高服务人员的素质,保证服务的高水准,并通过顾客的信息反馈来纠正服务中的偏差,改进和提高服务质量。

3. 建立标准化的作业程序

所有餐厅似乎每天都在做同样的工作,而实际上餐厅与餐厅之间在销售额和利润上却存在着很大的差距。一般说经营好的餐饮企业都是标准化水准较高的。如麦当劳的服务标准规定,汉堡包10分钟内、炸薯条7分钟内供应给客人食用,逾时就要扔掉;服务人员工作30分钟要用30秒钟洗一次手。企业缺乏标准化的作业程序,就会出现组织中缺乏清晰的目标效益,计划步骤不完备,不顺手的计划管理等现象。服务应同其他产品一样在投入市场之前进行认真设计,如果一项服务没有经过精心设计,就会出现质量问题,导致质量说明的差距(差距2)。

餐饮服务的标准化作业即餐饮服务所应达到的规格、程序和标准,应该是以在最大程度上方便顾客为原则而设计出来的一套最好的服务方法和程序。标准化首先要确定服务的环节程序,再确定每个环节服务人员的动作、语言、姿态、时间要求、用具、手续、意外处理、临时要求等。

标准化作业能保持服务质量的稳定。有所差异的或不同人员的服务通过标准化作业达到一致,而不会因人而异。标准化作业能使员工在很短的时间内掌握服务的决窍,达到服务的高水平。标准化作业是最具有效率的服务方法。标准化的目标、程序和标准不仅要使管理者赞同,而且必须得到员工的认可,这一点非常重要。

4. 建立服务质量的控制系统

通常造成服务传送差距(差距 3)的原因是复杂的,如质量标准过于复杂,营业管理不善,质量标准与企业文化不一致,缺乏内部营销措施等。很少是只由一个原因引起的,故纠正方法也是复杂多样的。服务质量是服务的性质与性能的集合,服务贯穿于工作内容和服务体系中。为了保持稳定的服务水平,必须建立服务质量的控制系统,对包括亲切感、热情、认真、细腻、准确、接待的合适度,缩短等候时间,清洁、卫生状况,安全性及服务内容的完美性、充实度等方面进行评估和检查。《酒家酒店分等定级规定》比较具体地规定了各等级企业设备设施条件和应提供的服务项目要求,规定了企业要编写的质量文件,并采用或参照 ISO9000 的管理要求,从而使饮食服务业划分等级工作与国际服务标准接轨。这个系统能够对管理者对待下属的方式、管理系统的控制给予充分注意;在员工中消除一切导致两种可能性的原因;通过明确员工的分工,对特别事情给予格外注意;在系统上作正确改动以支持质量标准说明书的贯彻执行等。

这个系统应对包括餐饮质量在内的下述内容进行控制。

(1)人力资源的控制。

餐厅应根据自己的特点,灵活安排人员班次,以保证服务区有足够的人力资源。在开餐前,必须对员工的仪容仪表作一次检查。开餐前数分钟,所有员工必须进入指定的岗位,姿势端正地站在最有利于服务的位置上。在服务期间,如某区域人员集中,应合理调配服务人员。

(2)物资资源的控制。

开餐前,必须按规格摆好餐台,准备好餐车、托盘、菜单、点菜单、订单、开瓶工具及工作台小物件等。另外,还必须备足相当数量的餐台用品如桌布、口布、餐纸、刀叉、调料、火柴、牙签、烟灰缸等。

(3)卫生质量的预先控制。

开餐前半个小时,对餐厅卫生从墙、天花板、灯具、通风口、地毯到餐具、转台、台布、餐椅等都要作最后一遍检查。一旦发现不符合要求处,要安排迅速返工。

(4)餐饮服务质量的现场控制。

所谓现场控制,是指监督正在进行的餐饮服务,保证其规范化、程序化,并迅速妥善地处理意外事件。现场控制的主要内容是:

①服务程序的控制。开餐期间,餐厅主管应始终站在第一线,通过亲身观察、判断、监督,指挥服务员按标准服务程序服务,发现偏差,及时纠正。

②上菜时机的控制。掌握上菜时间,要根据宾客用餐的速度、菜肴的烹制时间等,做到恰到好处,既不要让宾客等候太久,也不应将所有菜肴一下子全上去。餐厅主管应时常注意并提醒把握好上菜时间,尤其是大型宴会,上菜的时机应由餐厅主管掌握。

③意外事件的控制。餐饮服务是面对面的直接服务,容易引起宾客的投诉。一旦引起投诉,主管一定要迅速采取弥补措施,以防止事态扩大,影响其他宾客的用餐情绪。

5. 尽量使服务有形化

顾客对服务的满意程度是通过已感受到的服务作出的评价。"感觉就是现实"。如果市场传播与可感服务质量存在着差距(差距4、5)会导致企业的名声和形象遭到破坏,"口碑"变差,从而失去顾客。这就要求尽量把服务有形化。一方面认真、仔细地设计每个主要市场传播的活动,使传播中的许诺变得更可靠,与现实更贴近,并能兑现承诺。另一方面餐饮服务首先要求把有形部分的服务品质提高,然后,设法把服务过程中的无形部分尽量有形化。

在餐饮服务过程中,通过餐厅的布置、用具的摆设、菜品的口味以及交流方法、服务价格、产品特色等形式让顾客充分感受。把服务有形化,就是要使其具有可操作性,以保证服务质量的客观性和可测量性。在餐厅,为客人的服务往往是伴随着出售菜肴的过程来完成的。所以,我们分析如何使热情待客、殷切服务方面有形化,就是使企业所提供的质量是顾客乐意接受的质量,从而使顾客愿意继续与企业保持良好的关系,并产生良好的"口碑"效应。

6. 建立餐厅与厨房的协调机制

(1)餐厅服务员要了解厨房当天哪种原料的数量缺货或积压,重点推销的菜品品种、特价菜,避免在当日为客人服务时遇到尴尬、受到指责。

(2)传菜员要与厨房相配合,以最快的速度把菜品传递到餐厅服务台,保证菜肴的色、香、味、型均保持在最佳状态,若客人需演讲、祝酒或要求暂停上菜,服务员应及时通知厨房。厨房不仅要保证出菜快,而且要确保菜品的品质。

(3)客人要求退菜和换菜应及时与厨房沟通;在客人就餐后应主动询问客人对饭菜的评价,及时反馈给厨房,以便厨房做必要的调整与安排。

(4)餐厅和厨房是一个不可分割的整体,缺少哪一部分或者双方配合不好,都会使企业陷入困境。双方不应相互推卸责任,指责对方的不是,要加强双方协调,共同分析问题、解决问题,才能确保服务质量,提高企业效益。

五、餐饮服务过程管理

1.餐饮服务质量管理原则

从"消费者可感服务质量"模型和框架,以及如何管理服务质量这些问题中,我们可以得出一些关于餐饮服务质量管理的重要原则。这些原则是:

(1)标准化。

标准化生产是当今许多产业所要求的,它对于降低生产成本,提高生产效率和产品质量具有十分重要的意义。餐饮服务过程的程序性使得服务的标准化变得十分有必要,同时也给它的实施提供了便利。

(2)规范化

有了标准化的程序,就需要员工在服务过程中遵循服务操作流程进行有效的、可量化的服务。这是实现全面质量管理的关键。例如企业可以通过制定服务规范手册来实现。还可以制作VCD进行培训。

(3)个性化。

生产的标准化并不意味着每一个服务环节都必须一模一样,毫无差别,特别是对于服务产品来说,人们的需求千差万别,我们必须根据不同的消费者,在不同的时间、不同的场合、提供不同的服务。只有这样,消费者才能感受到我们提供的是有别于我们竞争对手的具有优势的产品。

(4)现代化。

对于餐饮服务的过程管理来说,最现实的就是"与时俱进",积极吸收先进的管理理念、优秀的管理思想,充分利用现代高科技辅助手段进行管理,以实现生产效率和产品质量的提高,最终为企业利润的最大化服务。

(5)创造性。

这要求企业建立学习型组织。在餐饮服务过程中,企业、员工应积极学习,不断思考,努力创新,不断地改进现有的服务,为顾客提供更加优质体贴的服务。如全聚德总结并推广的和平店的"十个一"工作法,即:"服务员围着顾客转,厨师围着服务转,后勤围着一线转"和"说好第一句话,倒好第一杯茶,上好第一条热毛巾,倒好第一杯酒,布好第一道菜,卷好第一只烤鸭,坚持好一个姿势,用好一只托盘,备好一辆撤台车,送走最后一位客人"。(资料来源郭克莎、荆林波:《MBA 课程全新读本——市场营销》,商务印书馆 2003 年第 1 版)

2.餐饮服务质量与顾客服务

(1)质量是一种消费者的感觉。

质量依赖于消费者的需要和期望。质量不是客观衡量的计划,而是消费者对所计划的东西的感觉。质量标准要以顾客的期望为基础来制定。可感觉服务可以提升企业品牌,形成竞争优势。

(2)质量不能与生产和消费过程隔离开来。

服务产出过程中的产品只是消费者感觉的服务质量的一部分,产出和消费过程本身被积极参与其中的消费者所感知,对过程的感觉以及对买卖双方相互作用过程的感觉就成为总体质量的一部分。所以,顾客服务是一个过程。

(3)质量是在买卖双方的交易过程中产生的。

在买卖双方交易过程中包括许多"关键时刻"和机遇,它们是可感服务质量的关键因素。由于买卖交易同时发生,在这里消费者与服务提供者直接会面,质量就在同时同地产生。因此,质量的计划和设计必须达到使现场的人能接受的程度,否则,设计好的质量只会留下一些次品,不能使顾客对质量感到满意。

(4)每个人都要对消费者可感服务质量作出贡献。

因为质量是在买者和卖者交易中时刻创造和产生的,所以大量的服务人员参与了质量的生产。进一步讲,消费者接触服务人员,是为得到更好的服务,这在服务过程中每个服务员都要依靠其他人的支持,这些提供支持的人也对最终消费者可感服务质量负有责任。因此,每个服务员都要对提高服务质量作出应有的贡献。如果某个直接或间接与消费者接触的人员没有做好工作,服务质量就会下降。

(5)组织者要在整个经营过程中对质量进行监测。

质量是由餐饮经营过程的全体人员和餐厅各功能的效果决定的,因此,质量的控制必须在形成质量的每一点上加以监测。由于餐饮企业的餐厅和厨房、服务第一线人员和管理人员的职能不同,存在不同职能人员对质量保证的重视程度不同,如厨房工作人员常常是以降低成本为首要任务,个别企业甚至不惜采取偷工减料等欺诈行为来达到降低成本目的,餐厅服务人员将顾客意见反映到厨房时常引起矛盾。这就需要餐饮企业组织者协调各部门的关系,将餐饮和服务质量的监测作为企业一项根本任务来落实。一旦出现问题,要从制度上解决,使质量问题能被企业不同职能的每个员工重视并当作本职工作来完成。这样餐饮质量控制就有保证。

(6)市场宣传必须与质量管理相结合。与企业的餐饮质量标准不一样,消费者对质量的感知有一种预期。顾客所体验到的质量和质量改进可能被市场过于夸张的宣传活动所削弱,因此,消费者的期望和实际质量的差异,使顾客感觉到的质量还是不好。如果市场传播活动能够与质量改进过程相协调,这些错误就能避免。所以说,市场宣传活动,必须与质量管理紧密结合才能收到最理想的效果。

餐饮服务的质量水平是餐饮实物、餐饮环境和餐厅服务三方面质量的综合反映,而宾客对餐饮服务的满意程度是评价其质量水平高低的客观依据。

3. 餐饮服务过程的管理内容

到餐厅就餐的宾客除了购买食品、菜肴、酒类、饮料等餐饮实物外,还要从体验餐厅的环境、气氛中得到生理上、感官上和心理上不同程度的满足。

餐饮服务归纳起来主要分两类:一类是"产品服务",即根据顾客对餐饮实物本身的需求,以满足顾客对解决饥渴、补充营养等生理需要而提供的服务。这类需求是宾客对餐饮产品的直接需求;另一类是"产品支持服务",即为使顾客满意地享受餐饮实物而提供的相关服务内容,以满足宾客对于安全感、支配控制感、信赖感、便利感、身份地位感、自我满足感等的需求,通过对餐饮产品的便利服务和支持服务,满足顾客的某种心理需求。

根据餐饮服务的构成及特点,从管理的角度来看,构筑服务过程有3个要素:(1)服务的易获性;(2)服务组织间的相互作用;(3)消费者的参与。

服务过程的这3个要素都与顾客利益息息相关,这种利益就是顾客当初在选择目标市场时所追求的目标。对服务过程的管理也是服务质量控制的主要内容。

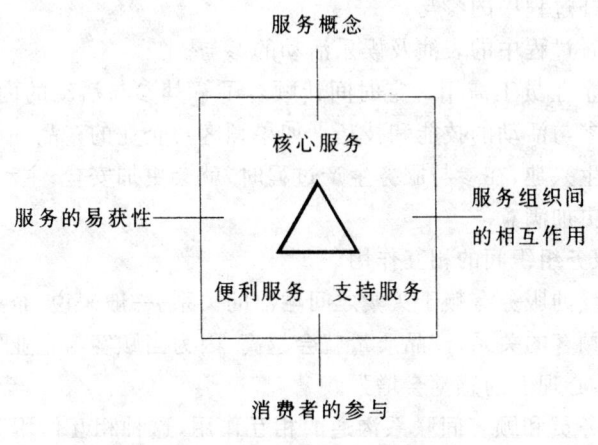

图 10-2 服务过程构成图

(1) 服务的易获性。

顾客对餐饮质量的感觉或满意程度,有时候不一定是由食品本身的质量所决定,而是由"外部"环境影响了顾客获取服务所致。

① 地点的易获性。靠近主要街道的方便程度和容易进出的程度:a. 为方便顾客而设置的停车场的车位数量;b. 接待能力的大小;c. 提供醒目的企业招牌。

② 顾客对物质资源使用的容易程度。

③ 对服务人员服务的易获性。a. 服务人员容易接近的程度;b. 服务员的数量;c. 服务员的技能;d. 服务员的职业道德;e. 结账程序;f. 可接受的支付种类;g. 有效的保险安排。

(2) 顾客参与程度。

"顾客参与"是一个被广泛使用的概念,通过注重顾客参与,使顾客更深地理解和感受他所得到的服务,以此促进企业生产率和服务产品质量的提高。

① 菜单(宴会)设计过程的参与;

② 原料选择过程中的参与;

③ 烹饪过程中的参与;

④ 用餐过程中的表演及娱乐活动的参与。

餐饮企业员工需用一定时间让顾客了解其参与活动的内容,设法提高顾客参与活动的技能和技巧。如果顾客对企业的产品和服务非常了解并产生兴趣,在参与服务生产过程时,就会更加安全、主动,从而对服务质量更加满意。

(3) 服务组织间的相互作用。

高质量的服务有赖于买卖之间融洽的关系。一般来说,企业越是关注与整体顾客的关系,产品质量就会越高。因为当顾客与企业保持融洽的关系时,心理上的感觉会增强。

① 服务员和顾客间联系沟通的相互作用,这种相互作用又取决于服务人员的行为、语言和所做的事,以及说话和做事的方式等。

② 组织的各种物质和技术资源间的相互作用,如自动售货机、接待室设备以及在服务生产过程中所需的工具和仪器等。

③系统间的相互作用,如等待系统、就座系统、付款系统、送货系统、维修工作、预约系统、索赔系统等。

④与服务过程同时有关的顾客间的相互作用。

餐饮企业管理者应培养企业内部良好的气氛以及鼓励员工为增进买卖之间的关系而努力。如不断开发新型的服务项目,使现有服务成份更具活力,并融入顾客关系中。增进顾客满意度会对企业产生积极的外部影响,赞誉之词流传开来,现有顾客和慕名而来的新顾客会使企业业务量增加,经济效益随之提高。

思考题

1. 为什么说餐饮服务要从树立"顾客服务"的观念做起?
2. 餐饮服务卫生的基本标准是什么?
3. 餐饮服务过程中如何加强安全管理?
4. 餐饮服务的内容、工作范围及服务程序的具体内容是什么?如何结合餐厅条件来运用?
5. 根据差距分析模型来分析服务质量控制的途径?
6. 餐饮服务质量管理的原则是什么?
7. 在餐饮服务中怎样做到标准化和个性化服务的统一?

第十一章 餐饮促销

学习目的

餐饮产品与服务的特点,决定餐饮企业实施促销的重要性。因此,能够带来市场快速反应的促销手法一直受到企业的重视。通过本章的学习,学员应学会运用市场营销原理分析市场状况,掌握餐饮促销的特征、方法及策略。尤其要掌握餐饮价格优惠促销的方法、产品促销的途径以及人员促销和公关技巧等。

主要内容

- 餐饮促销的特征

  餐饮市场营销组合　餐饮促销目标　餐饮促销策略

- 餐饮价格优惠促销

  餐饮优惠促销的策划　淡季时间的价格折扣策略　价格优惠政策　亏损先导推销决策　赠品推销　其他优惠促销方式

- 餐饮产品促销

  展示厨房　展示推销　美食节促销　地方特色菜、季节食品原料推销　餐饮文化"秀"

- 餐饮人员推销

  全员推销　人员推销的条件　餐饮服务中

的推销技巧　推销工作的注意事项
● 餐饮经营的公关活动
　　公关对象　公关作用　餐饮公关活动方案

教学指导

可将学生分成若干组完成不同形式的促销活动,使学生明确每一种促销的目的、特点和需要的条件。

第一节　餐饮促销的特征

促销是餐饮企业营销活动过程的重要环节,是指通过促销活动向可能的消费者传递有关企业、产品、服务等方面的信息,帮助顾客认识企业产品的性能和特点,以激发他们的购买欲望。餐饮促销是指餐饮企业根据自身的类型及细分市场特征,在市场竞争中以顾客为中心采取有效吸引消费者群体的销售手段,促进产品销售的活动。如利用自身品牌,进行大规模的宣传,策划有特色的包价服务促销活动,举办美食节,注重节假日的促销,安排"家庭休闲"活动,定期与顾客联系,增强与顾客的亲和力,奖励回头客等。

一、餐饮市场营销组合

餐饮促销是餐饮市场营销活动的必要环节和内容,是实现销售快速增长的重要途径。餐饮促销必须充分利用并发挥企业现有的整套可控制的市场营销组合要素的作用,从而达到有效促进顾客购买的目的。

影响市场营销的因素很多,除企业不可控制的因素如政治、法律、宏观经济环境、人口、技术、社会文化、市场竞争等之外,还有企业可控制的因素,可归纳为:产品(Product)、价格(Price)、地点(Place)、促销(Promotion)4个方面。由于其英文的第一个字母都是P,所以市场营

销组合一般也称 4Ps 组合,它是以目标市场(people)为中心来综合利用 4Ps。(见图 11-1)

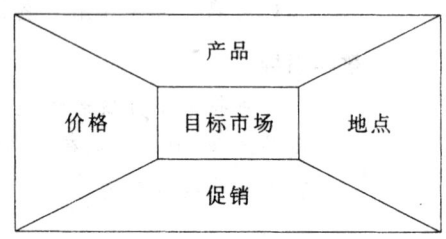

图 11—1 市场营销组合图

1. 产品策略

即企业根据目标市场的需要作出与产品开发有关的一系列计划与决策。其主要内容有:现有菜品质量的提高,餐厅装潢及环境的改善,新产品开发,产品组合,产品包装和商标等。产品策略从菜单计划开始,通过采购控制、厨房生产制作来完成。

2. 价格策略

指企业的定价目标、定价策略与方法等。餐饮企业的产品价格尽管是以投入的成本及利润目标为依据,但同时要考虑市场供求情况,成本导向的价格制定是目前企业采用的主要方法,特别是酒水产品。在平均市场价格一定的情况下,企业可通过降低成本来提高经济效益。因此,价格已成为企业市场营销中重要的可控因素。如何运用价格策略,对于企业的市场营销成功与否至关重要。

3. 渠道策略

指企业产品到达目标市场的途径和环节。对此,餐饮企业必须考虑的是:应该采用什么类型的经营方式,怎样选择具有足够购买力的市场才能保证消费者的需要能及时得到供应,以及如何合理布局经营网点等。

4. 促销策略

指企业为扩大产品销量、提高市场占有率所采取的各种促进销售活动及其策略,如人员推销、营业推广、广告、公共关系等,这些活动都是带有刺激性的沟通。在刺激条件下促进人们对餐饮企业的产品和服务作出反应,以推动产品销售。

二、餐饮促销目标

餐饮产品促销目标与其他产品大致相同。一般是通过促销活动使顾客建立对餐饮企业及餐饮产品的认识并产生兴趣,使餐饮产品在市场竞争中占有明显优势;建立并维持餐饮企业的整体形象和信誉,达到让顾客购买或使用餐饮产品的目的。促销活动的基本目标至少应包括两项:其一是销售目标,即促销活动期间日营业额应达到的水平,或客流量增加的幅度;其次是社会目标,即通过促销使企业知名度提高的程度,人们对企业菜品了解的程度。

促销的目的具体说就是使餐饮销售额有明显的增加。餐饮销售额是指餐饮产品和服务的销售总价值。销售额一般是以货币形式来表示。促进餐饮销售总额增加就是要使一些主要的控制指标增加。

1. 平均消费额

管理人员一般十分重视平均消费额。平均消费额是指平均每位客人每餐支付的费用。这个数据之所以重要是因为它能反映菜单的销售效果,反映餐饮销售工作的成绩,能帮助管理人员了解菜单定价的高低是否合适,菜单价格组合是否合理,了解服务员和销售员是否努力推销高价菜、宴会和饮料。同时根据该数据,还可以为餐厅调整客户结构提供参考。通常,餐厅要求每天都分别计算出食品的平均消费额和饮料的平均消费额,其计算方法是:

$$平均消费额 = \frac{总销售额}{就餐人数}$$

管理人员应经常注意平均消费额的高低,如果连续一段时间平均消费额都过低,就必须检查食品饮料的生产、服务、推销或定价有何问题,是否出现原有高消费客人流失的问题。

2. 每座位销售量

每座位销售量是以平均每座位产生的销售金额及平均每座位服务的客人数来表示。平均每座位销售额是由总销售额除以座位数而得。

$$每座位销售额 = \frac{总销售额}{座位数}$$

每座位销售额这一数据可用于比较相同档次、不同餐厅的经营好坏的程度。比如青松餐厅的年销售额为￥458万元,拥有餐座200座;而粤海餐厅的年销售额为￥250万元,只有餐座100座;青松餐厅的每座位年销售额为￥22900元,而粤海餐厅的每座位年销售额为￥25000元,可见粤海餐厅的经营效益要好一些。

每座位销售额也常用于评估和预测餐饮企业的销售情况。

3. 平均每座位服务的客人数

也常常被称作座位周转率,它的计算公式是:

$$座位周转率 = \frac{某段时间的就餐人数}{座位数 \times 餐数 \times 天数}$$

如果青松餐厅去年的就餐人数为24万,粤海餐厅的就餐人数为11万,两餐厅每天都供应两餐,它们的座位周转率分别为:

$$青松餐厅座位周转率 = \frac{240000}{200 \times 2 \times 365} = 1.64$$

$$粤海餐厅座位周转率 = \frac{110000}{100 \times 2 \times 365} = 1.5$$

因餐厅早、午、晚餐客源的特点不同,座位周转率往往分餐统计。座位周转率反映了餐厅吸引客源的能力。上例中,青松餐厅吸引客源能力高于粤海餐厅,但每座位产生的收入却低于粤海餐厅,说明青松餐厅的菜单价格较低或销售低价菜的比例较高。

4. 每位服务员销售量

该销售量有两种指标:一是以每位服务员服务的顾客人数来表示。这个数据反映服务员的工作效率,为管理人员配备职工、安排工作班次提供了依据,也是评估职工工作绩效的基础。当然,该数据要有一定的时间范围才有意义,因为服务员每天、每餐、每小时服务的客人数是不同的。一位服务员在一天两餐的餐厅,如其服务的客人总数为120名,则该服务员每小时服务20名客人。不同餐别每位服务员能够服务的客人数也不同,一位服务员在早餐能服务的客人数多于晚餐。

二是每位服务员的销售量也可以用销售额来表示。每位服务员的客人平均消费额是用服务员在某段时间内产生的总销售额除以他服务的客人数而得。例如某餐厅在月终对服务员工作成绩进行评比时,应用下列销售数据:

	服务员 A	服务员 B
服务客人数	1950	2008
产生销售额	￥51675	￥51832.20
客人平均消费额	￥26.50	￥25.81

上述数据明显反映出,服务员 B 无论在服务客人数和产生的销售额方面都超过了服务员 A,说明他在积极主动接待客人方面以及他的工作量方面都比服务员 A 更为出色,但是他服务的客人平均消费额为:

$$\frac{￥51832.20}{2008} = ￥25.81$$

比服务员 A 少 0.7 元:￥26.5－￥25.81＝￥0.7

这个数字说明服务员 B 在推销高价菜、劝导客人追加点菜和点饮料方面不如服务员 A。管理人员可向服务员 B 指明努力方向,指出如果他在上述方面努力,则他在提高餐饮销售额方面还有潜力,其增加销售额的潜力为:￥0.7×2008＝￥1405.6

服务员的销售数据可由收银员对账单的销售数据进行汇总,也可由餐厅经理对账单存根的销售数据进行汇总而得。

5. 时段销售量

某时段(各月份、每天、每天不同的钟点)的销售量数据对于人员的安排配备、餐饮推销和计划餐厅的最佳开始营业时间和打烊时间是特别重要的。

时段销售量可以两种形式表示:一段时间内所服务的客人数和一段时间内产生的销售额。例如某咖啡厅下午 3:00—6:00 所服务的客人数为 40 位,产生的销售额为 900 元;而在 6:00—9:00 所服务的人数为 250 位,产生的销售额为 7000 元。很明显,在这两个不同时段应配备不同人数的职工。又如某餐厅原定于午夜 12:00 停业,但在夜间

10∶00—12∶00期间只产生60元的销售额,管理人员经过计算,发现这2个小时开业时间的费用和成本会超过收入,因此他决定提前打烊。

6. 销售额指标

销售额是显示餐厅经营好坏的重要指标。一段时间的销售额指标可以通过下式来计划:

一段时间的销售额指标＝餐厅座位数×预计平均每餐座位周转率×平均每位客人消费额指标×每天餐数×天数

由于各餐每位客人的平均消费额相差较大,故销售额的计划往往要分餐进行。例如,青松餐厅计划明年晚餐每位客人的平均消费额指标为30元,晚餐平均座位周转率指标为16,青松餐厅计划明年晚餐的销售额指标为:

$$¥30×200×16×1×365＝¥3504000$$

三、餐饮促销策略

1. 选择促销主题

促销主题的选择直接关系到促销活动的效果。餐饮促销活动要达到预期的效果,在主题选择上应突出活动特色,以吸引客源,形成餐饮经营的良性循环。选择促销主题的依据主要有:首先,要以企业的现有经营环境、场地条件、设备设施状况为依据;其次,要考虑厨师的现实能力和潜在能力及服务水平;第三,要考虑企业经营的菜品品种以及菜品的档次;第四,要考虑与营销活动时机相适应;第五,应与要达到的营销目的相一致。通过对以上条件的分析,再确定促销的主题。

2. 选择促销的有效时机

促销活动是企业特色和实力的展示,必须在大环境十分有利的情况下,促销活动才能达到名利双收的效果。所以,选择恰当时机举办促销活动是非常重要的。餐饮促销不能只在销售淡季或经营低谷时进行,而应是常年的、有规律的举办,使顾客对餐饮企业总是有一种新奇感。

下面介绍通常情况下举办促销活动的几种较恰当的时机:

(1) 逢盛大会议期间。在当地举办的国际性或全国性的大型会议期间,此时外国、外地宾客居多,可以举办以本地特色菜品或地方风味小吃为主要内容的促销活动。

(2) 逢重要节日、纪念日、庆典日期间。比如春节、元宵节、中秋节、圣诞节、新年等节日,人们常以团体或居家的形式在外就餐。若在大型庆典日、节日举办具有特色的促销活动,不但乘兴,且更助兴。

(3) 逢季节性假期,或当地风俗节假日。

3. 促销活动的创造

在缺乏良好时机的情况下,企业也可以通过自身的努力创造时机,举办促销活动,从而提高企业知名度,增强企业的竞争力。

(1) 市场购买力弱时。在市场购买力弱时,要求企业设法主动吸引顾客,此时在定价策略上应周密考虑,做到以质量为保证、价格为手段从而求得企业生存。

在企业外部,重点树立企业形象与扩大企业知名度,其基本方法是稳定产品质量,树立良好的企业信誉,以及大力加强企业宣传。在企业内部狠抓管理,提高员工的凝聚力和积极性。

(2) 在企业更新发展时创造时机。企业发展以经营规模的扩大、经营水平的进步为标志。因此,在此时举办促销活动更能体现出企业的发展方向及其经营水平的提高。

首先表现在餐饮企业营销手段的进步上。企业从简单的媒体营销到上门推销,从一次性促销到重复性促销,从主动促销走向统计化促销。

其次表现在经营理念的进步上。以可持续性发展的眼光来面对市场,在经营上把简单吸引消费者转变为与消费者建立稳定的关系。从资源利用方面,加大人力资源与信息资源的开发力度,使其更好地为企业服务,实现资本增值的最大化。以人为本,以信为准,是企业发展的最基本的保证。

第二节　餐饮价格优惠促销

许多企业运用价格的需求弹性理论,即通过降低价格提高销售量来制定促销策略,如价格折扣和优惠。

一、餐饮优惠促销的策划

餐饮企业以优惠的形式进行促销是一种常用的手段。有效地使用优惠这种促销形式能为餐饮企业带来立竿见影的效果,并在社会大众中造成一定的影响。

1. 明确优惠促销的目的

在实施优惠促销活动之前,应考虑如下几个问题:

(1)优惠策略的对象是谁。是普通用餐的顾客,还是那些在餐厅举办特殊活动的顾客,如举办过婚礼的特殊顾客等。

(2)优惠策略实施的时机和持续的时间。时机选择应考虑实施优惠的对象,以确定实施优惠在某一季节或节日以及持续的时间。

(3)优惠策略应达到的目标是什么。目标不能太笼统,如为了多招徕顾客之类,目标应明确具体,如在某个时段上提高销售额及上座率的具体指标等。

2. 优惠促销活动的可行性分析

(1)计算优惠促销活动的成本和费用。仔细分析举办优惠促销活动需要的直接费用,如广告费、宣传品的制作、人工成本、赠品及赠品邮寄费等。间接费用一般指给顾客优惠部分的成本,如赠送的菜品、饮料成本或给予的折扣等。

(2)优惠促销活动的收益分析。优惠促销活动的收益分为两部分,一部分是直接收益,即通过促销由顾客流量增加而带来的销售额的增加量;另一部分是间接收益,指优惠促销活动在公众中产生的影响,即企业形象的提高和企业知名度的扩大。

(3)优惠手段的确定。餐饮企业进行优惠促销的手段多种多样,常见的有:折扣、优惠券、赠品等。实行优惠促销应能使顾客从心理上得到满足。如某餐饮企业对在本餐厅举办过婚礼的客人,每到结婚纪念日都寄上一张贺卡,并附上一张优惠券,使顾客对该餐饮企业产生感激之情,由此可能会给该餐厅带来一笔生意。又如有一些餐饮企业为70岁以上老人过生日实行免费就餐,赢得良好的社会声誉。

3. 选择优惠促销形式

餐饮企业为顾客提供优惠一般采取3种形式:

(1)在店内直接进行。在店内促销一般采取的形式有消费抽奖、折扣、赠送。在店内举办优惠活动,应营造一个热闹融洽的气氛。如当众颁发抽奖奖品,使顾客有受到重视的感觉,同时也会刺激其他顾客的消费欲望。

(2)通过店外形式把信息传达给用户。如在报纸上刊登优惠券,或通过邮寄方式给客户寄上优惠卡。

(3)直接将优惠赠品寄给顾客。寄送优惠卡或赠品,应注意卡片的设计,精制美观,或具有多种功能,如印有日历,使其具有保存价值,如有老板的印章和亲笔签名就更好。

二、淡季时间的价格折扣决策

有许多企业为了提高座位周转率,在生意清淡时间进行价格折扣。在作价格折扣决策时,必须研究价格折扣对盈利的影响。

有的餐饮企业在生意清淡的时段中推出"快乐时光"(Happy Hour)的推销活动,例如推销鸡尾酒时采取"买一送一"的优惠政策,或者以发展就餐俱乐部的形式对会员采取"一份价格买二份"政策。这种折扣政策是否有效,必须对降价前后的毛利进行比较,通过比较可算出降价后的销售量达到折价前的多少倍,这项折扣决策才算合理。

$$\frac{折价后销售量需达}{到折价前的倍数} = \frac{折价前每份菜品(饮料)的毛利额}{折价后每份菜品(饮料)的毛利额}$$

例如某饭店的酒吧考虑在生意清淡时段利用"快乐时光"推出"买一送一"的鸡尾酒推销活动(降价50%)。鸡尾酒每杯原价为4.5元,饮料成本率是 25%，降价后销售量为降价前的倍数为：

$$\frac{4.5 \text{元} - 4.5 \text{元} \times 25\%}{4.5 \text{元} \times 50\% - 4.5 \text{元} \times 25\%} = 3 \text{倍}$$

如果折价后的销售量超过降价前的 3 倍，也就是增加 200% 的话，那么这项推销政策是有效的。在有限的时间内作推销，对增加销售额的计算只要考虑毛利额。但在较长的经营时间内作推销，则还要考虑偿付固定成本、企业获得的利润以及平均降价率。例如某餐厅在每周一到周五下午的 3：00—6：00 的"快乐时光"中推行"买一送一"的折价活动，这项推销虽然在该段时间内折价 50%，但对于整个经营时间来说平均折扣率不是 50% 而是 20%。这项推销政策是否有效取决于折价后的销售额能否达到下述水平。

$$\frac{\text{折价后需达}}{\text{到的销售额}} = \frac{\text{企业要求获得的利润额} + \text{固定成本}}{1 - \frac{\text{折价前变动成本率}}{(1 - \text{拟定的折价率})}}$$

例如某餐厅准备在周一到周五的下午 3：00—6：00 进行"买一送一"的推销活动。餐厅每月的固定成本额是 200000 元，餐厅要求获得月利润为 100000 元，折价前的变动成本率是 60%，由于每周只有 5 天折价，每天只有 3 小时折价，所以平均折扣率只有 20% 左右。在折价前企业要完成 100000 元的利润，需达到的月销售额为：

$$\frac{\text{折价前要求达}}{\text{到的销售额}} = \frac{100000 \text{元} + 200000 \text{元}}{1 - 60\%} = 750000 \text{元}$$

若要获得同样利润，折价后需达到的月销售额为：

$$\frac{\text{折价后需达}}{\text{到的销售额}} = \frac{100000 \text{元} + 200000 \text{元}}{1 - \frac{60\%}{1 - 20\%}} = 1200000 \text{元}$$

外出就餐享用的往往是一种享受性产品，而不是一般的必需品，属于消费价格弹性较大的产品，故价格下降通常会引起销售量的增加，但并不是每项折价政策都能提高经济效益。管理人员必须详细记录折价前后的就餐人数和销售额等数据，进行计算、比较，看实际销售额能否达到上述应达到的盈利水平。如果不能达到，就应立即采取措施改进或取消这项推销活动。

三、价格优惠政策

价格折扣是餐饮推销的一种重要手段。对公开牌价打一定折扣的优惠政策在餐饮行业运用甚广。

1. 团体用餐优惠

为促进销售,餐饮企业常常对一次大批量就餐的客人进行价格折扣,比如会议就餐、旅游团队包餐等,其价格往往比较优惠。会议和团队就餐通常以每人包价收费,在这个包价中提供各色菜肴。

例如某饭店根据会议的档次,确定 3 种价格(见表 11-1):

表 11-1 会议餐价格

	每人每天包价	早餐	午餐	晚餐
经济菜会议餐	15元	1元	7元	7元
标准菜会议餐	20元	2元	9元	9元
特别菜会议餐	26元	4元	11元	11元

某饭店根据旅游团队的档次和人数确定如下价格(见表 11-2)

表 11-2 旅游团队用餐价格

		标准菜			特别菜			
		每人每天价格	早餐	午餐	晚餐	每人每天价格	早餐	午餐	晚餐
中国国际旅行社团队用餐价格	10人以上团队	41元	8元	16.5元	16.5元	74元	14元	30元	30元
	2~9人团队	48元	10元	19元	19元	88元	16元	36元	36元
	个人	70元	14元	28元	28元	116元	20元	48元	48元

2. 累积数量折扣

有的餐饮企业为鼓励、吸引回头客,对常客通常给以折扣价格。一般饭店中的长住户,其就餐的需求只是一种日常生理需求,而不是享受性需求,因此他们不愿在餐厅中花费很多钱和时间。饭店餐厅如能提供价格折扣,就能有效地吸引他们在店内就餐。一些餐厅为鼓励常客来餐厅举办宴会,对常客的宴会价格进行折扣。折扣率的大小通常取决于客户光顾餐厅的次数。

四、亏损先导推销策略

亏损先导推销策略是根据经济学中有关一种产品销售能带动相关产品销售的原理制定的。餐饮企业必须首先选择那些价格订得很低的、可用来作诱饵吸引客人光顾的产品作为亏损先导产品。分析这些产品折价推销的效果时,不能只分析这一产品折价前后的盈利状况,还必须分析它们的"次级推销效应"。

"次级推销效应"就是通过某产品的推销带动其他产品的销售的效果。顾客利用诱饵产品折价的机会进入餐厅后,通常还会购买其他产品。特别是餐饮产品之间具有相关性,一种产品的销售往往会刺激另一种产品的销售。例如西餐主菜菜品的折价会增加葡萄酒、开胃品、甜品的销售量。前面提到的"快乐时光"或"就餐俱乐部"的饮料折价政策,不但会使餐厅的顾客增加还会使其他产品的销售额增加。

某餐厅为增加客源,向前来就餐的客人免费提供一杯葡萄酒。这项推销活动会使餐厅的食品销售收入提高,预计它对餐厅会产生下述影响:

(1)由于免费推销葡萄酒,这部分葡萄酒的销售不产生收入。

(2)预计客人会因此增加一倍,从原先的200位客人增至400位,每位客人的平均消费为5.50元,则销售额将从1100元增加到2200元。

(3)由于客人增加一倍,所用饮料的成本总额也增加一倍,即从80元增至160元。食品成本总额也增加一倍,即从407元增至814元。

(4)服务人数增加,人工费增加40元。

这项推销活动对餐厅的收入和利润产生的总体影响见表11-3。

综上所述,一个产品的推销对其他产品的销售所产生的影响(收益)必须从推销后的总收益中减去本产品损失的收益,它的纯收益可用下面的公式来表示：

纯收益＝其他产品增加的客人数×客人平均消费额×(1－其他产品变动成本率)－增加的人工费及其他费用－亏损先导产品的收入－亏损先导产品增加的成本

以上表的数据计算，葡萄酒推销所增加的净收益如下：

(400－200)×￥5.5×(1－37％)－(￥290－￥250)－￥200－(￥200×40％)＝￥373

从上例可见，亏损先导产品的推销虽然减少了饮料收入，但使餐饮纯收益增加了373元。但进行亏损先导推销必须做好销售预测和可行性研究，有可能的话先作试推销。在作亏损先导推销时要收集下列数据：

表11-3 葡萄酒推销的次级推销效应

	食品		饮料		总计	
	推销前	推销后	推销前	推销后	推销前	推销后
销售额	200位客人，平均消费额为5.50元，共得销售额1100元	400位客人，平均消费额为5.50元，共得销售额2200元	200元	0元	1300元	2200元
变动成本（指食品饮料成本）	成本率37％，成本额407元	成本率37％，成本额814元	成本率40％，成本额80元	成本额160元	487元	974元
毛利	693元	1386元	120元	－160元	813元	1226元
工资费用					250元	290元
净收益					563元	936元

（1）亏损先导的推销给其他产品增加的顾客数和销售额。

（2）亏损先导推销所增加的成本（包括亏损先导产品增加的成本及其他产品所增加的成本）。

（3）亏损先导推销所损失的收入。

（4）推出亏损先导销售所增加的其他费用（如人工费、燃料费等）。

（5）计算亏损先导推销所获得的净收益。

五、赠品推销

餐饮企业在顾客的消费达到一定数额或大型团体用餐时，为了加强与顾客的沟通，鼓励、刺激客人多消费，常采用免费赠送一道菜、饮料或其他食品、小礼品的方法。赠品一般价值不高，但具有很强的象征意义，象征企业热情好客，对顾客表示祝贺等。让顾客感受到的不仅是经济实惠，而且更多地体会到企业的殷勤周到。同时，一些赠品还可以起到广告作用，如印有餐厅名称、地点的打火机、儿童手表或玩具等。

餐饮企业往往采用赠送礼品的方式来达到推销的目的。赠送礼品的内容和赠送方式应该讲究。企业要寻求能获取最大效益的赠品方式。

1. 餐饮企业赠品的类别

（1）商业赠品。餐饮推销人员为鼓励大主顾企业经常来光顾会赠送一些商业礼品。

（2）个人礼品。为鼓励顾客光顾餐厅，在就餐时可免费向客人赠送礼品，在节日和生日之际向客人和老主顾赠送庆祝的礼品或纪念卡较为多见。

（3）广告性赠品。这种赠品主要起到宣传餐厅、使更多人了解餐厅、提高餐厅知名度的作用。管理人员要选择价格便宜，可大量分送的物品作为赠品。礼品上要印上餐厅推销性的文字图案。比如给客人分发一次性使用的打火机、火柴、菜单、购物提包等。广告赠品对过路的行人和惠顾餐厅的顾客均可赠送。

（4）奖励性赠品。广告性赠品主要是为了让公众和潜在顾客进一步了解餐厅。奖励性赠品的主要目的则是刺激顾客在餐厅中多购买菜品和再次光临。这种礼品是有选择的赠送。例如根据顾客光顾餐厅的次数、顾客在餐厅中的消费额多少分别赠送礼品。管理人员一般要选价值较高的物品作为这种礼品。

2. 赠品的要求

(1)要符合不同年龄接受者的心理需要。为使礼品达到最佳效果,有必要针对不同赠送对象选择不同的礼品。

(2)礼品的质量要符合餐厅的形象。一家高级餐厅决不能送低档次的礼品,如果经费不足,宁可不送或只送一件高档次的小纪念品。赠品是沟通餐厅与顾客关系的重要渠道,餐饮推销要注意赠送符合餐厅形象的独特的礼品来招徕顾客。

(3)赠品要附上卡片。赠品上一定要附卡片,以表示对赠送对象的尊重。尽量不要使用印刷文字,最好附上经理亲笔写的风趣的文句、贺词或致谢词。这样的卡片更能将餐厅赠送礼品的诚意传送到顾客心里。

(4)包装要精致。包装漂亮能提高人们对商品价值的评价。赠品的包装一定要精致、漂亮、独特。对一些有创意的礼品,赠者还要考虑其包装物的再利用。例如用酒瓶作花瓶,用钱包装钥匙环,用手帕包巧克力等。

(5)赠送气氛要热烈。为达到最佳赠品效果,在赠送礼品时要尽可能创造热烈的气氛。例如颁发抽奖奖品时,与其在收银台上领取,不如在大众"恭喜中奖"的掌声、笑声中颁发。这样的赠品能使顾客增加幸运感,并有感染其他顾客的作用。因而餐饮工作者要将赠送礼品作为一项重要的推销活动加以周密的计划。

3. 餐厅常用的促销赠品

(1)定期活动节目单。餐厅将本周、本月的各种餐饮活动、文娱活动的印刷品放在餐厅门口、电梯口或总台发送,传递信息。这种节目单要注意两点,一是印刷质量要与餐厅的档次相一致,不能太差;二是一旦确定了的活动,不能随意更改和变动。在节目单上一定要写清时间、地点、餐厅的电话号码、印上餐厅的标记,以强化推销效果。

(2)火柴。餐厅中每张餐桌上都放有印有餐厅名称、地址、电话等信息的火柴,供客人使用并允许其带走,这在一定程度上也帮助企业扩大了宣传。火柴可定制成各种形状、档次,以供不同餐厅选用。

（3）小礼品。餐厅常常在一些特别的节日和活动时间,甚至在日常经营中赠送一些小礼品给用餐的客人,这些小礼品要精心设计,根据不同的对象分别赠送,其效果会更为理想。常见的小礼品有:生肖卡、特制口布、印有餐厅广告和菜单的折扇、小盒茶叶、卡通片、巧克力、鲜花、口布套环、精制的筷子等等,值得注意的是,小礼品要和餐厅的形象、档次相协调,要能起到积极的推销、宣传效果。

（4）菜单。赠品所使用的菜单不同于餐厅中顾客使用的菜单。赠品用菜单可以做得精致小巧些。一些餐厅将菜单做成心形,有的将菜单对折在一起构成餐厅的外观和名称,打开后是赠品菜单,也有的餐厅将菜单做成折扇形。餐厅可以在这方面充分发挥想像力和创造力。菜单并无固定模式,只要顾客认为新奇、有趣,能吸引其注意力并乐意收藏,这就是好的赠品菜单。

六、其他优惠促销方式

1. 优惠券

优惠券是餐饮企业常用的促销方式之一。在举行特殊活动期间或新产品推广期间,餐厅事先通过一定方式将优惠券发到顾客手中,顾客持券消费时,可以得到一定的优惠。如麦当劳自制的年历上,每月都有一张优惠卡,凡在当月到麦当劳指定的餐厅消费都将享受到指定的优惠食品。当然,每种优惠都应把顾客限定在特定的范围之内。优惠券的种类很多,常见的有:

（1）普通优惠券。印刷在小宣传册或刊登在当地报刊上,顾客凭剪下来的优惠券即可享受到优惠。这种优惠券适合于一般青少年学生或普通工薪阶层。

（2）贵宾卡。这是餐饮企业对经常光顾餐厅的客人或有长期业务关系的单位赠送的折扣优惠卡,顾客凭这种贵宾卡将享受到卡上所规定的服务和折扣。贵宾卡一定要求限量发送,一方面使顾客确有贵宾的感觉,另一方面防止过多滥而影响企业的正常经营。

（3）特殊优惠卡。餐饮企业参加由某些企业或公司组织的在一定地区范围内可通行的优惠卡联销活动。此类公司一般向顾客收取较低的费用,此卡的有效时间一般为 3 个月或半年。顾客持卡在指定的地点消费,可享受一定的优惠折扣。餐饮企业参加此类促销活动时应特别注意特定的期限;其次应注意对组织此项活动的公司信誉的调查,防止此类公司借本企业之名,欺诈顾客。

(4)回赠券。顾客在餐饮企业消费后,企业送给顾客一定金额的回赠券,顾客下次消费时凭此券可享受减免收费。此类回赠券一般限制期限使用,但也可不限制,回赠券多用于自助餐。

2. 抽奖销售

抽奖销售通常是餐厅对消费额达到一定标准的就餐客人给予的抽奖机会,通过设立不同等级的奖励,刺激顾客的即时消费行为。抽奖可采用逐级增加奖品贵重程度,同时使抽奖度增加的方式。

3. 其他优惠。如为当天过生日的消费者,免费在当地报纸上刊登生日祝贺词,包括顾客姓名、出生年月等。

第三节 餐饮产品促销

产品促销是餐饮促销的核心。餐饮企业通过一定的方式将有特色的产品、优质的产品宣传介绍给客人。产品促销是餐饮企业创立特色、树立形象的有效手段。

一、展示厨房

展示厨房是通过现场操作,让顾客直接感受到货真价实的原材料、清洁卫生的烹调环境以及熟练的烹调技巧,使顾客对餐饮质量直接产生第一印象,而不需任何描述。从而使顾客增加对餐饮产品的需求。因此展示厨房是一些餐厅所采用的一种独特的形象化的促销方法。

1. 展示厨房的类型

展示厨房是把厨房的烹调过程部分或全部展示给客人,顾客也可以亲自挑选原料,选择厨师,当场烹调或亲自动手制作,增强顾客的参与性。

(1) 透明厨房。采用玻璃幕墙将厨房与餐厅隔开,使顾客在自己的座位上能观赏到厨房的整个操作过程。

(2) 敞开式厨房。将厨房的一部分或某个操作间的一面展示给顾客,让顾客在就餐、取菜过程中能看到厨房的操作情况。

(3) 电脑厨房。通过摄像、投影一体化的功能,将厨房操作与餐厅、尤其是餐厅KTV包间联为一体,客人可在KTV包间内通过电视屏幕观察到所点菜品的烹调过程。

2. 展示厨房的促销作用

通过有形展示来提高餐饮产品质量,意味着操作人员必须对任何微小细节都加以注意,而这些细节往往正是顾客最为关心的。因此,展示厨房能使顾客对餐饮产品的质量产生"优质"的感觉,促使顾客认同和购买企业的产品。展示厨房的具体促销作用如下:

(1) 增强菜品推销的权威性。展示厨房使厨师直接面对客人,参与推销,厨师在烹调方面的权威性,可以直接回答关于菜品的口味、烹调方法、功用、特点等方面的问题,更能吸引客人。

(2) 增加了菜品推销的透明度。展示厨房使客人看到了菜品制作的全部或部分过程,使客人在用餐上更为放心,尤其是当大厨、名厨在现场操作时,更能增加客人的受尊重感,刺激客人的消费。

(3) 增加了客人用餐的趣味性。现在人们的生活水平提高了,进餐馆不是单纯为填饱肚子,而更希望能在吃饭中享受一些乐趣。一个优秀厨师的一举一动都能给人以美感,让客人感受到烹饪的艺术性。如中餐厨师往往每投入一种物料都一敲,这富有节奏感的敲击,表达了厨师对烹调艺术浓烈的热爱。例如西餐中的火焰菜,在客人面前点燃火焰并烹制菜肴,起到了取悦客人、渲染气氛、创造乐趣的作用,并使客人对餐厅留下了深刻的印象。

(4) 使用餐过程富有刺激性。具体表现在:①厨师在客人面前烹调时,其操作动作具有表演性质,动作会在快捷、利落前提下有适度的夸张,使烹调动作富有刺激性和可观赏性。②顾客可亲自挑选原料,选择厨师,甚至可以亲自烹调,使用餐过程极富刺激性。

(5)有利于保障餐饮质量。厨师的工作过程完全暴露在客人面前，厨师必须认真做好每一个动作从而使烹调过程更加完善。避免出现一些不规范的动作和不良的工作习惯，从而促进厨师提高自身业务素质，有利于保障和提高餐饮产品质量。

(6)有利于提高客人对餐饮产品的感知度。众所周知，餐饮产品是生产、消费同时进行的产品，消费者在消费之前很难确实了解到产品的质量，因而产生购买疑虑，取消或延迟购买，通过产品制作过程的展示，可以提高产品感知度，帮助消费者直接了解产品的特色和质量，消除消费者购买时的疑虑，提高购买热情。

二、展示推销的形式

食品的展示是一种有效的推销形式。它利用视觉效应，激起顾客的购买欲望，吸引客人进入餐厅就餐，并且刺激客人追加点菜。

1. 原料展示推销

第一，陈列的原料要求是强调"鲜"、"活"，要使顾客信服本餐厅使用的原料都是新鲜、优质的。如一些餐厅在门口用水缸养一些鲜鱼活虾，任凭顾客挑选，厨师按顾客的要求加工烹调。由于顾客目睹原料的鲜活，容易对质量产生满意感。

第二，原料展示要注意视觉上的舒适性，否则适得其反。如有一家餐厅，水缸里的鱼身上伤痕累累，鱼鳍已断一半，身上多处露出红肉，但还没死，令人看见产生一种既可怜、又恶心的感觉，谁还敢点这条鱼!

2. 成品陈列推销

一些餐厅将烹调得十分美观的菜肴展示在陈列柜里，实物的展示往往胜于很多文字的描绘。顾客通过对产品的直接观察，很快便点了菜。甜点、色拉菜陈列在玻璃冷柜中，推销效果较好，餐厅中陈列一些名酒也会增加酒水的销售机会。但并不是所有的菜肴都可以做成成品陈列的。许多菜品烹调后经过放置会失去新鲜的颜色，对这类成品可用食腊制作成逼真的展示品，也能起到陈列推销作用。

3. 推车服务推销

许多餐厅服务员推着装有制作精细、颜色新鲜的各式菜肴、点心的小推车巡回于座位之间向客人推销。推车推销的菜品多半是价格不贵且放置后质量不易下降的冷菜、小菜、点心、糕点。推车服务既方便了客人，又增加了餐厅收入。其实，推车上的许多食品不一定是客人非买不可的菜品，它属于冲动性购买决策商品。客人若看不见这些菜品，不一定会有购买动机，但看见后便可能冲动性地产生购买行为。因而这种推销形式是增加餐厅额外收入的有效措施。

4. 现场烹调展示推销

在客人面前表演烹调技艺，会使客人产生兴趣，引起客人想品尝的心理。现场烹调能减少食品烹调后的放置时间，使客人当场品尝，味道更加鲜美。现场烹调还能利用食品烹调过程中散发出的香味和声音来刺激客人的食欲。一些餐厅还让客人选择配料，按客人的意愿进行现场烹调，这样能够满足客人不同口味的需要。

进行现场烹调推销时，要注意选择食品原料外观新鲜漂亮的菜品，烹调时无难闻气味，多用于烹调速度快而且简单的菜品。另外烹调的器具一定要清洁光亮。

5. 盛装器皿和菜品摆布的推销

菜品的摆布与装饰要简单，切不可繁杂。既要突出造形视觉美，又要注意卫生和食品质量。如两吃龙虾，即刺身和椒盐。刺身就是将龙虾肉切片生吃，其他部分油炸后撒上椒盐吃。可用精致小木船装摆，船上摆放着龙虾，四周用绿叶点缀。头、尾撒掉后，露出满满一碟龙虾肉，肉下是一盘冰块，显得虾肉鲜嫩透亮，这样的摆布既显量大，又能起到低温保鲜的作用，令人食欲大增。

三、美食节促销

美食节是一些有一定实力的餐饮企业为推销本企业的菜品而采取的具有一定规模的系列促销活动，也可以说美食节是企业精美食品的展示会。美食节不同于其他营销手段，它可给餐饮经营者提供一个全面展示自己实力的机会。首先，美食节是对企业经营菜系的整体推销，有助于企业改进现有菜品质量，发展拳头产品和"拿手菜"。其次，有利于扩大餐饮企业的声誉和影响，使企业树立良好的社会形象。顾客可通过美食节了解企业，认识企业。企业可以由此争取新客户，巩固老主顾，获取竞争优势。美食节采取与社会公众直接见面的方式，将精品美食直接介绍给顾客。所以美食节的策划需要一个细致、周密的过程，它包括市场、目的、主题及形式等多个环节。

1. 美食节的活动策划

美食节的活动策划一般包括两个部分，一是策划餐饮活动的方式，如自助式、宴会式还是散座式；二是确定娱乐活动的方式，要求其与美食节的内容相一致。

(1) 场地策划。美食节的活动大部分是在店内举办，但有时候根据餐饮企业自身的条件可在门前的草坪上举行，也可借用周边的游泳池、喷泉、花园或广场来举办。场地选择要本着有利于营造氛围和扩大销售额的目的。

(2) 活动内容的策划与创意。活动内容应能吸引顾客慕名而来，所以要具有独特性，能给顾客留下深刻的印象，最好能策划有顾客参与的新闻活动，使活动能引起当地报刊、电台等新闻媒体的关注和参与。

① 活动内容应根据顾客的类型来确定。如美食节是面向素质较高的知识阶层，活动就应具有文化内涵；如面向商务客人，就要突出现代商业气息；如面向工薪阶层，活动应贴近生活，增加大众化的内容。

② 活动内容应以美食节主题为依据。一般饮食都包含着较浓厚的民族或地方文化，美食节的活动应根据菜品内容体现出其深层的民族和地方特色。如墨西哥美食节，其活动中有配戴大草帽的"墨西哥牛仔"的表演等，使整个美食节始终处于异国情调的氛围中。

③ 活动的规模效应。活动规模一般要根据场地及推出美食的内容来确定，尤其是美食节的开幕式和闭幕式应具有轰动效应，场面要宏大。

(3) 活动过程。美食节活动持续多长时间，每天的活动内容，各个环节的安排，什么时候举办，由谁联系，谁主持，各个活动由谁负责，尤其是顾客参与活动的方式等细节都必须提前计划，安排妥当，避免由于细节疏忽而影响美食节的整体效果。尤其是美食节活动的整体计划必须根据企业的预算来进行。

2. 美食节的宣传策划

美食节的宣传活动旨在让人们了解该餐饮企业的经营内容，树立一种良好的企业形象，并提高美食节的营销功能。美食节的宣传可根据其进行的不同时期采取不同的宣传手段。

美食节筹备期间的宣传活动，主要是通过新闻媒体向大众宣传企业的形象。采用这种宣传方式应注意选择媒体形式、宣传的时机、步骤以及宣传的内容。宣传活动要体现出餐饮企业形象的个性特征及文化底蕴。宣传的重点应落在企业的总体实力、信誉及经营风格上。具体而言就是介绍菜品的生产能力，拥有的高级厨师，优良的厨房设备，上乘的服务，以及菜品质量、风味，服务风格，经营特点，经营观念等。

美食节期间的宣传应与营造氛围结合起来，主要是在店外悬挂条幅，印刷并散发宣传册，宣传的内容一般有活动的日程、活动中提供的菜品及服务、活动中的赠品等。同时借助新闻媒体扩大宣传。

为提高美食节的知名度，还应邀请业内的专家、社会名流参与企业的宣传演讲活动。他们的参与不仅可以为美食节活动作理论上的后盾，增强企业的可信度，还可以提高美食节的层次。如药膳美食节，可邀请著名的营养学专家或名中医来增加美食节的知名度。

美食节期间，还应采用小册子对菜品进行介绍。小册子是面向顾客的，要求制作精美。菜品的原料、特点、价格、甚至是营养成分都应成为宣传介绍的内容，有些菜品应配有彩色图片，同时，小册子介绍的内容应符合日常经营内容。

美食节期间为了活跃气氛，还可以邀请时装表演队、文艺表演队等娱乐界人士来助兴。

美食节后，应对活动成果进行总结，并通过媒体进行介绍宣传，以供业内人士或教育界借鉴，从而提高企业知名度。

3. 菜品设计

首先，确定美食节的菜品系列，必须在企业原有菜品的风味特色与目标市场顾客群体的口味需求之间找到一个完美的切合点，作为决策的依据与前提。否则，很难想像一家以川菜闻名的餐馆竟然会以淮扬菜系中的特色菜与传统苏州糕点为主题来筹办一次美食节。如果没有找准这个切合点,即便是菜品地道、手法精巧、品味高雅、声势浩大,也无法达到预期的经营效果,更无从谈及发挥企业固有的经营风格与文化品味、企业文化输出所带来的宏观效应以及随之产生的企业无形资产的增值。

筹办美食节的餐饮企业必须在地区范围内具有较高的声望,否则在美食节的策划与经营期间都会遇到许多不利因素,从而影响预期效益的实现。从另一方面讲,美食节的创办必须基于一定的文化品味之上,从本质上讲是地区性餐饮文化的交流和资源共享,小规模的餐饮企业并不具备这样的文化层次与经营意向,显然就不具有创办美食节的价值与意义。

颇具规模、实力雄厚的餐饮企业必然会有其独特的经营风格,由此而来的市场导向必然会吸引一个相对固定的顾客群体。美食节菜品风格特色的确定必须基于其传统品味并有所拓展,在吸引原有目标市场的同时努力扩大其市场覆盖面,将流行趋势与社会的热点在菜品中得以最完美的体现与结合。例如一家川味餐厅在推出各式传统川式小吃的同时,适当推出各流派、各种风味的小吃品种,在分析当地消费主体经济收入状况以及追求口味的喜好等各种因素的基础上,有选择地将金陵秦淮河小吃、上海城隍庙小吃、广州粤式小吃等诸流派的精品样式以集粹的形式呈现给食客,并在现场配备专业营养师和讲解员,提供简易家庭烹制方法的讲解,以满足和提供多层次消费者的心理需求和物质享受,对于日趋流行的"餐饮美容"、"营养均衡膳食"以及各产业兴起的"绿色革命"等时代发展潮流给予积极的响应,以提高企业的文化品位和服务档次,弘扬并更为深入地发展企业文化。

其次,中国的小吃历史悠久,花样繁多,具有鲜明的民族性、地方性和文化性。许多品种不仅形状玲珑,色调美观,风味独特,而且体现着悠久的民间传说、历史掌故和生动有趣的名人轶事。开发这些以历史掌故与民间传说为依托的精品小吃会使美食节的文化色彩更为突出,文化形象更丰满。粽子的历史掌故早已妇孺皆知,而早点小吃炸油条(浙江人称"油炸桧儿")的民间传说却并不一定家喻户晓。又如太后饼、东坡饼、小凤饼、娥姐粉果等小吃,听其名就会给人以遐想,美食美意,情趣盎然。还有一些宫庭小吃,如豌豆黄、芸豆卷、马蹄烧饼、小窝头等,都具有脍炙人口的历史掌故。

发掘民间传说、趣闻、轶事的目的,是使美食节的文化交流功能得到更全面的体现。一方面使美食本身的文化特征得以呈现与强化,另一方面,更为重要的是使企业的经营理念与营销思想通过这一附属功能的开发得到品质上的提升与发展,使企业的文化起点更高,人文气息更浓,对于树立企业形象和长期经营发展更有利。

第三,美食节菜品质量策划是菜品系列策划的重要环节,它包括菜品营养和原料选用,菜品色、香、味、型、器的配比,以及菜品成本控制和利润核算。

美食节的菜品质量控制体现在它所倡导的一种新型的餐饮营养价值取向及其物质载体的标准与规格上。每一种特色饮食的展示,都必然会融入企业所在地的人们对食品口味与餐饮形式的特殊喜好与追求,因此在确定菜品系列时必须达到既能尽可能多地保留其原有风味特色,又能使当地消费者乐于接受。两者之间的平衡,是菜品在配料与口味确定中最难以把握的一项内容。

菜品的器皿是展示其地域性、民族性的有利工具,它的巧妙利用能有效地弥补口味风格上由于区域特色不足而带来的不利影响,更为全面地展示了菜品的文化品位。

菜品的成本控制与利润核算是涉及多个部门的工作项目,它既涉及到厨房对原料的利用率与菜品的制作方法,又必须考虑到菜品被消费者认可及接纳的程度,和由此体现出的销售状况,因此,具体到传统小吃这一领域中,应当先作充分的市场调研和产品质量测试,然后综合多项指标慎重作出判断。

在菜品质量控制的基础上,企业策划美食节的经营决策者应根据企业自身的经营特点,推出一定数量的创新菜点,使创新菜点与风味菜点在数量上构成一定的结构比例,使之成为美食节的热点。

美食节这一崭新的促销形式有其巨大的潜力与广阔的市场,所以,关于美食节菜品系列的确定还有许多问题与课题有待进一步研究与思考。

4. 美食节的菜单设计与促销

美食节多以自助形式为主,也有零点与宴会的形式。自助形式的美食节可充分向客人展示美食节中绝大多数菜品,这样可使客人对美食节有一个较全面的了解。同时企业可通过现场加工某些具有表演性的菜肴,增加观赏性,还可展示本企业厨师高超的技艺,增强对客人的吸引力。自助形式美食节的菜单最好附于企业宣传小册子内,作为其中最精彩的部分,而不必独立成册。因为自助形式,客人并不需像零点那样点菜,而可以在轻松愉快的环境中充分随意地浏览品尝各种菜品(应在展示台上标出各菜肴名称),客人可以通过小册子,一边对本企业有一个总体的了解,一边通过文字介绍了解菜肴的各种掌故、特色等。由于这个小册子可由客人带走作扩大宣传之用,因此菜单应制作精美,菜单内应附有部分彩色插图及特色创新菜肴的介绍及实照等,以起到使客人加深印象及扩大营销的作用。

若美食节以零点形式出现,菜单设计应考虑到如下几个问题:

(1)由于此类菜单多为一次性或临时性,所以菜单设计应考虑成本,既要美观又要经济实用。同时因菜单也属纪念品,因此应注意印制的数量和展示力。

(2)应考虑到菜品的数量。由于菜品数量涉及到企业成本控制,厨师、服务人员及其他各项准备的安排,因此应仔细斟酌;既不可太多,又不可过少,否则不是造成经济损失,便是影响美食节的气氛。

(3)应考虑菜品排序问题。可依照菜品价格、菜系及普通、特色、创新菜品的顺序排列。但无论如何都应将利润最大或最受欢迎的菜品排在同类之首。

(4)价格方面应有所变化。部分为大众所熟知的菜肴应适当降低价格;特色及创新菜肴因其不具备比较性,可适当提高价格,以增加利润,突出新品;其他菜肴应维持原有水平。

(5)应注重对菜品的描述。因其是零点方式,不能从总体上了解美食节,因此作为他们了解菜品的惟一渠道的菜单,应较详细地对菜品作出介绍,特别应突出创新菜及特色菜,以达到宣传、推广的目的,同时也是对本企业的一种宣传。

宴会形式的菜单除应考虑到以上5点外，还应对套菜菜单给以重点设计。套菜菜品，除需注意菜品间色、香、味、形、器及普通、创新、特色菜肴的搭配外，还应注意菜品的营养价值，以及突出美食节的主题。此类菜单不必对菜品作过多的描述，而可以在进餐上菜过程中由服务人员娓娓道来其中的一些特点、历史掌故等，这样可烘托宴会气氛，同时还可展示本企业服务员的风采及口才，从而达到推销的目的。

总之，美食节主要展示精品美食，因此菜单便成为美食节中的"重头戏"。由于菜单的流动性，直接影响到企业的自身形象，因此在设计上更应慎重。只有这样，才能使菜单在美食节中真正发挥其应有的功能，达到预期的促销效果。

四、地方特色菜、季节食品原料推销

餐饮企业根据所在地的资源，一方面通过不断挖掘、创新地方名菜品，使之成为吸引客源、增加销售额的根本之道。另一方面利用地方有特色的季节性强的资源进行促销，如上海、江苏一带的餐饮企业利用每年的秋季开展以"大闸蟹"为原料的促销活动。

五、餐饮文化"秀"

近几年来，消费者的需求已日渐由当初的"填饱肚子"转至追求一种餐饮环境和餐饮文化的享受，一些"头脑灵活"的商家纷纷瞄准这一商机，营造特色餐饮环境。从目前很多推出怪招、特招的酒楼茶肆生意红火现状看，餐饮业适当"作秀"是今后餐饮业发展的趋势。消费大众追求的是一种能体会中国传统文化、民族风情的环境，这种弘扬健康文化的行为迎合了顾客的需求。今后，商家应从中挖掘出健康的、更深层次的饮食文化。

第四节　餐饮人员推销

人员推销是餐厅员工通过面对面地向客户提供信息,引导客户购买本餐厅产品和服务的过程。

一、全员推销

传统的看法认为,进行餐饮推销工作的人员只是餐饮(宴会)销售部人员的事。其实,这种看法是十分狭隘的。在餐饮经营活动中,真正参加餐饮产品和服务推销工作的人员不仅仅有专职餐饮销售人员,还包括餐厅其他工作岗位的全体人员,如餐饮服务员、厨师等。因为在客人购买和使用餐饮产品和服务时,餐厅服务人员与客人接触的机会最多,这就意味着他们推销餐饮产品的机会也就最多。

我们可以将餐厅中进行产品推销的人员分为4个层次:

1. 第一层次是餐饮专职推销人员。如销售部经理、销售人员、餐饮销售代表等。

2. 第二层次是餐饮业余推销人员。如餐饮部经理、宴会部经理、餐饮服务人员等。

(1)服务人员。鼓励登门的顾客最大限度地消费,这重担主要落在服务员身上。服务员除了提供优质服务外,还要引导客人进行消费。其中,服务人员对顾客所作的口头建议式推销是最有效的。如有些口头建议就具有良好的效果,如"我们自制的索特恩白葡萄酒味道很好,刚好配你们订的鲽鱼片"。而有些建议不起作用,如"你不想要瓶酒来佐餐吗?"可见,服务人员的推销语言对推销效果起着至关重要的作用,要培训所有服务人员(尤其订菜人员)掌握语言的技巧,用建议式的语言来推销自己的产品和服务。

建议式的推销要注意几个关键问题:

①尽量使用选择性问句,而不用简单的让客人回答"要"和"不要"

的一般疑问句。

②建议式推销要多用描述性语言，以引起客人的兴趣和食欲。"一份冰淇淋"远没有"一份新鲜加里福尼亚桃子做的冰淇淋"来得有诱惑力。

③使用建议式推销要掌握好时机，同时根据客人的用餐顺序和习惯推销，才会收到更好的效果。

(2) 餐厅经理。不要轻视经理的一张名片。经理不管在什么地方，特别在社交场合，对遇见的每个人，尤其是接待员和秘书都要非常礼貌，面带微笑，但不过分地一边向潜在顾客作自我介绍，一边递上名片，就会让客人产生自己被尊重的感觉。这样，潜在顾客就能清楚地知道你的名字和你所属的餐厅，在下次选择餐厅就餐时，就会想到你这餐厅，并有利于刺激消费。

3. 第三层次是餐饮业务推销者，如厨师长、厨师等。利用厨师的名气来进行宣传推销，也会吸引来一批客人。对重要客人，厨师可以亲自端送自己的特色菜肴，并对原料及烹调过程做简短介绍，会收到良好的宣传效果。

4. 第四层次的餐饮推销员——顾客。"顾客是餐厅的上帝"。餐厅赢得顾客的一句赞美之词，胜过餐厅做任何的广告推销，其在潜在顾客中的影响更大。因为潜在的客人更加相信顾客的话。

富源餐馆董事会主席唐·托马斯曾在《餐馆业》杂志上刊登的一篇文章中写到："如果你对顾客的抱怨听之任之，不加改正，那么你将会发现，你们餐馆的客人会一天一天地减少。"可见，在推销过程中，客人的抱怨是不容忽视的。所以对抱怨的客人应及时给予一个补救机会，即提供免费服务或折扣优惠等方法，纠正顾客对本产品和服务的偏见，使他们再度光临，并乐于向别人推荐你的餐馆。

二、人员推销的条件

任何餐厅工作人员只要面临推销机会，都应该积极推销餐饮产品和服务，这就是所谓的全员销售。

1. 人员推销的优点

人员推销与其他推销形式相比较,有以下几点好处:

(1)推销员能给顾客留下好印象;

(2)可以直接接触顾客;

(3)有机会把产品和服务卖给愿意购买的顾客;

(4)有机会发现、纠正顾客对本产品和服务的偏见,并采取措施改善其印象;

(5)可以随时回答顾客的提问;

(6)可以更为直接地了解到顾客的不满,以便于企业改进服务。

(7)最为重要的是,可从顾客那里得到明确的许诺和预订。

2. 推销人员应具备的基本素质

作为餐厅员工,在推销产品之前,事实上是首先在推销自己,即推销自己的形象。因此,作为一个优秀的员工应具备多种素质,其中最基本的有 3 点:

(1)熟悉本餐厅的餐饮产品和服务;

(2)了解餐饮市场顾客的需求;

(3)良好的自我形象。

3. 销售人员应牢记下面几方面的内容:

(1)要注意礼貌和谈话内容。销售人员与客人交流时谈话要礼貌、自然,注意给客人说话机会,如果对客人说话漫不经心,废话连篇,提一些与推销目的无关的事或交流时抽烟、嚼口香糖、说话速度过快等,这些都会影响销售成功。

(2)要注意掌握推销技巧。推销员讲话太多,不按推销计划进行推销活动,与客人争吵,不能回答客人的提问,说竞争对手的坏话,说不出产品和服务的优点,没有要求或建议客人预订,给客人的许诺过多,卖弄小聪明,当客人持反对意见时,露出不快之色等都是成功推销的大忌。

(3)推销人员要注意仪容仪表。如果销售人员衣衫不整洁,牙齿不白,手指甲因抽烟过多而蜡黄,不耐烦的叹气,眼睛东张西望,说话口齿不清、有气无力、语无伦次,举止粗鲁,站、坐、走等都表现出懒散习气,这些都会使客人望而生畏,从而影响销售效果。

三、餐饮服务中的推销技巧

1. 用餐时建议点菜

初到餐厅的顾客对本餐厅的菜肴不熟悉,有些顾客在点菜时往往会犹豫不定,或会受到邻桌、展示台、操作台上菜肴的影响。这种情况下,服务员及时给客人提供帮助、建议,就会显得格外珍贵和必要,会使客人感到你是在真诚地帮助他,而不是在推销你的菜。

点菜建议一般在客人点菜时提出。服务员通过对菜单中菜肴的描述来提高顾客的兴趣,引导其增加点菜。这种建议应该是自然的,并使双方都满意,而没有任何强迫性。

2. 根据宾客的来源、生活习惯、信仰或就餐目的推荐菜肴、饮品

欧美宾客一般喜欢吃肉类、禽类等菜肴;信仰伊斯兰教的宾客在饮食上禁忌较多,可以多介绍牛、羊肉类的菜肴、炒饭和不带酒精的饮料。

3. 结合膳食加强酒类饮品的推销

当客人在西餐厅点了海鲜类菜肴时,可以不失时机地介绍一两种白葡萄酒供其选择,客人点了甜品后,可征求客人意见是否要白兰地或其他利口酒类。中餐厅可以针对宾客的不同,相应地提供一些品种的酒,可推荐餐厅所经营的各种名牌白酒和饮料,并介绍各种酒的特点。

4. 主动询问

宾客在进餐过程中,服务员要根据宾客用餐情况主动询问,增加一些推销机会。当客人的菜已经吃完,但酒水还有许多时,及时提出添加几样菜,如宾客同意则尽快递上餐桌。当宾客在西餐厅用餐时,主菜过后要向宾客递上甜点单。主动询问,一方面使宾客感到受尊重,另一方面也为餐厅的经营带来了效益。

5. 通过现场演示吸引宾客

许多餐厅每天都有特制菜(厨师菜)现场演示,一般由名厨师来餐厅制作菜肴,宾客对厨师高超的技艺、丰富多彩的菜肴以及具有独特风味的色、香、味、形可以一目了然,会被深深地吸引而激起购买欲望。

6. 适当向客人推荐其他服务项目

在服务过程中,服务员经常会遇到用餐宾客问及有关服务设施等

方面的情况,可以因势利导,向宾客介绍餐厅的其他活动,如正举办大型演出活动、时装展示会或餐饮部门正在推出某种美食展卖活动等。

推销建议还有另一层意思,即建议顾客点菜单中价格高的食品和饮料。当客人事先没声明其量的大小时,都应从"大"的开始建议。如果菜单上的某道菜已销完,应得体地解释原因,并建议客人点其他类似的菜肴或者价格略高一些的菜肴,推荐零点菜要比套菜好。

一个好的服务员,应能使用恰当的形容词来描述食品的色、香、味以及外形构造、所含营养成份等。

四、推销工作的注意事项

餐厅的推销工作要在使宾客满意的前提下完成,这样才能使餐厅经营得更好,经济效益更理想。为达到这样的目的,在努力做好推销工作的同时,应对以下两点给予充分的注意:

(1)宾客向服务员了解菜肴的情况时,服务员只可合理建议而决不可以强行推销价格高的菜品,对宴请的主人也不允许利用主人爱面子的心理推销其并不喜欢的高档菜肴。现代人的消费越来越讲究经济性,服务员在提出建议时应以顾客的需要为前提。强迫推销的做法有损餐厅形象,是违背职业道德的,会对餐厅产生极为不良的影响。

(2)在为宾客服务时,要注意使用恰当的服务语言,既有礼貌,又有针对性。如当宾客问及什么样的菜肴味道好时,应针对宾客的身份、国籍相应地提出同种菜肴,而不能漫无边际地回答"这里做的菜都不错",这样的回答,等于没有回答,达不到应有的效果。在为宾客提供建议时也要讲得客气和具体些,最重要的是要介绍出菜的特色等。

第五节 餐饮经营的公关活动

公共关系是促销的一个重要部分。它虽然不能像人员推销那样直接地为餐厅创造销售机会,但它确实能影响公众在餐厅的购买行为和购买决策,为餐厅长期的销售活动铺平道路,并有利于其他各种营销活动的顺利进行。

一、公关对象

餐厅公共关系就是餐厅与公众之间发生的所有交流活动。公众可分成餐厅内部公众与外部公众。具体地说,公众包括:

(1)餐厅现在和潜在的客人;
(2)餐厅内部所有员工;
(3)金融机构(如银行、保险公司等);
(4)宣传机构(广告机构、电台、报社等);
(5)餐厅投资团体及股东;
(6)销售渠道成员;
(7)其他社会团体,如企业、公司、学校、文娱团体等。

二、公关作用

随着餐厅的不断扩大和发展,其接触的公众越来越广泛,所涉及的交流活动越来越复杂。公共关系活动也就越来越受到餐厅管理人员的重视。这是因为:

(1)公关活动能提高餐厅在公众中的知名度;
(2)有利于建立餐厅信誉和树立良好餐厅形象;
(3)有利于增强餐厅的竞争能力;
(4)有利于评估新的市场;
(5)为餐厅销售创造条件;
(6)能加强餐厅广告宣传、人员推销等促销活动的有效性;
(7)能激励餐厅员工的工作热情,促进员工充分发挥为餐厅争光的积极性;
(8)能对新产品进行宣传介绍;
(9)能培养餐厅客人对餐厅的忠诚感;
(10)能及时为客人解决问题,克服客人对餐厅的各种抱怨。

三、餐饮公关活动方案

从公共关系角度来看,餐厅必须与所有公众建立良好的关系。餐厅公关活动的形式灵活多样,对不同的公众要采取不同的公关活动。

1. 对员工的公关

(1)对员工的成绩、兴趣、爱好等加以承认和发扬。如举办餐厅员工月活动奖,开展各种有意义的活动。

(2)提供各种与餐厅内部公关有关的特殊刺激和激励奖。如对成绩优异的员工给予奖金、奖品和岗位提升等奖励。

(3)对员工的个性、兴趣、自尊心等方面的重视,以体现出餐厅对员工的关心。

(4)关心员工的家庭生活和解决他们日常生活中所碰到的问题,如对新婚员工、员工新生婴儿等贺喜,对生病的员工进行探望等。

(5)经常与员工进行各种交流活动,沟通信息,以便使员工了解餐厅的经营现状,同时,也便于餐厅管理人员了解员工的实际情况。

2. 对客人的公关活动

客人是公关活动的主要对象。餐厅与其客人关系的好坏直接影响着餐厅各种营销活动的开展。常采用的公关活动有:

(1)向到过餐厅用餐的客人邮寄有关餐厅的新闻信或宣传资料。

(2)建立客史档案,主动为客人提供生日服务活动的计划等。

(3)参与或举办各种能引起客人兴趣的公共活动。

(4)抓住各种可以进行公关活动的机会,不失时机地与客人建立良好关系。

(5)为客人解决一些问题,克服客人对餐厅的种种抱怨。例如,如偶然发生事故,餐厅应认真负责、积极妥善地为就餐者排忧解难,清查事故,并给予一定补偿,确保不再发生同样事件,以减少对餐厅的不利影响。

3. 与宣传媒介有关的公关活动

餐厅利用一些机会,举办公关活动,与报社、杂志、电视、广播等宣传媒介建立良好的关系。

(1) 公关机会。

① 餐厅开业典礼和周年纪念日；

② 与重要人物的会谈；

③ 员工得到公众的赞扬和得到社会的奖励；

④ 客人的庆祝活动；

⑤ 餐厅对当地慈善机构的贡献；

⑥ 店内发生的重大事件或有意义的活动；

⑦ 举办大型会议和宴会；

⑧ 各种新产品的开发活动以及新的组织机构的成立和新的管理方式的采用；

⑨ 餐厅所获得的证书或奖励等。

(2) 公关活动。

① 提供可靠的有关餐厅的新闻报道；

② 给编辑写信；

③ 召开记者招待会；

④ 提供餐厅宣传照片等。

4. 网络促销

时下电子商务的发展，产生了网络促销的新手法。21世纪迈入高科技及 internet 的时代，电子商务活动扩展到消费者的生活环境，餐饮业的经营及行销也都运用网络，各公司也陆续推出网页，除介绍各项餐饮产品外，也对企业经营理念、企业形象、产品品牌做一系列完整的介绍，使消费者对公司多一层认识，同时，可以在网页上与顾客做双向沟通，开展各项营销活动。网络已成为经营行销中最重要的渠道之一。

基于网络、电子商务的蓬勃发展，餐饮企业可以通过消费者消费时留下的建议卡或 VIP 卡资料，迅速分析消费者行为、来客数、消费形式、市场定位、忠诚客户等状况。透过顾客数据库档案可以与消费者建立一套完整有效的沟通渠道，除在顾客重要节日，例如生日、结婚纪念日、父亲节、母亲节等进行节日促销外，亦可以做忠诚顾客的服务设计，对忠诚顾客作进一步的个别化服务。由于信息的发展与进步，累积的顾客信息越多，将能更有效地掌握消费者趋势并与消费者进行更好的沟通，同时可以配合季节性的促销活动，对贵宾予以折价促销，直接利用数据库寄送相关促销DM，提醒消费者上门。数据库行销将成为未来重要的促销方式。

总之，无论对哪一类公众进行公关活动，都必定能为餐厅带来好处，或者能激励员工的士气和工作积极性，或者能为餐厅创造良好的市场形象，有利于餐厅其他营销活动和推销活动的顺利进行，为企业带来更大的经济效益。

思考题
1. 餐饮促销的目标是什么？
2. 餐饮价格的优惠促销包括哪些方式？
3. 展示厨房、展示推销、美食节促销的作用是什么？
4. 如何进行人员推销？
5. 餐饮公关活动的作用是什么？

第十二章 餐饮成本控制

学习目的

通过本章的学习,应掌握餐饮成本的概念、成本结构特征以及从餐饮原料、营业费用、人工费用等方面进行有效成本控制的方法。

主要内容

- 餐饮成本概述

  成本概念　餐饮成本和费用结构　餐饮成本和费用结构的特点

- 餐饮成本核算与成本控制

  食品成本日报表　月食品成本的核算及成本月报表　饮料的成本核算　餐饮成本分析与控制

- 饮料成本控制

  消耗量控制　营业收入差异控制　标准成本控制法

- 人工成本控制

  建立高效的人工成本控制系统　提高工作效率　控制非薪金形式的人工成本支出

教学指导

本章要通过讨论探讨如何利用报表进行经营控制,并找出各环节成本控制的关键点。

第一节 餐饮成本概述

一、成本概念

餐饮成本有狭义和广义之分,狭义的成本仅指餐饮产品的成本,即指餐饮企业在生产餐饮产品时所占用和耗费的资金。广义的餐饮成本指餐饮企业在经营餐饮业务时的各项消耗,既包括生产餐饮产品时所占用和耗费的资金,如食品饮料原料消耗、餐饮生产人员的工资和福利费用等,也包括经营餐饮业务的其他消耗,即营业费用和管理费用等,如折旧费、大修理费、燃料费用、水电费、办公费、差旅费、推销广告费、洗涤费、一次性客用品(如餐巾纸)等费用。在进行成本管理时一般指广义的成本概念,在提及产品成本时一般指狭义的成本概念。

成本按其与业务量的关系即成本性态分类,可分为固定成本和变动成本。从成本管理角度分类,又可分为可控制成本和不可控制成本、标准成本和实际成本、优势成本和劣势成本。

1. 固定成本和变动成本

固定成本(Fixed Costs)是指在一定的业务范围内,其总量不随产量或销售量的增减而相应变动的成本。也就是说,即使产量为零时也必须支出的费用。例如餐厅的折旧费、大修理费、企业管理费等。但固定成本也并不是绝对的不随生产量的变化而变化,当生产量增加到超出现有生产能力、需要增加新设备时,某些固定成本会随产量的增加而变化。

变动成本(Variable Costs)是指总量随产量或销售量的变化而按比例增减的成本,如食品饮料原料、洗涤费、一次性客用品(如餐巾纸)等费用。这类产品随产量增加、变动成本总额增加时,其单位产品的变动成本(平均相对成本)保持相对不变。

准变动成本是随生产量或销售量的增减而增减的成本,但它的增减量不完全是按比例变化。例如燃料费用、水电费,人工费等。准变动成本可分成两部分,一部分是随产量变化而相对不变的固定成本,如领取固定工资的正式职工,另一部分是随产量变化而成正比例变化的变动成本,如餐厅在营业量较大时雇佣临时工的费用。

固定成本和变动成本的习性见图 12-1。

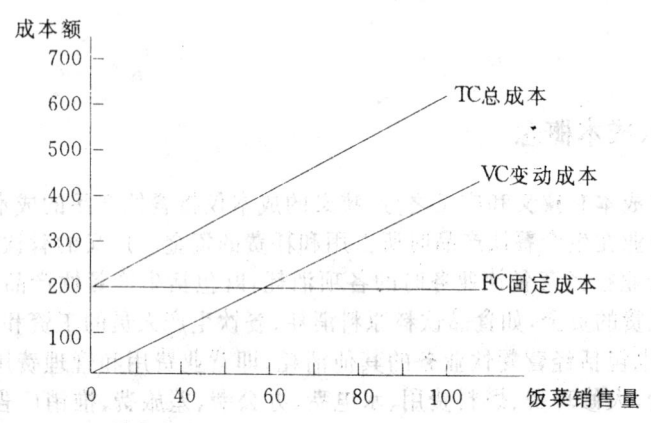

(a)固定成本总额随销售量的变化而保持不变,
变动成本总额随销售量的变化而成正比变化。

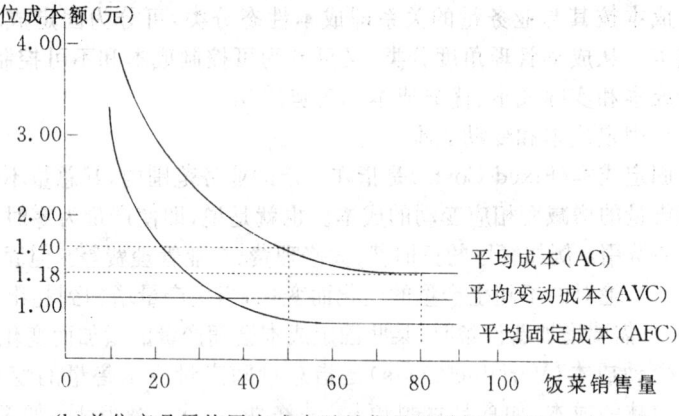

(b)单位产品平均固定成本随销售量的增加而下降,
单位产品平均变动成本随销售量的增加而保持不变。

图 12-1　固定成本和变动成本的习性

2. 可控成本和不可控成本

可控成本(Controllable Costs)是指在短期内管理人员能够改变或控制数额的成本。对餐饮管理人员来说，变动成本如食品饮料的原料成本等，一般为可控成本。管理人员若变换每份菜的份额，或在原料的采购、验收、贮存、生产等环节加强控制，则食品饮料的原料成本数额会发生变化。大多数准变动成本也可以控制。某些固定成本也属可控成本，例如办公费、差旅费、推销广告费等。

不可控成本(Uncontrollable Costs)是管理人员在短期内无法改变的成本，例如折旧、大修理费、利息以及在大多数企业中正式职工的固定工资费用等。

划分可控和不可控成本有利于管理者确定计划成本控制的方法和环节，从而采取最有效的方法来提高企业经营业绩。

3. 标准成本和实际成本

标准成本(Standard Costs)是指在正常和高效率经营情况下，餐饮生产和服务应占用的成本指标。为了有效地控制成本，餐饮企业通常要确定单位标准成本，例如每份菜的标准成本、分摊到每位客人的平均标准成本、标准成本率、标准成本总额等。

实际成本(Actual Costs)是餐饮经营过程中实际消耗的成本。标准成本和实际成本之间的差额称为成本差异。实际成本超过标准成本的差额为逆差，反之为顺差。

标准成本具有以下作用：

(1)用于控制实际成本。

标准成本可用于控制实际成本消耗，将实际消耗的成本与标准成本相比较，能评估管理人员控制成本的好坏，顺差表示经营成绩优于计划，逆差表示成本控制有问题。这种差额的计算对分析和控制成本是很重要的。

(2)用于决策。

标准成本是餐饮成本计划和经营预算的基础。每份菜的标准成本也是其定价的依据。同时，标准成本的计算也有助于选择企业经营的菜品和开发新服务项目的决策等。

标准成本的实用价值取决于所制订的标准符合实际的程度。建立成本标准最常用的方法,是从企业以往的实际成本中抽取平均值或者平均百分比率作为标准成本额或标准成本率,或者依据同行业先进企业的实际成本水平制定。标准成本制度还应显示其先进性,应在经营效率高的前提下总结出实际成本数据,它要比一般实际成本有节约的成份。

4. 优势成本和劣势成本

优势成本是直接生产成本,因为它能够提高企业能力,提高服务质量,从而增加企业收入。维持生产第一线和办公经费的成本多数是优势成本,另外如员工培训、产品开发和市场开拓开支等也属于优势成本。这些成本与增加企业效益之间的关系是非常密切的,也是显而易见的。

劣势成本是由过多的臃肿的管理机构和官僚主义繁琐的行政管理程序,以及不必要的、费时的操作和人为的浪费所造成的费用。

在采取任何节约成本的行动之前,必须将优势成本和劣势成本清楚地区分开来,然后再决定增减。成本控制主要是降低劣势成本。因此,首先必须搞清楚劣势成本及其根源;其次,应该采取行动取消或至少减少劣势成本。即使总成本水平需要降低,优势成本也应增加,以使企业能保持其竞争优势。

在管理上,将成本分为固定成本与变动成本,有助于餐饮经营者做好餐饮成本的预算,价格决策,进而作出利润预测。将成本分为标准成本和实际成本,有利于对成本进行事前、事中和事后控制,不断向优秀企业看齐。将成本分为优势成本和劣势成本,便于企业从战略经营的角度,对组织结构、管理制度、管理作风等进行改革创新。

二、餐饮成本和费用结构

1. 餐饮原料标准成本

在餐饮业中,通常需要确定每份菜品的标准成本,每份饮料的标准成本,以此来进行成本控制。在确定这两种成本时,都要考虑到食品的加工切配折损率、烧煮切割折损率以及饮料配制时的流失量等。另外,在原料进价发生变化时,要及时调整标准成本。

由于餐饮原料成本是变动成本,与销售量的大小成比例变化,故这部分成本控制使用标准成本率来计算会更加科学。常用的标准成本率有每份菜的标准成本率和食品、饮料的综合标准成本率。目前,餐饮业的食品成本率一般为 30%～50%,个别企业因经营的项目不同会有所差异。

标准成本总额是用于与实际成本额作比较进行成本控制的有用数据,它是将实际销售额乘以标准成本率而得。

2. 标准直接人工费

确定标准人工费用的基础是规定标准的劳动定额和标准的职工配备数。标准直接人工费的计算是将直接人工时数乘以每小时人工费用而得。直接人工费用不仅包括工资,而且还包括福利费用,如房屋补贴、伙食补贴、带工资休假费用、交通补贴、工作餐和工作服等。人工费用一般占营业收入的 7%～8% 以上,一些高档餐饮企业可能会达到营业收入的 16%,整个营业费用的 49%。

例:

标准直接人工费用的计算

餐饮部职工标准配备数	120 名
平均每人每月工作时数	25.5×8×90%＝183.6(小时)
每月总工时数	183.6×120＝22032(小时)
每月职工工资	￥23979
福利及其他相关费用	￥5787
工作餐与工作服费用	￥2345＋￥6630＝￥8975
每人工时标准费用	￥38741÷22032＝￥1.75

3. 其他营业费用

(1) 店面租金。

租金与目标营业额的比率以 12% 为最高限,即以租金乘以 10 倍,若金额超出目标营业额许多,就表示房租成本过高。

(2) 水电燃料费。

水电燃料费随季节有所不同,但以平均占营业费用的 5% 为上限。

(3) 消耗品费用。

餐纸、湿巾、餐具、酒具、包装袋、餐盒等餐饮服务所需用品,以及餐具损坏补充等消耗品,其总支出不得超过营业费用的5%。

(4)杂费。

消防费、广告费、保险费、报纸杂志、录音带、唱片、盆栽、清洁服务费等,总计不得高于营业费用的8%。

(5)借贷利息。

无论是投入设备的借贷,还是房屋租金的借贷,其本金所产生的借贷利息也列入成本中。所以要合理利用借贷,控制贷款数额,减轻利息压力。

(6)设备与装潢的折旧费。

一般占营业费用的5%左右。

三、餐饮成本和费用结构的特点

1. 变动成本比例大

餐饮部门的成本费用中,除食品和饮料的成本以外,在营业费用中还有物料消耗等一部分变动成本。这些成本和费用在营业费用中占的比例大,并随销售数量的增加而成正比例增加。这个特点意味着餐饮价格折扣的幅度不能太大。

2. 可控制的成本比例大

除营业费用中的折旧、大修理、维修费等是餐饮管理人员不可控制的费用外,其他大部分费用以及食品饮料原料成本都是餐饮管理人员能控制的费用。这些成本和费用的多少直接与管理人员对成本控制的好坏相关,并且这些成本和费用占营业收入的很大比例。这个特点说明餐饮成本和费用的控制十分重要。

3. 成本泄漏点多

餐饮成本和费用的大小受经营管理的影响很大。在菜单的计划、食品和饮料的成本控制、餐饮的推销和销售控制以及成本核算的过程中涉及许多环节:菜单计划——采购——验收——贮存——发料——加工切配和烹调——餐饮服务——餐饮推销——销售控制——成本核算。

菜单计划和菜单的定价决定菜品的成本率,也影响顾客对菜品的选择。对食品和饮料的采购、验收控制不严，或采购的价格过高、数量过多造成浪费，或采购的原料不能如数入库，采购的原料质量不好等都会引起成本提高。贮存和发料控制不佳，会引起原料变质或被偷盗、丢失和私自取用。对加工和烹调控制不严，不仅会影响食品的质量，还会提高食品饮料的折损和流失量，对加工和烹调的数量计划不好也会造成浪费。餐饮服务不仅影响顾客的满意度，也关系到顾客对高价菜的挑选，从而影响成本率。餐饮推销搞得好不好不仅影响收入，也影响成本率，例如加强宴会和饮料的推销会降低成本率。销售控制不严，售出的食品和饮料得不到收入也会使成本比例增大。最后，企业若不加强对成本的核算和分析，就会放松对各个环节的成本控制。总之，成本控制的每一环节都可能产生成本漏洞。其原因主要是工作效率低和不负责任，从而造成原料的丢失和浪费。

餐饮成本和费用控制的总体责任是由餐饮经理承担，每个管理人员对成本控制都有各自的责任。同时，企业还应设一个食品饮料成本控制员，可以隶属于财务部门或餐饮部门。餐饮成本控制员不仅负责餐饮成本的核算，还负责监督各环节成本的控制。

第二节 餐饮成本核算与成本控制

餐饮成本的控制大体上有 3 个环节，即采购控制、库存控制和日常经营控制。采购控制在成本控制中是至关重要的环节，采购成本的高低直接影响经营成本的高低，如果采购成本太高，则其他环节上的成本控制所发挥的作用就非常有限。鉴于此，采购控制及相关的库存控制在专门章节中已有讲述。本节主要讲述餐饮成本的日常控制。

餐饮成本日常控制的前提是餐饮成本的核算，加强食品和饮料的成本核算，能及时帮助管理人员掌握食品和饮料的成本消耗额，核实仓库存货额，杜绝食品饮料成本的泄漏点。成本核算是控制食品饮料成本、提高经济效益的必要手段。餐饮成本核算的会计资料主要有餐饮成本日报表和餐饮成本月报表。

一、食品成本日报表

如果餐饮部门编制食品成本日报表，那么核算成本就非常容易了。食品的日成本主要由直接采购原料成本和库房发料成本两部分组成。直接采购的原料购进后直接发送厨房，因其在购进时就算作成本，因而有必要算出每日直接采购原料的总额。这个数据可从验收日报表的直接采购原料总额中获得。采购后送入库房的原料是在发料时才记入成本。成本控制员要每日计算原料的发料金额。由于所有发出的原料都必须凭领料单，所领原料都必须列在领料单上，所以将各领料单总额相加就能得出每日发料总额。许多企业的食品和饮料的成本额有转移和调整，例如在食品成本中要减去填在食品饮料调整单上、转到饮料成本中的桔子、柠檬、花生等成本，并加上厨房调味等用的饮料成本。此外，职工用餐、招待用餐、食品饮料质量试验用料、员工关系消耗、赠客水果等成本都应该减去。

食品日成本计算方法如下：

```
  直拨原料采购额           （取自验收日报表）
＋库房发料成本额           （汇总领料单数据）
＋转食品的饮料成本额       （汇总调拨单数据）
－转饮料的食品成本额       （汇总调拨单数据）
－职工用餐成本额           （转经营费用及企业管理费）
－招待用餐成本额           （转经营费用及企业管理费）
－其他杂项扣除额           （转经营费用及企业管理费）
  净食品日成本额
```

计算出食品日成本后，还要从会计记录中获取日销售数据，这样可以计算成本对销售额的比率——成本率。

日成本额的计算并不是十分精确的，这是因为有的原料也许隔日采购，当日从库房里发出的原料也不会每日都正好用完，有些原料在使用以前就领出来，例如盐及其他调料，也许一周领一次，有些大块肉领来可用几天。上述情况都会造成日成本额的计算偏离真实的消耗情况。

为了减少由于人为原因使成本额的计算出现高低波动的状况，有必要统计成本的累积值数据,即从本月1日到当日的累积值,因为,某日多领料或多购了原料,当日积存较多,次日就不必要多领或多购,累积日子越长,数据的精确度就越高。

为了更好地搞好控制和管理,有必要将食品成本日报表和销售日报表合并一起,编制成餐饮营业日报表。许多企业将饮料的成本和销售情况也列在一起。

餐饮营业日报表的内容包括:
(1)整个企业成本耗用情况;
(2)各餐厅成本耗用情况;
(3)成本调整情况;
(4)各餐厅就餐客人数、营业额和平均消费额。

这张营业日报表能反映前一个工作日整个企业和各餐厅的销售情况与成本控制情况。如果销售或成本控制不理想,可及时找出销售不佳和成本泄漏的责任部门。

二、月食品成本的核算及成本月报表

1. 月食品成本的计算

计算月食品成本与计算日成本的一个不同之点是,月食品成本要根据库存的实际盘点额来核算,而日成本额的核算对存货额一般不作计算。有些企业只计算库房的库存额而厨房的库存额忽略不计。厨房的库存额往往数额很大,若忽略不计,成本额计算仍会有较大出入,故许多企业也计算厨房的库存额。这样整个企业总体的月食品成本的计算公式如下:

   月初库房库存额　　　　　(上月末实际库存额)
  + 月初厨房库存额　　　　　(上月末实际库存额)
  + 本月库房采购额　　　　　(验收单数据汇总)
  + 本月直拨采购额　　　　　(验收单数据汇总)
  − 月末库房库存额　　　　　(月末实际盘点库存额)
  − 月末厨房库存额　　　　　(月末实际盘点库存额)
  ± 成本调整额

```
            －各项扣除额
            月净额成本
```
为了将成本控制差异的责任落实到各个部门,各个厨房的成本也要分别核算,各厨房月成本的计算公式如下:

```
  月初厨房库存额        （上月末实际库存额）
＋月库房领料额          （本月厨房向库房领料单汇总额）
＋本月直拨采购额        （本月向厨房直拨原料采购额）
－月末厨房库存额        （本月末厨房实际盘点库存额）
±成本调整额
－各项扣除额
  各厨房月成本净额
```

2. 成本调整额

成本调整额包括:

(1)各厨房向酒库和酒吧领用的用于烹饪调味用的酒水。这些成本额应分别加在各厨房的成本额中,并且分别在酒库和酒吧的成本中减去。

(2)各酒吧向食品库和各厨房领取的调酒用配料和配酒小吃。这些成本额必须加在各酒吧的成本额中,并从食品库房和各厨房的成本中减去。

(3)各厨房相互调拨原料的成本额。具有多个餐厅和厨房的餐饮企业,从甲厨房调拨到乙厨房的成品、半成品和原料的成本额必须从甲厨房的成本额中减去,在乙厨房的成本额中加上。

为了较精细地计算各厨房的成本和整个企业的总成本,这些调整额都应分别在库房、厨房、酒吧的成本额中加以调整。

3. 各项扣除额

各项扣除额包括不应计算在对客人销售的餐饮产品成本中的各项成本。各企业每天会发生不同的杂项成本支出。主要的项目有:

(1)赠客的水果、饮品。

这项开支可以计入推销费用中,其目的是为了改善对客关系,以增加客源。

(2)招待用餐成本。

管理人员为了使经营正常开展，需要招待业务上的各方人士。这笔开支可分别计入各部门的营业费用或企业管理费用中。

(3) 职工用餐成本。

在整个企业的原材料总消耗中包括职工用餐使用的原材料，需要从餐饮营业成本中减去。有的企业有单独的职工食堂，职工食堂的成本根据食堂从库房领取的原料和直接采购的原料以及其他餐厅转入食堂的原料成本汇总。有的企业无单独的职工食堂，按每一职工用餐的标准成本额从营业成本中扣除。这笔开支应该分别计入各部门的营业费用或企业管理费用中。

(4) 其他杂项扣除。

有的企业以成本价向职工出售原料，其收入应从原料成本中扣除。有的企业对食品、饮品和厨师技术进行试验等，这些开支都应从餐饮成本中扣去，计入营业费用中。

4. 食品成本月报表的内容

食品成本月报表应反映企业一个月消耗食品原料的总额，显示食品成本的调整额和各项扣除额，列出一个月食品成本的净额。在月报表上要列出食品月营业收入总额，算出实际成本率。

$$食品实际成本率 = \frac{食品实际成本净额}{食品销售额} \times 100\%$$

在食品成本月报表上列出标准净成本率，可使管理人员清楚地了解本月成本控制的效果。为了方便管理人员查看和分析，提供的信息要尽量简洁。许多企业将食品成本月报表与饮料成本月报表列在一张表上。食品成本月报表的内容见表 12-1。

按上例月报表的数据计算，××饭店 1991 年 6 月份的食品成本净额为：

¥326317.04
+153561.41
+212820.30
+174126.06
−271655.40

$$
\begin{aligned}
&-181104.50\\
&+12549.57\\
&-4270.03\\
&-9290.33\\
&-21430.67\\
&-84158.34\\
&\underline{-8807.16}\\
&¥298657.95
\end{aligned}
$$

表 12-1 ××饭店餐饮成本月报表

1991 年　　6 月　　　　制表日期 1991.7.4　　（单位：元）

项目	食品	饮料
月初库房库存额	326317.04	254637.15
月初厨房/酒吧库存额	153561.41	86244.86
本月库房采购额	212820.30	147018.29
本月直拨采购额	174126.06	
月末库房库存额	271655.40	257536.72
月末厨房/酒吧库存额	181104.50	123764.73
本月食品饮料总消耗	414064.91	106598.85
转食品的饮料成本	12549.57	12549.57
转饮料的食品成本	4270.03	4270.03
客房赠客水果	9290.33	
赠客饮料		10719.92
招待用餐/饮品	21430.67	3058.88
职工工作餐	84158.34	3288.81
净食品/饮料成本额	298657.95	77004.80
食品饮料净营业收入	755759.95	289818.59
标准成本率	35%	25%
实际成本率	39.52%	26.57%

该饭店食品销售额为 755759.95 元，所以，月食品实际成本率为：

$$\frac{298657.95 \text{元}}{755759.95 \text{元}} \times 100\% = 39.52\%$$

饭店的标准成本率为 35%。实际成本率比标准成本率大 4.52%，说明该饭店在成本控制方面还存在许多问题,有待进一步研究分析。

三、饮料的成本核算

1. 饮料的日成本核算与成本日报表

每日饮料成本的核算是根据每日发料额来计算。为了便于控制和检查,许多餐饮企业要求餐厅和酒吧对每一种酒水和饮料的贮存有规定的数量,即建立标准贮存量制度。标准贮存量制度能有效地防止饮料的短缺。每日向各餐厅发放饮料的数量要使每日营业开始时其贮存量就达到标准量。

许多酒水饮料价格很贵,为更有效地随时发现饮料的短缺,有些企业实行保留空瓶制度。对零杯销售和混合销售的饮料要求保留空瓶,使这些酒水瓶子总保持在标准数量。整瓶销售的饮料往往由服务员将整瓶送到桌上,有时难以保证100%地回收空瓶,因此就要求服务员填写整瓶销售单。在领料时,各餐厅和酒吧不仅需填写领料单而且还要附上空瓶和整瓶销售单。那么,每日饮料额就是各餐厅和酒吧各种饮料的空瓶数或整瓶销售数乘以每种饮料单价的总和。

一些企业不推行凭空瓶领料制度,而是通过由各餐厅和酒吧清点库存量来算出领料量。

$$领料量 = 各种饮料标准贮存量 - 库存量$$

如果采取标准贮存量制度,则每日的领料额实际就是上日的饮料消耗额:

$$上日饮料消耗额 = \Sigma 本日各种饮料发料瓶数 \times 每瓶成本单价$$

若不采取标准贮存量制度,则当日的发料额即为当日饮料的消耗总额。不管是否采取标准贮存量制度,在饮料消耗总额上还要加减成本调整额和各项扣除额才是日饮料成本净额。

     本日饮料发料额
     ＋转饮料的食品成本
     －转食品的饮料成本
     －赠客饮料成本
     －招待用饮料成本

$$-\text{其他扣除成本额}\\\text{日饮料成本净额}$$

由于每日的饮料成本核算没有将酒吧或餐厅库存的没售完的半瓶酒考虑进去,因而不十分精确。在日饮料成本表中,列出逐日累积的成本额,精确度就较大(见表 12-2)

表 12-2 某饭店饮料成本日报表

项目	当日		当月累积	
	成本(元)	%	成本(元)	%
饮料发料总额	4660.18		132361.24	
加转饮料的食品成本	120.30		3999.32	
减转食品的饮料成本	153.20		3115.62	
减其他杂项扣除	933.49		22732.24	
宴会	591.70	30.04	18571.80	31.40
青松厅	170.20	30.04	4162.70	29.70
西餐厅	707.59	24.20	24689.60	24.70
酒吧	1163.13	20.10	32789.90	21.00
客房小酒吧	1059.17	25.30	30298.70	24.60
净额成本合计	<u>3693.79</u>	23.94	<u>110512.70</u>	24.23
饮料营业收入				
宴会	1969.70		59145.86	
青松厅	559.87		14015.82	
西餐厅	2923.93		99957.90	
酒吧	5786.20		156142.38	
客房小酒吧	4186.44		123165.45	
营业收入合计	<u>15426.14</u>		<u>452427.41</u>	

日期:10月31日 星期:四 气候:晴

2. 月饮料成本的核算与月报表

对月饮料成本的核算,需要进行库存盘点。一般来说,需要对库房的饮料以及餐厅和酒吧结存的饮料都进行盘点。而有的管理人员却认为,如果在餐厅和酒吧实行标准贮存量制度,则餐厅和酒吧的贮存量在月末和月初不会有很大差别,可不必考虑在内。在库房盘点时,要清点各种酒水和饮料的瓶及罐的数量,再乘以各种饮料的单价,就能汇总得出库房的饮料库存额。在餐厅和酒吧清点时,除了要清点整瓶的数量,还要对各类酒水的不满整瓶的量作估计,或称量算出估计量,再核算出金额。月成本额是通过对期初库存额、本月采购额和期末库存额的汇总,算出本月的消耗总额,再加减调整额和各项扣除额,得出饮料净成本额。

月初库房库存额	￥15000(取自上月末库存额数据)
－月初餐厅/酒吧库存额	￥12000(取自上月末库存额数据)
＋本月采购额	￥19000(汇总验收单数据)
－月末库房库存额	￥9000(本月末库房实际盘存额)
－月末餐厅/酒吧库存额	￥14000(本月末餐厅/酒吧实际盘存额)
本月饮料消耗总额	￥23000
本月饮料消耗总额	￥23000
＋转饮料的食品成本	￥2000
－转食品的饮料成本	￥1500
－其他扣除额	￥3000
本月饮料成本净额	￥20500

月饮料成本报表要反映每个月饮料的消耗情况和饮料的营业收入,由此算出饮料的月成本率。月成本率与标准成本率进行比较,便能清楚地反映出一个月饮料成本控制的效果。饮料成本月报表应尽量简洁,很多企业将其与食品成本月报表列在一起,方便管理人员使用。

四、餐饮成本分析与控制

在餐饮业中,成本核算是成本控制的基础,为进一步寻找成本控制中的漏洞,制定成本控制的措施,有必要进行成本分析。成本差异分析是通常采用的方法,即将实际成本与标准成本和去年同期的数据进行对比分析。分析表上列出标准成本率和去年同期成本率。去年同期成本率采用去年的实际发生的成本率。

1. 标准成本率的确定

以餐厅的目标经营利润为前提,订出综合标准成本率指标:

综合标准成本率＝1－经营利润率－经营费用率－营业税率

有的企业要求分摊一定比例的企业管理费,则经营利润指标要减去管理费,则在上述公式中还要减去企业管理费用率。有些企业给餐厅下达毛利率指标,则综合标准成本率指标为:

$$综合标准成本率 = 1 - 毛利率指标$$

2. 成本差异的计算

餐饮企业进行的成本差异分析主要是对实际成本与标准成本的差额进行分析。

$$成本差异 = 实际成本 - 实际销售额 \times 标准成本率$$

3. 成本差异的责任

在计算成本差异额后,要分析确定产生这些差异的部门,这样可将成本差异的责任追查到部门及其负责人,以便找出原因和采取有力措施来加强泄漏点的控制。

(1) 库房的库存短缺。

引起成本差异的第一个环节是库房库存的短缺。库房库存的短缺不完全由于库房管理不善,它还涉及到原料的采购、验收、贮存和发料等环节。

(2) 厨房成本控制差异。

各厨房在库存管理和食品生产的计划和控制中,也会引起成本差异。另外,各餐厅实际销售的百分比与标准销售百分比有差别也会引起成本差异。

这种成本差异分析能使管理人员清楚地了解各部门对成本差异所应承担责任的大小,将各部门的实际成本控制、标准成本率和去年同期的成本率相比,从差距中找出造成成本差异的关键部门和关键环节。

4. 产生成本差异的原因

在餐饮管理的各个环节上,管理不严都会引起成本差异。下面对各个环节上引起成本差异的主要原因作一分析。

(1) 对库房库存短缺原因的分析。

引起库房库存短缺的环节是采购、验收和库存保管。

采购、验收人员对购进物资的质量控制不严,以次品充正品,会使库存原料损坏率增加；对原料数量控制不严，会使库房原料短缺率增加；在验收处已办好验收入库手续的原料未及时送到库房而被偷盗，也会使库房原料消耗量增加。

　　库房保管员对贮存条件控制不好，对库存物资的安排和循环使用管理不严，会使原料损坏率增加；对发料控制不严，对未持有领料单的人发料或未严格按领料单上的数量发料，使实际发料量超过领料单汇总的数额，也会使库房库存产生差异；同时库房管理不严造成库存物资被偷盗或被职工私用，都会使库存原料短少。

　　(2)对厨房成本差异原因的分析。

　　引起厨房成本差异的环节很多，必须从各个环节上加以严格控制。

　　①直拨厨房的采购和领料控制。直拨厨房或从库房领来的原料，如果在数量上控制不严，比如拨入厨房50公斤原料，实际只有45公斤，则每公斤原料的实际成本就会增加。如果对领入厨房的原料在质量或档次上控制不严，会使加工生产过程中的折损率增加，生产过程中实际需要使用的原料数量也会增加。领入厨房的原料成本单价提高，会使餐厅成本额提高。

　　②厨房库存管理。厨房库存最难管理，往往因无专人管理和不上锁，最易被"顺手牵羊"。直拨采购的物资易坏性大，如管理不善，使用不及时，损坏率会增加，会使原料损耗量人为地提高。

　　③生产管理。由于生产计划不周，预测不准，造成生产数量过剩是引起原料浪费的一个重要原因。在生产过程中，对加工切配折损率控制不严，原料综合利用不够，会使耗用原料的数量增加。烹调过程中没按标准烹调法生产或烹调技术不高，菜品质量不合格，会使顾客退菜率增加，这样也会使成本率提高。

　　(3)销售管理差异。主要表现在3个方面：

　　①销售结构差异。如果餐厅对高价菜、饮料推销不力，毛利低的菜比例过高，会使餐厅或宴会的成本率提高。同样，在总销售额相同的情况下，成本率低的餐厅或宴会的销售比例减少，使整个企业综合成本率提高。

　　②客源差异。尽管营业成本是变动成本，但不完全是有规则的成正

比例变化。一般餐厅营业收入减少会使成本率提高。影响营业收入高低有两大因素：客人数和平均消费额。衡量吸引客源效果的好坏可采用座位周转率来表示。

③人均消费额差异。人均消费额影响营业收入和餐饮的毛利。人均消费额低会导致成本率提高。

④餐饮推销和销售控制。搞好餐饮推销和销售控制是增加销售额、提高毛利、降低成本的重要因素。

(4)职工用餐成本控制差异。

职工用餐对食品和饮料的耗用量很大，如果对用餐成本控制不好，会使食品和饮料的总消耗量增加，并使职工用餐费用增加。

对职工用餐成本的控制，必须确定平均每位职工每天的标准用餐成本，然后核算实际成本，加以对照控制。

如果企业没有单独的职工用餐食堂，职工用餐究竟花费了多少成本，有时难以区分。有的企业按职工每天每人的标准成本从客人用餐成本中扣除。这样，如果对职工用餐不加以严格的成本控制，实际成本的超额部分就会进入客人的用餐成本之中，是构成餐饮部客人餐饮成本加大的一个重要因素。

(5)其他扣除项目成本的控制。

耗用餐饮原料还有许多其他项目。例如，管理人员接待与本单位有业务关系的各机关部门的重要人物；对重要客户的宴请；为营业推销而举办的各种赠客活动(如向客人赠送生日蛋糕、欢迎饮料等)；另外，还有食品饮料的质量检验、厨师烹调技术考核等等的消耗。如果对这些活动的成本控制不严或统计不细，会引起餐饮成本的加大，为此必须采取措施加强管理。

①各种接待用餐和食品饮料的赠送要认真作好记录。要记清成本额的正确数据，注明这些成本应归哪个部门，属哪项费用开支，作何用途。这种记录本身就是一种控制，使企业中的任何人不能为亲朋好友混水摸鱼，耗用餐饮成本，使每项费用合理化。若不作记录，笼统地归在餐饮成本之中，就会引起这部分成本的失控。

②严格规定审批管理人员有权审批接待用餐和食品饮料的赠送。

未经批准,绝不允许私自接待和赠送。每个部门、每项用途的费用要规定一定的预算额,使接待用餐和赠客等餐饮成本能有效地得到控制。

③成本效益评估。这些招待和推销活动必须有利于企业的营业开展,扩大企业的影响,并对这些活动的效益要进行评估。大多数活动并不一定带来直接的经济效益,要评估其长远的影响和经济效益。有些推销性的对客户的接待和赠客活动会产生较直接的经济效益,可以采用下式进行评估:

$$\frac{推销后增加的营业收入-增加的成本和费用}{推销用餐饮成本}$$

上式可评估开展推销活动所涉及的每 1 元费用所带来的纯经济效益。当然这个公式对那些无形的长远的推销效应是难以评估的。

第三节 饮料成本控制

饮料的成本控制与食品的成本控制有不同之处,饮料不需要复杂的加工切配过程,但饮料是易携带性成品,故饮料容易丢失,因而饮料控制需要特殊的控制方法。

一、消耗量控制

对饮料成本控制中一个十分重要的手段就是要控制消耗量。消耗量控制的方法是对照销售数量来控制库存量。控制消耗量的步骤是:①统计销售数量,计算出饮料的标准消耗瓶数。②盘点库存数量,计算饮料的实际消耗量。③将标准消耗量与实际消耗量进行比较,达到对实际消耗量的控制。

1. 整瓶销售的饮料

整瓶销售的饮料比较容易控制,采用标准贮存量的餐厅和酒吧,要求对销售的整瓶饮料填写整瓶销售单,这样,可经常控制各种酒水数量。

整瓶销售数＋其他用料数＋结存数＝标准贮存数

2. 零杯和混合销售的饮料

酒吧中大多数烈性酒进行零杯销售或配制成鸡尾酒等进行混合销售。零杯销售和混合销售的份数要折合成整瓶数进行消耗量控制。零杯销售控制首先要求根据销售量具的标准单位来核算。常用的标准用量单位为盎司(Oz)、标准量杯(1.5盎司)等。

$$1\text{ 盎司的液体单位} = 30ml$$
$$1\text{ 量杯的液体单位} = 45ml$$

一瓶750ml容量的酒,如果以1盎司为单位销售,就可以销售25杯。如果以量杯为单位只能销售16~17杯。所以,零杯销售要考虑每杯的容量以及销售杯数。零杯和混合销售折合的整瓶数可用以下公式计算:

$$\text{折合整瓶数} = \frac{\text{每杯容量} \times \text{销售杯数}}{\text{每瓶容量} - \text{每瓶允许流失量}}$$

为控制消耗量,要规定标准的允许流失量。有的企业规定一瓶酒允许流失1盎司,有的规定允许流失3~4%。

例如:某酒吧哥顿金酒销售数量记录如下:

酒名	哥顿金酒	每瓶容量	32盎司	
饮料名	每杯容量	销售杯数	总量	
马天尼	2盎司	97	194盎司	允许流失量为每瓶1盎司
1#零杯金酒	1.5盎司	124	186盎司	
2#零杯金酒	1.75盎司	88	154盎司	
总计			534盎司	

$$\text{折合整瓶数} = \frac{2 \times 97 + 1.5 \times 124 + 1.75 \times 88}{32 - 1} = 17.2 \text{瓶}$$

采用标准贮存量的单位,要求核实销售及其他耗用的杯数所折合的整瓶数是否与空瓶数相等,空瓶数及其他用料数与结存数之和是否与标准贮存数相等。不采用标准贮存量,耗用饮料折合的整瓶数应等于期初库存数＋领料数－期末结存数。每日营业结束时,有必要对餐厅和酒吧中各种酒水的消耗数和饮料的销售份数作好记录(见表 12-3)。

表 12-3 ××酒吧酒水消耗核实表

货号	酒名	每瓶容量	上日结存瓶数	本日领取瓶数	本日结存瓶数	本日实际消耗瓶数	销售杯数	每杯用量(盎司)	总用量(盎司)	标准消耗指数
301	黑麦威士忌	32盎司	7.5	3	6.25	4.25	87	1.5	130.5	4.20
303	波本威士忌	32盎司	9.5	6	10.25	5.25	80	2	160	5.16
401	朗姆	32盎司	6.0	6	7.5	4.5	139	1	139	4.5

二、营业收入差异控制

不管用什么方法计算潜在销售额,都能控制酒水的消耗和成本,而且还能控制饮料的销售和实际收入。比较潜在销售额和实际营业收入便得出营业收入差异率。

营业收入差异率=(潜在销售额－实际营业收入)/潜在销售额 ×100%

管理人员应该规定标准的营业收入差异率。有的企业规定为1%,有的为3%。若差异率过大,要查明原因。产生营业收入差异最主要的原因有如下几种:

1. 调酒师可能出现的偷窃行为

由于在某些酒吧中,调酒师既负责调酒,又负责收款,因管理不善而出现调酒师的行为出轨而使营业收入损失。

(1)卖酒而不做收款记录,将款额藏匿拿走;

(2)多收钱,将余额藏匿拿走;

(3)少找钱,余款归己;

(4)出售自己所带饮品,使酒吧损失经营收入;

(5)带入空酒瓶换瓶酒,谎称酒已出售;

(6)少倒酒,溢出部分卖出后款额归己;

(7)卖酒不做记录,空瓶兑水;

(8)以次充好,将其差额拿走;
(9)整瓶偷酒;
(10)将零卖的酒作为整瓶出售,将其差额款拿走;
(11)将饮品免费赠送亲友;
(12)将售出的酒谎报为不小心碰洒掉了,贪污款额;
(13)与服务员合伙贪污。

2.酒吧招待员可能出现的偷窃行为

一般来说,酒吧招待员在酒吧中提供酒品服务及负责为客人结账,也可能出现行为不轨而从收付客人款项中偷窃,导致企业营业收入损失。

(1)将账单丢掉,收款后归己;
(2)重复使用账单;
(3)多收款,少找钱;
(4)故意将总账算错,对客人收实款,对银台少报款;
(5)顾客付款后改变项目和价格,对银台少报款。

3.收银员可能出现的偷窃行为。

(1)将账单藏匿不记账,截留款额;
(2)以微小的差错保持账目平衡。

三、标准成本控制法

标准成本控制法在每月成本核算和控制时使用最多。常用的办法是对饮料库房和酒吧、餐厅的存货——进行盘点,核算出饮料消耗的净成本。然后根据实际营业收入和标准成本率算出标准成本额。

标准成本率的确定,最常用的是根据标准配方的饮料售价和标准成本,确定标准成本率和各种饮料的销售额百分比,一次性算出饮料综合标准成本率(见表12-4)。

表 12-4　饮料标准成本率测试表

饮料名称	每份标准成本	每份售价	成本率	销售份数	标准成本	总额营业收入	销售比例
干马天尼	￥3.50	￥12.00	29.2%	134	￥469	￥1608	31.5%
草蜢	￥2.80	￥12.00	23.3%	51	￥142.8	￥612	12.0%
得其利	￥3.00	￥12.00	25%	89	￥267	￥1068	20.9%
青竹	￥2.20	￥10.00	22%	78	￥171.6	￥780	15.3%
池畔	￥2.30	￥10.00	23%	103	￥236.9	￥1030	20.2%
总计					￥1287.3	￥5098	

综合标准成本率:25.2%

第四节　人工成本控制

餐饮业是一种以手工操作为主的劳动集密型产业,人工成本一般占到餐厅营业收入的 30~40%(包括支付给职工的薪金及非薪金形式的人工成本,如职工用餐、服装和培训成本等)。随着社会的发展,工资水平不断上升,人工成本在餐饮成本中所占的比重将呈上升的趋势,人工成本对餐饮经营收益的影响会越来越大。

一、建立高效的人工成本控制系统

人工成本控制是在保证服务质量的基础上,对劳动力进行计划、协调和控制,使之得到最大限度的利用,从而避免劳力的过剩或不足,有效地控制人工成本支出。人工成本控制系统的内容包括:制定操作标准,制定各项劳力安排指南,预测营业量,并据以安排劳动力。

1. 影响员工配备和岗位设置的因素

人员的合理配置包括两层含义:一是指满足餐饮经营活动所需要的所有餐厅工作人员(包括管理人员)的配备,也就是人员的定额;二是指员工的分工定岗,即餐厅各岗位的选择、安置合适的人选。餐饮企业人员的定员定岗是否恰当,不仅直接影响到劳动力成本的开支、职工队伍的士气高低,而且对餐饮生产效率、服务质量以及餐饮经营管理的成败都有着不可忽视的影响。

不同规模、不同档次、不同规格的餐厅,其员工配备的数量自然各不相同。即使同一地区、同一规模、同一档次的餐饮企业,配备的员工数量也不尽相同。影响员工配备的因素是多方面的,餐饮经营者只有综合考虑以下因素,再进行职工的定额,才是全面可行的。

(1)餐厅的布局。

餐厅、厨房的结构是否紧凑,布局是否合理,是影响餐厅工作人员效率的一大因素。如果布局不科学,餐饮服务区与厨房生产区的距离过大,使服务员行走路程过长,体力消耗过大,就会增加人员需求。在厨房内,冷藏柜、保温柜和其他主要设备安装位置是否合理,用具是否放置在厨师容易够到的地方,直接影响其工作的效率,所以,减少厨师行走距离,保持体力,节省时间,保证生产流程顺畅,对提高工作效率、节约用工有着显著的效果。

(2)食品原料的成品、半成品化。

厨房原料加工准备和食品制作烹调所需的时间或工作量多少是影响人工成本的一大因素。如果餐厅供应的食品菜肴的所有原料都由厨房进行粗加工,如宰杀、切割、洗涤等,那就必然会导致较高的人工成本。如果厨房使用的方便食品或成品、半成品食物越多,就越能降低人工成本费用。例如已经拣洗的蔬菜,已经加工切割的肉类,已经分装好的调料等,就可以减少粗加工的职工人数从而降低人工成本。随着科学技术的发展,社会服务体系的完善,各类配送中心的建立,厨房中将会使用越来越多的半成品或成品原料。

(3)菜单的品种。

菜单品种丰富,规格齐全,菜品加工制作复杂,加工产品标准要求较高,无疑要加大工作量,配备较多的生产人员。因此,餐饮经营者应适当减少或控制菜式品种数量,把那些劳力成本太高的菜品从菜单中删除。所以,控制菜单的品种是减少职工人数的一大要素。

(4)员工的技术水准。

员工的技术全面,操作熟悉程度高,工作效率就高,工作人员就可少配。员工多为新手,或不熟悉餐厅的服务标准,或员工之间缺乏默契配合,工作效率低,不仅员工的需要量大,生产服务的差错率也是较高的。员工的工作态度和工作技能影响员工的工作质量,而这又会影响客人的满意程度,员工的工作能力也影响工作表现标准的制定。

(5)客流量和生产规模。

由于餐饮企业产品的生产和销售几乎是同时进行的,产品的生产数量与当时客流量的大小直接相关。又由于餐饮产品和人工贮存的生命期短,因而餐饮企业的人员配备要与不同时段的销售数量相称。餐饮企业在配备职工人数和安排班次时必须预计不同时段的客流量。在人员配备一定的情况下,企业的客流量越大,职工的劳动生产率也越高,直到餐厅的设备和职工的劳动力达到最大接待能力。例如,汉堡包快餐店在营业高峰时间每个职工每小时能准备和销售 100 份汉堡包,而在清淡时间只能生产和销售 10 份汉堡包。因而餐饮企业要找出企业客流规律,分出清淡和高峰时段,根据清淡和高峰时段不同的客流数量合理地安排职工人数,这样能减少人工的需要量和提高劳动生产率。

大型餐厅往往能够利用规模经济的优越性。生产规模大需要对职工进行专业化分工,将各人分配于最有能力完成任务的岗位上,这样能够提高工作效率。在小企业中厨师也许要兼任洗碗和擦洗厨房的工作,或兼任其他并不擅长的工作。如果另设一个洗碗工,不仅能提高劳动效率,而且可减少人工费用。

2.制订各项人工安排指南

人工成本控制的基础是保证服务质量,餐饮经营者必须制订出体现服务质量要求的操作标准,并依此制订出各项劳力的安排指南。

首先,餐饮经营者应懂得固定劳力和可变劳力这两个不同的概念。固定劳力是指不管业务量大小企业经营所必需的最低劳务数量。而在此水平上附加的劳力则为可变劳力,可变劳力随着业务量的大小而浮动,即当餐厅生产更多的菜品、接待更多的客人时,将需要更多的服务工作人员和生产人员。下面就涉及固定劳力和可变劳力费用的人员设置来讨论劳力安排指南的制订。

(1)涉及固定费用的职工设置。

涉及固定费用的职工的需要量与营业量的关系很少。在营业量增加和减少时，这类职工的需要量大体保持不变。在餐饮企业中，这类职工有餐厅经理、会计、主厨师长、收银员、维修工等，这类员工的工资占餐厅人工成本支出的相当一部分。餐饮企业应有固定的劳力标准，并尽可能地控制在关键的岗位上。固定员工的人数与劳力控制计划和人工开支的大小密切相关，所以对固定劳力的要求决定最低人力安排水平。

（2）涉及变动成本的职工设置。

涉及变动成本的职工数量的配备与销售量有密切的联系。餐厅服务员和厨房生产人员均属于这种类型的职工。当销售量达到一定程度时，就必须增雇人员，这类的人工费用会随之增加。反之，当销售量下降时，这类劳力的需要量就下降。变动劳力的配备，必须对每日和每时段的营业量进行具体分析。餐饮业在每周的不同日子中往往需求量不同，但这种需求量的变化仍然有一定的规律，做好客人数和菜品服务数的统计就能较准确地预测每日的营业量，这样餐饮经营者便能根据对各日营业量的预测来配备职工。

劳力安排指南是餐饮经营者进行劳力安排的工具，按照劳力安排指南的要求进行人员安排，可以有针对性地配备职工及设置岗位。餐饮经营者还应注意定期对自己的劳力安排指南作出重新评估。因为诸如质量要求的变化、操作程序的变动等因素均会影响所需固定劳力的数量。而当预计到更多客人就餐时，可计算一下各个岗位的允许工作时数，在这个基础上确定可变劳力的水平。餐厅中至少有50%的工种可以根据需要来灵活调配人员，只要餐饮经营者能科学地进行劳动力安排，就能降低劳动成本。

3. 餐饮业的劳动生产率

餐饮业衡量劳动生产率的指标主要有两个：一是劳动生产力，二是劳动分配率。劳动生产力是衡量企业中平均每位职工所创造的毛利额，它可用下式来表示：

$$劳动生产力 = \frac{销售额 - 食品饮料原料成本}{职工人数}$$

如果某餐厅有职工45名，年销售额为80万元，食品饮料原料成本额为 28 万元。则该餐厅的劳动生产力为：

$$\frac{800000 元 - 280000 元}{45} = 11555.56 元$$

劳动分配率表示人工费占毛利额的比例。假如上述餐厅平均每月的人工费为 9878 元,那么其劳动分配率为：

$$劳动分配率 = \frac{人工费}{毛利额} = \frac{9878 元 \times 12}{800000 元 - 280000 元} = 22.79\%$$

如果企业能精简人员或者雇佣低薪职工,劳动分配率就会降低。劳动分配率越低,说明劳动生产效率越高。

劳动生产力与劳动分配率相乘可得出平均每位职工的人工费：

$$职工平均人工费 = 劳动生产力 \times 劳动分配率$$

在上述例子中,每位职工的平均人工费为：

$$\frac{11555.56}{12} \times 22.79\% = 219.46 元$$

从以上公式可以得知,如果企业收入增加,节约开支,提高了毛利额,而职工人数不变,那么企业的劳动生产力就提高了。如果企业要保持原有的劳动分配率,则企业可以提高每位员工的平均人工费,换句话说职工可以加薪了。而企业的净利润仍有提高。

在上述餐厅中,如果年毛利额增至 700000 元,企业要保持原有的 22.79% 的劳动分配率,员工的工资可以提高至：

$$\frac{700000 元}{45 \times 12} \times 22.79\% = 295.43 元$$

提高劳动生产率的首要因素是要培训员工树立正确的经营观念,积极开拓市场,节约开支,提高企业的毛利。其次是要合理地安排员工的班次和工作量,尽可能减少职工的雇佣数量,减少员工无事可干的时间,减少人工费开支。

4. 合理配备人员

确定了餐厅所需要的员工定额后,餐饮经营者还应考虑如何把这些职工安排在最合适的工作岗位上,使其发挥出最大的工作效能。在员

工的岗位设置上,要注意以下5点:

(1) 量才使用,因岗设人。

在对岗位人员进行选配时,首先要考虑各岗位人员的素质要求,即岗位任职条件。选择上岗的员工要能胜任、履行其岗位职责,同时要在认真细致地了解员工的特长、爱好的基础上,尽可能照顾员工的意愿,让其有发挥聪明才智、施展才华的机会。要力戒因人设岗,否则,将为餐饮经营留下隐患。

(2) 不断优化岗位组合。

餐厅员工分岗到位后,并非一成不变。在经营过程中,可能会发现一些学非所用、用非所长的员工,或者会暴露出一些班组群体搭配欠佳、团体协作精神缺乏等现象。这样不仅影响员工工作情绪和效率,久而久之,还可能产生不良风气,妨碍管理。因此,优化餐厅岗位组合是必需的。餐饮管理人员要同时发挥激励和竞争机制,创造一个良好的工作环境和竞争环境,使各岗位的员工组合最优化。

(3) 利用分班制。

根据餐饮企业每日营业的高峰和清淡时段的客源变化,供餐时间不连贯及季节性显著的特点,安排员工在上午工作几小时,下午工作几小时,在餐厅不营业或经营清淡的时间,可以不安排或少安排职工上班,这样,就可以节省富余劳动力。

(4) 雇用临时工。

为了节约开支,便于管理,餐厅需要有一支兼职人员的队伍。事实证明,只要有一些固定工起核心作用,并对兼职人员加以训练,餐厅经营活动就能正常运行,并不会影响服务质量。雇佣临时工应注意要尽量定时,在保证人力需要的同时,还应注意进行技术培训,以保证质量。

(5) 制订人员安排表。

人力在很大程度上就如原料、机器设备一样,可以进行预算。人员安排表就是一种人员的预算。它说明职工人数应随着客人数量的增加而相应增加,随着顾客人数的减少而相应减少。为此,餐饮企业必须根据自己的经营情况、所能提供的服务及设备条件,制定适合本企业的人员安排表,以适应餐厅经营活动的需要。

合理安排人员，就是从实际需要出发，科学地组织和调配人员，使人员的投入与产品的产出形成一个良好的比例。人员的合理安排，可以大大降低餐厅的劳力成本。

二、提高工作效率

1. 简化作业程序

简化作业程序就是通过仔细观察、详细记录各个岗位职工工作的整个程序，认真研究整个工作过程的每个步骤，改变操作规程，使职工的某些无效的工作变成有效。

工作简化的目的在于采用最为经济的工作方法，取消那些既不能增加产品价值也不利于生产的不必要的工作步骤，提高工作效率，以最少的人力获得最高的工作成效。工作简化的过程包括时间研究、动作流程研究、人机配合研究、左手右手动作研究等许多复杂技术。对于餐饮业来说，工作简化的内容包括节省多余动作、改进方法以及设备的合理安排和巧妙设计。运用工作简化的方法，使职工掌握适合他们的简单并且适于变化的操作程序，餐饮企业就能轻而易举地杜绝人力浪费的现象。

工作简化并不是单纯强调职工更加努力或更快地工作，而是要求科学、有效地节约职工的动作步骤，减少每一项工作的劳力投入。管理人员要教育职工工作得巧一点，要求他们既要提高工作效率，又要减少劳动力的支出。

2. 提高自动化操作水平

在现代的餐饮企业中，不管其经营规模大小，均要不同程度地使用机器设备，厨房设备的机械化、自动化已经成为餐饮企业发展的必然趋势。厨房设备的发展改善了食品卫生条件，减轻了体力劳动，提高了工作效率。餐饮企业只有提高设备的自动化水平，才能在激烈的市场竞争中占有一席之地。

(1)尽量使用自动化水平高的厨房用具。

以绞肉机、削皮机等机械代替劳动量大的食品原料初加工工作，以自动化的洗碗机代替洗碗工的工作；以揉面机制作面团，烤箱、微波炉、油炸设备等新式的、效率高的设备,都可大量减少人手,使生产效率大大提高。无锡水秀饭店的名宴——《西施宴》,在使用了一些小型机械后,切配制作时间缩短了一半,工作人员减少了1/3,宴席的质量也得到了提高。

相信随着新技术的开发,定会研制出越来越多的、更为适合中式烹饪的、实用的烹饪机械,从而使大幅度地降低劳力成本成为可能。

(2)电脑在餐厅中的应用。

①在餐饮经营过程中,电脑最多的是应用于收银业务上。使用电脑收账不仅快捷、准确,而且可以减少人员的配备。同时,运作电脑以传递信息,作为成本收支和市场分析的工具,可减少管理人员的工作量,提高工作效果。若没有现代化的电脑信息管理,必然需要大量繁复的文书处理工作,势必要配备大量的文书工作人员,使人工成本增大,且工作效率也不能保证。

②使用计算机替代人工进行点菜。餐厅服务员使用微型计算机记录客人点的菜,然后,通过按键用红外线将点的菜发射给红外线接收器。同时,收银台和厨房立即收到点菜单、酒水数量、桌号或单间号等信息,并通过打印机打印出来。这样,既提高了上菜的速度,又缩短了客人的等候时间,减少了工作人员的需求量,从根本上改变了传统餐厅的工作程序。

餐厅的设备成本与人工成本是相互影响的两个方面。从长期经营的眼光来看,设备的投入与人工成本相比是经济的。企业购置现代化、自动化设备所花费的资金可通过设备的折旧逐年回收,是长期性的,而企业付给员工的工资及各项福利支出则是一次性的,企业通过使用先进的设备所减少的人工成本部分可望在设备的折旧年限内作为追加设备的投入成本,那么在以后的经营期内,设备对于企业来说像是无偿使用的,它所创造的利润将是巨大的。

三、控制非薪金形式的人工成本支出

餐饮业的人工成本可分为薪金和非薪金两种形式,即企业支付给职工的固定工资和奖金总额及员工的福利待遇。餐饮经营者对于显性的薪金支出一般较为重视，控制起来也比较容易，而员工的福利待遇支出却是隐性的，常为经营者忽视，其控制的难度也相对较大，而在许多情况下，福利待遇占人工控制成本的比例又很高，所以，加强这部分成本的管理对整个人工控制的成败具有重要的意义。下面，就员工工作服、用餐及人员流动的控制与管理进行分析。

1. 餐厅工作服的管理

随着餐饮业的发展和顾客就餐要求的提高，明丽、统一而富有特色的员工工作服已成为餐厅形象的一种标志。

餐厅的工作服是强调各岗位人员的职业服，是职能、级别、身份的形象标志。但餐厅工作服的管理存在不少难点。

（1）餐厅员工流动频繁，易造成工作服短缺。

有些职工不办理离职手续便不辞而别，造成工作服的流失，使号型匹配不全。餐饮经营者应掌握员工流动的情况，以便做好有关工作服供应、回收工作。

（2）面料、加工费上涨。

面料、加工费上涨造成制装工本费加大，资金支出超计划，增加资金压力。所以，西服面料应多用毛涤面料，服务人员工作服多用化纤面料，便于平整和洗涤，有利于控制成本。

（3）部分员工不爱惜工作服，穿工作服外出或回家。

这方面的原因加大了损坏和洗涤压力，缩短了工作服的使用寿命，增加了成本流失。餐饮经营者应加强对员工仪表、仪容的检查，发现穿着工作服不规范的行为要及时纠正。杜绝外出、下班穿用工作服现象。制定严格的奖惩制度和包赔制度。

2. 餐厅员工用餐的控制

许多餐饮企业设立单独的餐厅供职工用餐使用。在这种供餐形式下，需要安排专门的厨师制作工作餐，这就加大了厨房固定员工的数量。如果能合理地安排厨房员工的工作时间，使一部分厨师能兼职制作工作餐，无疑能减少人员配备。

另外，作为餐饮企业来说，职工用餐可以按定额发卡片，并错开客人的用餐高峰时间。这种做法可以解决为客人和职工同时准备餐饮所产生的问题,又能减少厨房工作人员的工作量。

3. 人员流动的控制

餐饮业的人员流动非常频繁,这是由餐饮业的特点所决定的,也是正常的现象。但如果餐厅的职工流失率过高,不仅会降低总体服务质量,还会增加人员招聘费用和新职工培训费用,影响工作效率,导致人工费用上升。餐饮经营者尤其应注意厨师队伍的稳定性。在聘用主厨时,大多数主厨会带来几名助手,这是可以接受的。但这部分人员应注意控制,数量不能过多,否则,会导致厨师长拥厨自重,不服从安排。若不得已解雇主厨,势必会拉走大批的厨房员工,影响餐厅的正常营业活动,损害餐饮企业的收益和形象,并且又要花费大笔的资金去重新招聘新的厨师。

总之,有效地控制人工成本不单只是节省人工开支,而是要求通过提高员工素质和服务质量使餐饮企业经营效益达到最佳。其重点应放在如何提高员工劳动生产率上,只有在单位时间内提高劳动产值和效益,人工成本才是得到了有效管理。

思考题

1. 固定成本和变动成本,可控成本和不可控成本,标准成本和实际成本的概念及其在餐饮管理中各具有何意义?

2. 餐饮成本结构有何特点?这些特点对餐饮管理有什么要求?

3. 如何计算食品和饮料的每日成本额和月成本额?

4. 请对××饭店×月份食品成本进行分析。

(1)计算整个饭店和各餐厅的实际成本净额和实际成本率,各餐厅的人均消费额和座位周转率。

(2)分析成本差异的责任,算出库存短缺率和中、西餐厅成本差异额。

(3)分析成本差异的原因。

5. 如何计算餐饮企业的直接人工费用?怎样进行餐饮人工成本控制?

主要参考文献

1. 1. The Beverage Book by Andrew Durkan and John Cousins (1995), Published by Hodder and Stoughton Educational
2. Food and Beverage Cost Control by Jack E. Miller, David K. Hayes, Lea R. Dopson June 2001
3. Food and Beverage Management by Davis, Bernard 1998—03 Harcourt Education
4. 杰克·D·尼内迈耶:《餐饮业的经营原理》,旅游教育出版社,1989年。
5. 杰拉尔德·W·拉亭等:《膳宿服务业理论》,旅游教育出版社,1990年4月。
6. 吴克祥、范建强:《餐饮投资与决策》,辽宁科技出版社,1997年6月。
7. 吴克祥:《餐饮经营谋略》,辽宁科学技术出版社,1999年1月。